国家社科基金资助项目的阶段性研究成果（编号：17XFX009）

XINGSHIYITIHUA SHIYEZHONG DE
WEICHENGNIANREN ZUIXING YANJIU

刑事一体化视野中的未成年人罪刑研究

陈伟 \ 著

中国检察出版社

图书在版编目（CIP）数据

刑事一体化视野中的未成年人罪刑研究／陈伟著．—北京：中国检察出版社，2020.2

ISBN 978－7－5102－2353－2

Ⅰ.①刑… Ⅱ.①陈… Ⅲ.①青少年犯罪－刑事犯罪－研究－中国 Ⅳ.①D669.5②D924.114

中国版本图书馆 CIP 数据核字（2019）第 260872 号

刑事一体化视野中的未成年人罪刑研究

陈 伟 著

出版发行：	中国检察出版社
社　　址：	北京市石景山区香山南路 109 号（100144）
网　　址：	中国检察出版社（www.zgjccbs.com）
编辑电话：	（010）86423749
发行电话：	（010）86423726　86423727　86423728
	（010）86423730　68650016
经　　销：	新华书店
印　　刷：	北京玺诚印务有限公司
开　　本：	710 mm×960 mm　16 开
印　　张：	18
字　　数：	299 千字
版　　次：	2020 年 2 月第一版　2020 年 2 月第一次印刷
书　　号：	ISBN 978－7－5102－2353－2
定　　价：	56.00 元

检察版图书，版权所有，侵权必究

如遇图书印装质量问题本社负责调换

《西南政法大学刑法学术文库》
编辑委员会

主　任　梅传强　石经海
委　员　李永升　朱建华　王利荣
　　　　袁　林　高维俭　陈　伟
　　　　姜　敏　卢有学

总 序

　　七十载辉煌征程，七十载峥嵘岁月。当时光的脚步踏入2019年，我们迎来了新中国成立七十周年的历史性时刻。在这个洋溢着喜庆的美好日子里，全新打造的《西南政法大学刑法学术文库》（以下简称《西政刑法文库》）由中国检察出版社隆重推出，这既是庆贺新中国七十华诞和致敬新中国光辉成就的献礼，更是西南政法大学刑法学科再出发的前进号角，我们将伴随着新中国永不停息的发展脚步，迈入新征程，迎接新挑战，实现新跨越。

　　西南政法大学刑法学科是全国最早获得硕士学位授权的刑法学科之一，是我国西部地区第一个刑法专业博士学位授权点，早在1995年就被确定为省部级重点学科。在近七十年的发展历程中，西政刑法学人辛勤耕耘、默默奉献，以赵念非教授、伍柳村教授、黄观效教授、邓又天教授、董鑫教授、高绍先教授、赵长青教授、陈忠林教授、李培泽教授、朱启昌教授、邱兴隆教授、张绍彦教授、梅传强教授等为代表的一大批知名学者为刑法学科的建设和发展做出了重要贡献。改革开放以来，邓又天教授、赵长青教授、陈忠林教授、梅传强教授和石经海教授先后担任学科带头人（负责人）。时至今日，刑法学科的专任教师已达 38 人，形成了具有良好学历、职称、年龄和学缘结构的教学科研团队；拥有重庆市首批人文社科重点研究基地"毒品犯罪与对策研究中心"，与最高人民法院、国家禁毒办合作共建了"国家毒品问题治理研究中心"，此外还有"有组织犯罪研究中心""量刑研究中心""特殊群体权利保护与犯罪预防研究中心""少年法学研究中心""金融刑法研究中心""外国与比较刑法研究中心"等研究基地。经过几代人的薪火相传和不懈努力，西南政法大学刑法学科已经成为具有雄厚学科基础和优良学术传统、在全国发挥重要影响并且具有一定国际知名度的省部级重点学科。

科学研究与人才培养是学科建设的两翼。西南政法大学刑法学科具有数量规模庞大、年龄结构合理、学历水平优化、学缘结构合理的学科团队，他们积极投身于教学科研第一线，近年来在科研项目立项、学术论文发表、科研成果获奖等方面成绩斐然，在科学研究方面取得了优异的成绩。此外，在大力加强科学研究的同时，西南政法大学刑法学科也着力于人才培养。自 2001 年获得博士学位授权点以来，本学科已培养了近百名博士，他们活跃在法学理论和司法实务的各个领域，他们所取得的成绩在一定意义上也是本学科所取得的成绩。为此，《西政刑法文库》将立足本学科，主要出版本学科教学科研人员的优秀著作；同时，也将选择本学科培养且已经毕业的部分博士的学位论文或其他优秀学术著作出版。为了发挥《西政刑法文库》的学术价值和社会效应，体现学术丛书的性质，将采取不定期常年出版的形式，对于拟出版的著作由编辑委员会审定同意后出版，每本著作连续编号，力争将其打造成为规模较大、质量上乘、影响广泛的学术精品。《西政刑法文库》将秉承思想交流与学术创新的基本宗旨，着力打造学术精品，展示西南政法大学刑法学人形象，献力中国刑法学术发展。

学术的生命在于争鸣，思想的火花源于碰撞。《西政刑法文库》的出版将呈现每一个作者对当下中国刑法理论与实践问题的关注和思考，为学术交流搭建一个有益的平台，用文字和思考为中国法治发展贡献自己的绵薄之力。我们期待《西政刑法文库》的出版发行能够为国内外同行了解和认识本学科提供一个窗口，也期待国内外同行能够以此为平台加强与本学科的沟通交流，国内外同行和广大读者的真知灼见将是我们进一步加强学科建设的重要力量。

将西南政法大学刑法学科发展好、建设好，是全体西政刑法学人的使命和追求。处在新时代的激流之中，在"双一流"建设的大背景下，本学科的发展也面临着诸多新的挑战，加强学科建设刻不容缓。值此《西南政法大学刑法学术文库》出版之际，诚挚欢迎学界同仁以及各界朋友一如既往地关心和支持西南政法大学刑法学科的发展建设，共同促进我国法治事业的健步前行。

《西南政法大学刑法学术文库》编辑委员会
2019年10月

目录
CONTENTS

总　序 …………………………………………………………… 001
第一章　刑法二元机能观与未成年人刑罚适用的边界 ………… 001
　　第一节　刑法机能对未成年人刑罚适用的制约 ……………… 002
　　　　一、刑法二元机能观的内涵 ………………………………… 002
　　　　二、刑法保护机能与保障机能的辨证关系 ……………… 004
　　　　三、刑法二元机能对未成年人刑罚适用的影响 ………… 005
　　第二节　刑法二元机能对未成年人刑罚适用之剖析 ………… 006
　　　　一、刑罚对未成年人保障机能之适用 …………………… 006
　　　　二、刑罚对未成年人保护机能之适用 …………………… 007
　　　　三、刑法二元机能的理性反思与调整 …………………… 008
　　第三节　未成年人刑罚适用边界的实质根据 ………………… 010
　　　　一、应受刑罚惩罚性是未成年人适用刑罚与否的
　　　　　　根本标准 ………………………………………………… 010

二、未成年人的刑事责任能力是未成年人应否
　　　　受刑罚惩罚的标尺 …………………………………… 011
第四节　未成年人刑罚适用边界引发的思考 ……………… 012
　　一、未成年人刑罚适用边界对现行刑法规定的反思 …… 012
　　二、刑罚边界对未成年人具体刑罚适用的现实重构 …… 014
第五节　本章小结 …………………………………………… 016

第二章　未成年人的人身危险性及其征表 ………………… 017
第一节　未成年人人身危险性的客观现实性 ……………… 017
　　一、未成年人人身危险性的界定 ……………………… 017
　　二、未成年人"可塑性"的思考 ……………………… 018
第二节　未成年人人身危险性广度上的征表 ……………… 022
　　一、未成年人初犯可能性的征表 ……………………… 022
　　二、未成年人再犯可能性的征表 ……………………… 023
第三节　未成年人人身危险性量度上的征表 ……………… 024
　　一、未成年人人身危险性趋强的征表 ………………… 024
　　二、未成年人人身危险性趋弱的征表 ………………… 027
第四节　本章小结 …………………………………………… 031

第三章　未成年人累犯的观点检讨及其理性反思 ………… 033
第一节　未成年人累犯的"肯定说"与"否定说" ……… 033
第二节　未成年人累犯"肯定说"遭受的质疑 …………… 035
　　一、把未成年人纳入累犯范畴达不到预期目的 ……… 035

二、未成年人犯罪的高涨不是肯定累犯的理由 …………… 035

　　三、给予未成年人特殊保护不会侵蚀道德价值 …………… 036

第三节　未成年人累犯"否定说"的政策依据 ……………………… 037

　　一、现有累犯所针对的对象仍然主要是成年人犯罪 …… 037

　　二、未成年人自身特点决定了刑罚适用的特殊对待 …… 038

　　三、未成年人不构成累犯符合一贯保护的宽容精神 …… 040

　　四、未成年人原则上不构成累犯具有刑罚预防根据 …… 041

第四节　未成年人累犯刑事立法的应然性构建 …………………… 042

　　一、未成年人成立累犯的再审视 ………………………… 042

　　二、未成年人累犯刑度上的限定 ………………………… 047

　　三、未成年人累犯罪数上的限定 ………………………… 050

　　四、未成年人累犯罪过上的限定 ………………………… 052

　　五、未成年人累犯时间上的限定 ………………………… 054

第五节　本章小结 …………………………………………………… 057

第四章　未成年人再犯司法适用的实证考察 ……………………… 058

第一节　废除未成年人累犯制度的法理根基 ……………………… 059

　　一、取消未成年人累犯是"重教育、轻惩罚"的
　　　　反映 ……………………………………………………… 060

　　二、教育改造理念要求贯彻保护未成年人权益的
　　　　精神 ……………………………………………………… 061

三、排除未成年人累犯是刑罚宽囿与差异对待的
   体现 ………………………………………………… 062

第二节 《刑法》第 65 条修改前后未成年人再犯的
实证分析 ……………………………………… 063

一、全国未成年人犯罪情况概述 …………………… 064

二、《刑法》第 65 条修改前后未成年人再次犯罪
   案件特点 …………………………………………… 065

三、《刑法》第 65 条修改前后未成年人再次犯罪
   量刑特点 …………………………………………… 071

第三节 《刑法》第 65 条之修改与未成年人犯罪的
关系辨析 ……………………………………… 072

一、取消未成年人累犯对未成年人再犯未呈现负面
   影响 ………………………………………………… 072

二、量刑轻缓化对未成年人及早回归社会有促进
   作用 ………………………………………………… 073

第四节 《刑法》第 65 条修改后的问题呈现与对策
化解 …………………………………………… 074

一、适用"前科劣迹"酌定从重与取消未成年人
   累犯的规定相悖 …………………………………… 074

二、保留未成年人特殊累犯及毒品再犯与保护未成年人
   理念冲突 …………………………………………… 075

三、现行未成年犯再犯预防矫治措施与恢复性司法理论
   要求背离 …………………………………………… 076

第五节 本章小结 ………………………………………… 077

第五章　未成年人教育改造的困惑及其解忧 …… 078
第一节　未成年人教育改造原则的理论基础 …… 078
一、刑罚人道主义的价值张扬 …… 078
二、刑罚轻缓化的价值引导 …… 079
三、刑法刑事政策化的促动 …… 079
四、刑罚目的价值的适时跟进 …… 080

第二节　未成年人教育改造多元困惑澄清 …… 081
一、教育刑不是未成年人教育改造的实质根基所在 …… 081
二、未成年人教育改造与刑罚矫治的追求难以一致 …… 082
三、未成年人教育改造实践与刑罚目的层次性冲突 …… 083

第三节　未成年人教育改造原则的解读与构想 …… 083
一、注重未成年人特殊预防并兼顾报应 …… 084
二、探求出罪机制并着力实行非犯罪化 …… 084
三、注重刑罚教育改造及非监禁刑的适用 …… 085
四、注重社会帮教感化并落实社区矫正措施 …… 086

第四节　本章小结 …… 088

第六章　从宏观视野到微观构建的未成年人社区矫正 …… 089
第一节　刑事政策视野下未成年人社区矫正的理论基础 …… 089
一、刑法的刑事政策化为未成年人社区矫正指明了方向 …… 090
二、未成年人犯罪原因的多样性需要针对性的矫正措施 …… 091

三、未成年人的特殊性决定了应当采用差异化矫正方案 …… 092

四、刑罚宽缓潮流为未成年人社区矫正提供了逻辑前提 …… 092

第二节 完善未成年人社区矫正的体系性构想 …… 094

一、从结构上厘清未成年人的特殊刑事政策 …… 094

二、设立规范单一的未成年人社区矫正制度 …… 095

三、构建"违法—犯罪"一体化矫正体系 …… 096

第三节 完善未成年人社区矫正中的具体内容 …… 098

一、创设多样性的未成年人社区矫正项目 …… 098

二、矫正执法主体与外界参与的良好互动 …… 099

三、未成年人社区矫正实践困境的再省思 …… 101

第四节 本章小结 …… 103

第七章 触法未成年聋哑人的角色定位与保护处遇 …… 105

第一节 触法未成年聋哑人的现状分析 …… 105

一、"触法未成年聋哑人"的释义 …… 105

二、未成年聋哑人触法行为的新特点 …… 106

第二节 控制的双向失灵:未成年聋哑人触法行为的根源 …… 107

一、生理与心智的双重缺陷导致控制障碍 …… 108

二、社会保护制度缺失引发社会控制失范 …… 109

三、自我控制与社会控制的失灵引发恶性行为 …… 110

第三节　权利保护的社会责任：触法未成年聋哑人的处遇与预防 …………………………………………… 110

一、区别对待：触法未成年聋哑人处遇方式的特殊性 ………………………………………………… 111

二、特殊教育学校：触法未成年聋哑人处遇的主战场 ………………………………………………… 112

三、社会保护：预防未成年聋哑人触法行为的有效性 ………………………………………………… 114

第四节　本章小结 ………………………………………………… 116

第八章　未成年犯缓刑适用考察及其完善 ……………………… 117

第一节　未成年犯缓刑适用的现状 ……………………………… 118

一、未成年犯缓刑适用的具体情形 ……………………… 118

二、未成年犯各类型犯罪的缓刑比率 …………………… 119

三、未成年犯刑罚适用的分布情形 ……………………… 119

四、刑罚适用其他情形的统计情况 ……………………… 120

第二节　未成年犯缓刑适用的问题及原因分析 ………………… 120

一、未成年犯的缓刑适用条件整体过严 ………………… 120

二、未成年犯的缓刑适用缺乏相对明确的标准 ………… 122

三、未成年犯的缓刑适用缺乏保障性程序 ……………… 123

四、未成年犯的缓刑考察具有非规范性 ………………… 124

第三节　未成年犯缓刑适用的完善 ……………………………… 126

一、拓宽未成年犯缓刑适用的条件 ……………………… 126

二、明确未成年犯缓刑适用的标准 ……………………… 127

三、完善我国未成年犯的社会调查制度 …………… 128
　　四、增设未成年人犯罪的缓刑听证程序 …………… 129
　　五、完善未成年犯的缓刑适用考察制度 …………… 129
　第四节　本章小结 ……………………………………… 132

第九章　我国触法未成年人处遇之审视与体系完善 …… 134
　第一节　触法未成年人处遇之必要性分析 …………… 135
　　一、触法未成年人的触法现状是制度设置的现实
　　　　原因 …………………………………………… 135
　　二、触法未成年人的主体特性是完善制度的基点
　　　　所在 …………………………………………… 139
　第二节　我国触法未成年人处遇立法的现状审视 …… 142
　　一、家长管教的规定过于原则化而形同虚设 ……… 142
　　二、收容教养制度规定较为模糊 …………………… 145
　第三节　完善我国触法未成年人处遇之构想 ………… 149
　　一、保障触法未成年人处遇程序的正当性 ………… 149
　　二、增加社区内处遇并充分利用社会资源 ………… 150
　　三、增加监护监督机制并明确监护人职责 ………… 153
　　四、细化收容教养制度与完善设施内处遇 ………… 153
　第四节　本章小结 ……………………………………… 156

第十章　性侵未成年人的现状、原因与对策研究 ……… 157
　第一节　我国性侵未成年人案件的现状：基于实证视角 … 158
　　一、性侵未成年人案件的主要类型 ………………… 158

二、性侵未成年人案件现状的统计数据分析 …………… 159

　　三、性侵未成年人案件的特点归纳 …………………… 166

第二节　性侵未成年人刑事规制存在的问题 ……………… 168

　　一、特殊主体实施犯罪对刑罚裁量的影响不突出 …… 168

　　二、未成年人之间发生性关系的处理意见不一致 …… 169

　　三、自杀、怀孕后果是否加重处罚的认定不明确 …… 170

　　四、犯罪构成是否以"明知"为前提的争议较大 …… 171

第三节　性侵未成年人的多维原因剖析 …………………… 172

　　一、社会维度 …………………………………………… 172

　　二、犯罪人维度 ………………………………………… 174

　　三、被害人维度 ………………………………………… 175

第四节　性侵未成年人的规则完善及其建议 ……………… 176

　　一、立法中淡化强奸罪的性别限制 …………………… 176

　　二、明确特殊主体为法定从重情节 …………………… 177

　　三、严控未成年人之间的性犯罪化 …………………… 178

　　四、在矫治方面引入有效的治疗措施 ………………… 180

第五节　性侵未成年人司法适用的完善之策 ……………… 181

　　一、细致辨析自杀、怀孕等后果加重处罚情形 ……… 181

　　二、谨守"明知"作为奸淫型犯罪之必备要件 ……… 183

　　三、社会救助方面的管理组织应履行监督职责 ……… 185

　　四、加强被害预防措施和被害人救助基金扶助 ……… 185

第六节　本章小结 …………………………………………… 187

第十一章　校园暴力低龄化防控的刑法学省思
　　　　　——以"恶意补足年龄"规则为切入点 ………… 188

第一节　"恶意补足年龄"规则的发展沿革与理解适用 …… 189
　一、"恶意补足年龄"规则的形成与发展 ………………… 189
　二、"恶意补足年龄"规则的理解与认定 ………………… 192

第二节　校园暴力犯罪低龄化现象的实证分析 …………… 193

第三节　我国未成年人刑事责任承担的立法省思 ………… 196
　一、社会层面：刑事责任年龄立法的社会背景忽视 …… 196
　二、理论层面：未成年人刑事立法理念的指导偏差 …… 198
　三、制度层面：未成年人刑责年龄立法类型固化 ……… 199

第四节　"恶意补足年龄"规则本土化规范适用 …………… 201
　一、"恶意补足年龄"规则的适用范围 …………………… 201
　二、"恶意补足年龄"规则的司法认定 …………………… 202

第五节　本章小结 …………………………………………… 204

第十二章　网吧管理与未成年人犯罪的实证分析 ………… 205

第一节　网络与未成年人双向关系的现象和特点 ………… 205
　一、网吧现状与未成年人上网情况的考察 ……………… 205
　二、网吧诱发未成年人犯罪的主要特点 ………………… 207

第二节　网吧诱发未成年人犯罪的成因 …………………… 211
　一、对网吧监管不严格是未成年人犯罪的直接诱因 …… 211

二、网络软环境的非健康发展带来较多的负面影响 …… 211

　　三、不良网吧为未成年人提供了不良交往的场所 …… 212

　　四、未成年人的主体特性是网吧犯罪的催化剂 …… 213

　　五、学校和家庭对未成年人网络问题的教育存在缺陷 …… 213

第三节　建议和对策：预防网吧未成年人犯罪的思路
　　　　延伸 …… 214

　　一、严格审批程序并提升网吧从业人员素质 …… 214

　　二、净化网络软环境并完善相关的经营法规 …… 215

　　三、通过齐帮共管使未成年人远离网络毒害 …… 216

第四节　本章小结 …… 218

第十三章　幼师虐童的生发机理与犯罪防控模式
　　　　——基于互联网媒体报道的 264 个案件样本的
　　　　分析 …… 219

第一节　问题的提出 …… 219

第二节　生发机理：多元且异质因素的综合效应 …… 221

　　一、社会异质因素：惩治手段的错综复杂，弱化社会
　　　　管控的效能 …… 222

　　二、心理异质因素：内心欲望的外界表达，强化虐童
　　　　举动的作出 …… 227

　　三、行为异质因素：手段方式的消极隐蔽，助推虐童
　　　　事件的激增 …… 229

　　四、主体特质分析：不稳定因素客观存在，扩增潜在
　　　　犯罪的诱因 …… 233

第三节　防控模式：从社会基础到制度规范 ……………… 235
一、防控基准区分模式的设置 ……………………… 235
二、幼师福利模式的多元构建 ……………………… 238
三、责任主体适用条件的界分 ……………………… 239

第四节　本章小结 ……………………………………… 240

第十四章　未成年人刑事庭审实质化的理念与运行 ……… 242

第一节　未成年人刑事庭审实质化的标准坚守 ………… 243
一、最小伤害标准 …………………………………… 243
二、最大社会化标准 ………………………………… 245
三、"去污名化"标准 ………………………………… 245

第二节　未成年人刑事庭审实质化的理念疏理 ………… 246
一、未成年人庭审实质化下现实与规范的双向疏理 … 246
二、庭审实质化"三个在法庭"的效果疏理 ………… 249

第三节　未成年人刑事庭审实质化的价值偏离 ………… 252
一、专门机构的设置偏离未成年人庭审实质化 …… 252
二、未成年人刑事案件不公开审理原则的模糊化 … 253
三、标准的模糊性导致庭审实质化功效的稀释 …… 253

第四节　未成年人刑事庭审实质化的应然之选 ………… 254
一、审判福利模式的再构建 ………………………… 254
二、庭审设置家事化的提倡 ………………………… 255
三、全面建立审判专门机构 ………………………… 256

四、庭审社会观护团的完善 …………………………… 257
　第五节　本章小结 ………………………………………… 258
后　记 ………………………………………………………… 260

第一章
刑法二元机能观与未成年人刑罚适用的边界

对未成年人犯罪如何妥当地适用我国现行的刑罚，前人学者基于不同的价值立场进行了不同的论述。在笔者看来，大致存在以下几种不同的学术见解：

其一，罪刑法定论。主要认为，在法治社会的建构中一个基本的核心价值就是要反对罪刑擅断，收缩法官的自由裁量权。在现今我国刑法体系与框架已经比较完备的前提下，认可立法权威、崇尚法治效力是依法治国的根本，它不仅契合当前全面依法治国的整体方略，也与宪法所要求的限权理念相一致。于是，体现在未成年人刑法适用上，当然之举就是以成文法的规定为基准，严格定罪、量刑和行刑。

其二，权益保护论。主要认为，未成年人是自然人犯罪中的特殊类型，需要从行为人的生理和心理上的特殊性进行差异化对待，应当从普通犯罪中分离出来单独加以研究和探讨。定位于未成年人特殊性的识别基础上，必然决定我们在刑事立法与司法运行上都要具体问题具体分析，对未成年人不能不加区别地适用一般性刑罚。从我们当前整个刑事法律制度的具体建构来看，无论是《刑法》《刑事诉讼法》《监狱法》《未成年人保护法》，还是大量新制定出来的司法解释，其对未成年人的色彩基调明显地彰显了保护性，不把这一保护性政策贯穿到底，就会给刑事一体化的司法运行带来阻滞，欠缺政策基底的法治践行就成了僵化的奉法而为。

其三，动态控制论。主要认为，未成年人犯罪是整个社会犯罪的组成之一，打击和预防未成年人犯罪是整个社会综合治理必不可少的部分。由于外在因素及形成关系对具体未成年人的行为选择十分重要，犯罪控制应当立足于对引发行为人犯罪的外在因素与关系的干预上，通过干预引发犯罪的外在因素与关系，剥离未成年人失去犯罪的外在因素，形成行为人不实施犯罪的外在阻碍，从而控制或抑制犯罪。

　　结合上面的代表性见解，可以看出，已有学者要么是从现有刑事立法层面肯定罪刑法定原则而推崇形式法治，要么是过于着眼于未成年人主体的特殊性而要求在刑事司法过程中一概从宽，或者是从预防或减少未成年人犯罪的视角来强调综合治理的动态平衡。上述见解虽然都或多或少地涉及了问题的某些方面，但是遗憾的是，均没有从体系上进行系统性论述，没有从理论层面进行细致的梳理和阐释，也没有对我国现行未成年人的刑事法律制度予以理性反思。毫无疑问，对未成年人犯罪的处理最后都要落脚于刑罚，因而通过未成年人刑罚适用的边界来反思我国当前未成年人的刑罚适用，这既从理论上兼顾了体系性的中心主旨，又可以一定程度地弥补上述见解存在的某些不足。并且，从未成年人刑罚适用边界的视域进行理论探讨，不仅有利于我国刑事立法的科学建构，而且对求刑、量刑与行刑的司法运行同样意义深刻。

　　未成年人作为承担刑事责任的特殊主体，其个体身份的特殊性决定了刑罚适用的边界是重要的理论着眼点。当下的刑事法律制度，对未成年人的刑罚适用进行了一定程度的从宽，对未成年人的保护也力求贯穿于实体法与程序法的运行过程之中。然而，刑罚自身的特质决定了刑罚在保护未成年犯罪人的同时，又不能完全放弃刑罚的惩治与引导功能，不能不注重对未成年人犯罪的预防与反制。因此，为了价值性的综合体现，便不可避免地需要积极协调与功能兼顾，需要在惩治与预防、打击与保护、公正性与功利性等之间寻求良好的价值平衡。受此启发，笔者拟就未成年人刑罚适用的边界问题予以学理上的探讨，并以此期许能够对未成年人的刑罚适用有所裨益。

第一节　刑法机能对未成年人刑罚适用的制约

一、刑法二元机能观的内涵

　　刑法落入世俗社会，对整个社会关系都产生着或隐或显的影响。社会关系的复杂性决定了刑法的调整对象极其广泛。作为保障法地位的刑法把其他部门法难以调整的社会关系纳入自己的调整范围内,通过刑事责任处罚的方式对严重危害社会且应受刑罚惩罚的行为加以刑罚规制。刑法的机能是刑法在社会中可能并且应该发挥的作用或效果。一般而言,在刑法学基础理论中,刑法机能有三种代表性的划分方法:其一,认为刑法机能分为三种机能,即行为规制机能,法益保护机能以及自由保障机能。① 其二,认为刑法的机能就是刑法的保护机能与保障机能。② 其三,认为刑法机能可以分为规范机能与社会机能。并指出,规范机能是评价机能与裁判机能的统一,社会机能是保障机能与保护机能的统一。③ 具体而言,刑法的规制机能,是指刑法规范本身在其结构与运作中所表现出的积极作用,使人们领悟到刑法规范背后的伦理、道德、法律的价值指向,从而调整自己的行为;刑法的保障机能,是指刑法所具有的防止国家滥施刑罚权,以及维护公民个体权利不受剥夺的积极作用,其基本内容是禁止国家滥施刑罚权,禁止国家任意剥夺公民自由;刑法的保护机能,是指刑法所具有的处罚犯罪,维护社会秩序,使各种有价值的利益得以体现的积极作用,主要表现为对社会秩序的维护和对各种法益的保护。④

笔者赞同第二种划分,因为保护机能与保障机能的二元机能说不仅在划分方式上更加简洁,并且在划分内容上也具有合理性。原因在于,刑法的机能是一种价值判断,是基于刑法基础理念的正确引导,通过司法程序地运转而产生的积极价值,它决定了刑法"当为"的东西,而非现实层面"是什么"的问题。因而,可以说第一种划分中的"行为规制机能"是刑法如何调整人们的行为的问题,是刑法如何现实运转的手段问题,其只是刑法达到其价值追求的不可缺少的中介,通过行为规制从而达其法益保护与自由保障机能。而第三种划分法把规范机能单独独立出来,在某种程度上混淆了手段与价值目的之间的关系,而且规范机能与社会机能的并列并不自然地说明它们存在实质性的差异,因为规范机能与社会机能并没有清晰的界限可言,或者说规范机能更进一步的价值追求就是社会机能,二者很大程度上并不具有

---

① 张明楷:《刑法学》(上),法律出版社1997年版,第21页。
② 陈兴良:《刑法二元机能论》,载《走向哲学的刑法学》,法律出版社1999年版,第125页。
③ 陈兴良:《本体刑法学》,商务印书馆2003年版,第37-54页。
④ 张小虎:《刑法的基本观念》,北京大学出版社2004年版,第131-138页。

同一层次上的属性。静态的规范机能有向动态的社会机能转化的可能和要求，但是二者的真正统一必须在现实社会关系中通过评价机能和裁判机能动态地展开予以实现。只有刑法的保护机能与保障机能的划分才真正领悟到刑法的独特内涵，这种二元机能通过揭示刑法的内在矛盾性而把刑罚的积极功能及其有限性生动地描述出来，使人们在通过刑罚有意追求其积极价值最大化的同时，也要考虑其矛盾对立面的影响及其转化，并尽可能使刑罚内在的多元功能保持相对的均衡与协调。因此，刑法保护机能与保障机能的二分法，是刑法价值层面的合理表述，是客观而理性的划分方法。

二、刑法保护机能与保障机能的辩证关系

刑法的保护机能与保障机能是辩证的对立统一关系，二元机能的同时存在是刑法与生俱来的内在品质。刑法以剥夺行为人的生命、自由、财产等方式达到保护法益之功效的最大化，因此必然要对犯罪行为进行报应惩罚，对有人身危险性的犯罪行为人进行提前预防，并对违反这种共同生活行为准则的行为进行刑法调整，以减少可能发生的损害和恢复被破坏的社会关系，以此来统一彼此间的行为准则，消除社会关系网络中的不稳定因素。与之不同的是，保障机能的立足点在于限制刑罚权和保障公民个人的自由，在刑法明确规定了犯罪和刑罚之后，则为社会民众提供了预测可能性的现实前提，公民个人就可以自觉引导自己的行为方向，自主判断自己行为的性质与预估行为后果；国家公权力也只能在此规则范围内予以合法行使，不能通过扩张刑罚权力而侵犯公民应当享有的权利。

保障自由机能主要体现在三个方面：其一，使犯罪人在刑事程序过程中避免受到非法暴力，从而在法律的框架内公正地接受审判、量刑和行刑；其二，使潜在的犯罪人亲自感受和认识刑罚，间接通过其他犯罪人的刑罚裁量和行刑活动受到感染，了解刑罚痛苦性和谴责性，并作用于自己的主观心理，从而消除原有的犯罪念头；其三，限制司法机关罪刑擅断，使司法工作人员的自由裁量权在法律明确规定的范围内有原则、有条件地行使。

综上可见，对保护机能与保障机能分别考察之后，我们可以发现二者机能的运行方式并不一致。前者是扩张性的机能，即刑法要通过外延与内涵地拓展从而达致防卫社会、保护国家和国民利益的目的。而拓展外延的方式显然就是要扩大犯罪圈，强化刑法的入罪功能，在相当程度上创设了多样的犯罪以及加大了刑罚受处的力度，通过罪刑内外作用面的加宽和作用力的加强

来共同发挥功效。与之相反，保障机能注重的是罪刑的收缩，体现的是刑罚的内敛化，通过刑罚权力的有限适用而更好体现权力价值。既然"民主主义"和"人权主义"是罪刑法定原则产生的理论基础，那么权利保障也是罪刑法定原则的应有之义。罪刑法定原则以"罪之法定"和"刑之法定"为国家公权力的介入划定了明确的界限，尤其注重对犯罪人正当适用刑罚，使犯罪人在刑法确定的框架内按照法定程序接受审判并承担刑事责任。

当然，刑法的保护机能与保障机能又是统一的。保护机能必然借助保障机能的发挥达到其价值追求，脱离了刑法保障机能的保护机能虽然可以最大化的发挥自我功效，但是犹如脱缰之野马无拘无束从而使整个社会处于一种以刑抗罪、罪刑攀比的非理性怪圈之中，造成的后果必将是助长重刑主义。这既与整个刑罚演进的现实不符，又有违宪法原则与人道精神。而远离了保护机能的保障机能，同样弊病重重。原因在于，极端化的对犯罪人权益加以保障就偏离了刑法的本色，丧失了制定刑法的现实必要，毕竟，在犯罪行为人触犯刑事法律之后，保障机能与保护机能均是刑法之下的机能，即使彰显保障机能也不可能完全置刑法于否定性的地位。虽然倡导保障机能有其不可或缺的重要性，但是不得不承认，没有剥夺或限制犯罪人实质权益的惩罚存在，刑法实则就是对已然犯罪与更多未然犯罪人的纵容，这会带来更大程度的权利侵害，而这并不是实质意义上的"权利保障"。"我们应当牢记：刑罚是惩罚，是痛苦，否则它就不是犯罪的法律后果了。"① 刑法保护机能与保障机能是对立统一的辩证关系，二者的协调统一决定了刑罚应当在二者之间进行尽可能的兼顾协调，而不是偏向性的执其一端。

三、刑法二元机能对未成年人刑罚适用的影响

刑法的二元机能决定了对未成年人适用刑罚与否，以及适用刑罚的轻重。如果单纯追求刑法的保障机能，未成年人作为特殊的主体类群，其相关权益就应该注重保护而不是剥夺与限制，刑法对未成年人的行为就不应规制，刑罚也应尽可能地不适用于未成年人。如果单纯追求刑法的保护机能，未成年人作为犯罪行为人，与一般犯罪人并无实质差异，只要客观上存在具有严重社会危害性的应受刑罚惩罚的行为，刑法就应积极介入并予以调整，

---

① 张明楷：《新刑法与并合主义》，载《中国社会科学》2000 年第 1 期。

对未成年人相关权益的剥夺与限制就必不可少。并且，面对较为严峻的未成年人犯罪态势，单一的保护机能必然要求对未成年人危害社会的行为积极入罪，要求在刑种的选择和刑罚的力度上对未成年人的危害行为予以积极规制。

显然，刑法的保护机能与保障机能的辩证关系决定了不可能取其此而舍其彼。未成年人犯罪是社会整体犯罪中的一部分，既要保障未成年人作为特殊主体类群的利益，同时又要对未成年人的犯罪行为和当前的迅猛犯罪态势予以刑罚回应，对已犯罪的未成年人予以惩治，对潜在的未成年犯罪人予以预防，这是刑法二元机能在未成年人犯罪上对立统一关系的现实写照。为了恰当地解决这一两难问题，原则性的方向当然是兼顾二者，寻求二元机能之间的最佳结合点。然而，二元机能观只是给我们指示了一个方向，具体的刑罚如何现实地运转是我们必须进一步探究的问题。正如孟德斯鸠所言，"但是人们要问：什么时候应该刑罚？什么时候应该宽赦？"[①] 就此，进一步地追问就涉及未成年人刑罚适用的边界，即未成年人应受刑罚惩罚的实质内涵，以及刑罚正当根据问题。对上述问题的回答也是解决刑法二元机能观指导下的未成年人刑罚适用问题的出路所在。

第二节 刑法二元机能对未成年人刑罚适用之剖析

一、刑罚对未成年人保障机能之适用

要真正体现对未成年人的保护精神，从规范刑法学上说，就是要消除未成年人危害行为的社会危害性，认可未成年人的此类行为不符合犯罪本质所要求的严重危害社会的性质。当然，不认可其存在社会危害性，并不当然的肯定其就是对社会有益的行为，这是两个不同的问题，而且在规范刑法学上，我们通常只考虑前者而不考虑后者。未成年人的所有行为都附属于未成年人，认可这些行为在性质上的无社会危害性，其分析的视角是定位于未成

---

① [法] 孟德斯鸠：《论法的精神》（上），张雁深译，商务印书馆 2005 年版，第 113 页。

年人主体的，正是这一视角的特殊性决定了结论的差异。这一问题比较好理解，因为如果不是主体特征上存在显著的差异（成年人与未成年人的最大区别是心理上的），单就客观行为来说，未成年人也可以实施成年人的相同或类似行为，为何对前者要保护，而对后者要采取异向政策呢？显然，未成年人危害行为的无社会危害性实质上指向的是未成年人无社会危险性，即未成年人的保护性刑罚适用关注的是功利性价值，而非单纯局限于外化的危害行为。

既然未成年人是以人生的初级阶段立足于社会的，那么他们显然代表的是新生事物，是家庭、社会、国家的希望，就未成年人来说，他们朝气蓬勃、充满憧憬、踌躇满志，对未来的生活充满着无限期望。费孝通先生说，"我们不用'意志'加在未成年的孩子的人格中，就因为在教化过程里并不需要这种承认。其实，所谓意志并不像生理上的器官一样是慢慢长成的，这不是生理现实，而是社会的承认。"[1] 在费老先生看来，显然这一"无意志"的未成年人决定了他们无定型的人格。换言之，未成年人难以用意志性追求来实现自己的不良需求，更不可能因此而实施较为定型化的成年人"意图的犯罪"。即便存在客观上的危害性行为，那也是社会对其感染传导或教化不力的结果，是多元因素之下的结果，责任不应单纯由未成年人承担。

二、刑罚对未成年人保护机能之适用

从社会保护机能出发，注重的是社会安全价值，追求的是一般正义。社会是每个人生存的共同空间，任何人打乱社会有机体正常秩序的行为都是其他人所不允许的，都必须为自己的危害行为付出相应的代价。从刑罚保护机能的绝对化角度出发，追求社会防卫功能的最大化，成年人与未成年人的差异就显得微不足道。在危害行为发生后，通过衡量危害行为及其危害程度，并以此判断罪与非罪，然后适用具体的罪名，并配之以具体的刑罚措施。民事案件与刑事案件于是就在这里发生了分野：民事案件，如违约、侵权行为同样是有社会危害性的行为，二者的区别除了社会危害性程度的差异之外，另外一个重要的区别就在于社会状态的可否恢复性。虽然现今的恢复性司法、刑事和解往往都肇始于未成年人刑事案件，但是可以明显地看到其在实

---

[1] 费孝通：《乡土中国：生育制度》，北京大学出版社1998年版，第65页。

体内容和程序适用方面是受到限制的。笔者认为,在现今条件下上述新举措适用于恶性刑事案件并扩大适用的前景并不乐观,而且更重要的理由还在于恢复性司法、刑事和解等基本理念根本不是刑法保护机能观所倡导的实质所在。

对刑法保护机能观的注重产生了社会防卫理论,他们主张刑罚轻重不能仅仅根据犯罪的客观事实,还应以行为人的性格、恶性、反社会性或危害性的强弱为标准对犯罪行为人进行分类,以达到社会有机体的有序统一。于是,对未成年犯罪人的从轻或从重处罚就成了一项变数,对此,德国学者李斯特尤为鲜明地认为,应按照防卫社会的要求具体用刑。"李斯特从德国的司法实践中寻找支持其论点的论据。他举例说明,德国普鲁森地方司法省曾命令法官,对于少年被告事件,所处自由刑应较成年者为长,因为根据少年的心理特征,与其处以短期自由刑,不若处以长期自由刑为有利。"[①] 这样做的理由不是因为未成年人实施的犯罪与成年人存在什么多大的不同,而是因为未成年人行为之下隐藏的非稳定人格有特别注意之必要。基于此理解,刑法保障机能从只注重外在的客观行为而不注意行为人,就逐渐转向了偏重行为人的人格而不注重外在危害行为的道路上来。由此可见,保护机能的过度强调一不小心就导入了异化的另一端,本着良好初衷和一厢情愿的刑罚客观上就这样把未成年人置于了极为不利的地位。

三、刑法二元机能的理性反思与调整

不难看出,过度注重对未成年人的权益保护与极端强调刑罚的防卫社会功能,都使刑罚处于一种相当尴尬的境地。一方面,若极力张扬对未成年人的权益保障,刑罚对未成年人犯罪就应该退避三舍,对未成年人的危害行为就应视为社会有机体可以兼容的一部分从而在根本上不予以排斥。而这与未成年人客观危害行为与成年人危害行为的相同客观罪质程度不符,也与当前抑制未成年人犯罪的高涨态势的目的不合,与法治中国、和谐社会的构建相悖。另一方面,若极力推崇对未成年人刑罚适用的社会保护功能,就必然淡化未成年人与成年人之间主体上的差异,从而强调秩序治理价值在当下社会的重要性,极大程度地忽视权利保障的现实作用。为了防卫社会并体现安全

---

① 马克昌:《近代西方刑法学说史略》,中国检察出版社2004年版,第213页。

价值，必然要对作用于外且呈现客观危害的行为予以刑事责任的归咎，从严惩处、从重用刑就成了内在之必然，而这与刑罚的人道精神和保护未成年人的惯常性做法不一致，与时代精神和世界性潮流不相吻合。

徘徊于保护机能与保障机能之间的刑罚，在对未成年人这一主体适用上投射了自己的左右为难，这也真正向我们昭示了一个根本性问题，即未成年人刑罚适用的机能选择出路何在？通过上述的分析，我们已经可以清楚地知道择一性机能既不符合刑罚理论——它很可能导致从一个极端迈向另一个极端，也不符合司法实践——实践操作总是随着刑事政策的变动和社会犯罪态势的起伏而变动不居。

那么，对未成年人理性适用刑罚的指南在哪里？笔者认为，既然刑法二元机能的总体模式已经固定，那么结合未成年人自身的特殊性，我们只能通过刑法二元机能的良性互动，促使保护机能与保障机能的协调统一，在二者的对立中强调"保障机能优先，兼顾刑罚的保护机能"。正如学者所言："在市场经济体制下，刑法的价值构造应当顺应全球化时代的发展，兼顾社会保护和人权保障双重机能，并适当向人权保障机能倾斜，加重刑法的人权蕴涵。"① 这不仅是民主政治与人权保障的内在要求，也是衡量刑事法治理念合理与否的重要判断标准之一。赵秉志教授也认为，"这一价值取向不仅应该在刑法立法中确立和贯彻，更应在刑事司法运作中得到充分体现"。② 只有这样，我们的刑罚理论才真正实现了顺应时代发展的适时性调整，较好实现刑罚惩治到预防策略的一体化并行，较好彰显时代价值及其内涵，契合文化发展的主旋律。

这种基本立场的确立是刑事责任理论理性化的表现，是社会多元价值对刑罚反思后的适时调整，是刑罚从僵硬到灵活性过渡的现实要求。要说明的是，刑法二元机能的整合性统一，并不是庸俗的折中。原因在于，"保障机能优先，兼顾保护机能"不是机械性标准，它的整合性体现在宏观上的未成年人犯罪必须彰显刑法对特殊群体的关照：在刑罚的质上，罚与不罚模糊难辨时要尽量不罚，监禁刑与非监禁刑可供选择时尽量选择非监禁刑；在刑罚的量上，按照法定情节对未成年人从轻或减轻处罚，并且根据具体的犯罪

---

① 陈兴良：《刑法的价值构造》，载《法学研究》1995年第6期。
② 赵秉志：《全球化时代中国刑法改革中的人权保障》，载《吉林大学社会科学学报》2006年第1期。

过程，综合评估未成年人的人格动态；在具体个案中，审慎考虑其人身危险性，预测其再犯可能性的大小；在张扬对未成年人保护精神的同时，也应该同时做到罪刑均衡与处罚公正，回应报应刑之刑罚本质，发挥刑罚功利性之预防目的。

第三节 未成年人刑罚适用边界的实质根据

一、应受刑罚惩罚性是未成年人适用刑罚与否的根本标准

应受刑罚惩罚性具有质与量的规定性。通过应受刑罚惩罚与不应受刑罚惩罚这一根本的分水岭，就把犯罪行为与非犯罪行为区分开来了，罪与非罪在这里得到了直接的标准界定。同时，应受刑罚惩罚还有惩罚程度深浅的问题，应受监禁刑还是非监禁刑、应受附加刑还是主刑、应受自由刑还是生命刑，通过量上的刻度大小都可以得到直接的体现。在传统意义上，社会危害性作为犯罪的本质特性并不清晰，因为在质与量的规定性上，社会危害性的标准过于笼统，无法界定一般民事违法行为、行政违法行为和刑事违法行为三者的界限，同时社会危害性也过于抽象，为随意出入人罪与权力滥用埋下了隐患。而以应受刑罚惩罚性与否作为刑罚适用的直接标准，无论是犯罪人还是一般行为人，在预测行为后果时均无须转换为社会危害性就可直接判断并得出答案，即只要通过自我对刑罚的理解与感受就可以大致评价自己行为的性质。因为，"国家认为某种行为应用刑罚方法来调整，这本身就表明了该行为的社会危害性已达到了高于其他危害行为的程度。达到犯罪程度的社会危害性在这里就直接由应受刑罚惩罚性表现出来了。"①

在立法层面，未成年人的危害行为并非是由不法行为外在危害量的简单递增而被纳入刑法之中。未成年人危害行为的性质也并非完全取决于行为自身的危害性及其程度，而是要结合行为人主体要件和主观构成要件综合分析，需要考虑对未成年人的此类行为可否用刑，是否应受刑罚惩罚，用刑后

---

① 陈忠林：《刑法散得集》，法律出版社2003年版，第343－344页。

的效果如何,以及能否达到预期目的。也就是说,行为的社会危害性只是未成年人应否受刑罚惩罚的外在征表,或者说是应否受刑罚惩罚的依据之一。为了对未成年人正确适用刑罚,我们就必须在对未成年人入罪时,考虑未成年人适用刑罚的必要性和可行性的实质问题。正如学者所言:"依靠国家政权最严厉、最复杂的刑事法律手段解决问题,首先须考虑有无必要以及有多大必要,其次还应权衡是否可行以及可行的程度与效果;凡无必要或有必要但不可行(或行之效果太差),刑法只能是退避三舍,爱莫能助……顺此思路考虑,既定的刑罚制裁体系便自然成为是否'入罪'的具体参照系。"[1] 因此,既定的立法把刑罚固定下来,并且通过反复的司法实践作用于具体的个案和行为人,这就使得普通人可以通过自我的感受来认识应受刑罚惩罚的质与量,并结合未成年主体加以自我评价,据此得出自己的结论。

二、未成年人的刑事责任能力是未成年人应否受刑罚惩罚的标尺

对未成年人是否应受刑罚惩罚的标准进一步具体化,其切入点在于要综合衡量未成年人的刑事责任能力。在刑事责任能力的基本观点上,笔者赞同可罚性责任论者的主张。可罚性责论者主张,"责任能力系认识、理解法规范(此指法定规范)之命令或禁止,并依此认识而决定意思及控制行为之能力,亦即能成为法定规范之对象的适格。因此,责任能力之本质,系指就违法行为负担法律上责任之能力。"[2] 虽然未成年人的刑事责任能力存在"有责行为能力"与"受刑能力"的概念区别,但是二者的界限并非是截然分明的。正如学者认为的,"责任能力系有责行为能力,但在某种意义之下,乃是否值得刑罚追究其责任(可罚的责任)之问题,故将责任能力称为刑罚适应性亦有其意义。"[3] 笔者认为,这一主张同样是基于应受刑罚惩罚性基点的自然延伸。按照可罚性责任论的基本观点,在考虑未成年人是否应受刑罚惩罚时,既要以未成年人的有责行为能力为前提,即考察未成年人的辨认能力与控制能力,又要兼顾未成年人的可罚性问题,即期待可能性与处罚必要性等。因为罪刑法定原则的明确规定,并非是对形式理性的绝对褒

---

[1] 冯亚东:《罪刑关系的反思与重构——兼谈罚金刑在中国现阶段的适用》,载《中国社会科学》2006年第5期。

[2] 黄丁全:《刑事责任能力研究》,中国方正出版社2000年版,第20页。

[3] [日] 平野龙一:《刑法总论Ⅱ》,有斐阁1988年版,第280页。

扬而排斥实质理性，而是必须全面认识这样一个理性前提，即罪刑法定原则是为了限制刑罚权的随意发动而确立的，它是形式理性与实质理性的结合。从未成年人的特殊性主体角度考虑问题，就是要求我们打破传统的形式思维窠臼，注重探寻与发掘实质理性，对未成年人要正确地制刑、求刑、量刑和行刑。

以未成年人刑事责任能力为标尺来考察未成年人是否应受刑罚惩罚，是结合未成年人特点的"因人配刑"。"如果人们在其中不保证将始终变动的生活关系的独有性及特殊性在法律的过程中引入，那么纯粹从法律规范演绎出来的正义将会是一种'永久的、重复相同的'僵化机械论，一种自动化——或者是电脑的——'正义'，一种非人性的'正义'。"[①] 因此，单独把未成年人从一般刑事主体中抽离出来，我们就遵守了对未成年人受刑正当化和科学化的前提条件要求，就有了区分未成年人与成年人的现实需要。这样可以防止把一般性的成年人标准随意地置于未成年人身上，杜绝把惯常性的刑罚执行措施任意施于未成年人主体上；否则，刑罚的实践运转既达不到刑罚的目的又浪费了刑罚资源。进而，主体界分的结果就使刑罚个别化与轻缓化有了可能，使刑法的保障机能有了进一步彰显之现实基础，刑法的保护机能也可以在预设的轨道上正常行进，从而使二元机能有了回旋与协调的余地。

第四节　未成年人刑罚适用边界引发的思考

一、未成年人刑罚适用边界对现行刑法规定的反思

结合未成年人自身的特点，期待可能性理论决定了未成年人过失犯罪的刑事处罚非必要性。就无认识的过失犯罪而言，要求行为人"应当预见而未预见"，而未成年人的辨认能力较之一般人的欠缺状况决定了，根本不可能期待他有相当程度的预见能力；就有认识的过失犯罪而言，"已经预见而轻信可以避免"同样无法期待未成年人在众多情形下的轻信危害结果的发

---

① ［德］亚图·考夫曼：《法律哲学》，刘幸义等译，五南图书出版有限公司2000年版，第122页。

生。所以现行《刑法》第 17 条第 2 款明确把 14—16 周岁未成年人的 8 种犯罪行为限定为故意犯罪,背后的道理也正是如此。除此之外的未成年人犯罪,在没有刑法明文规定的前提下,在具体的适用过程中也应当尽可能的限缩对待,而不是毫无区别的与普通人犯罪"一视同仁"。

另外,如果未成年人缺乏违法性认识,在刑罚适用上同样应当审慎。未成年人的违法性认识,主要是指未成年人对社会危害性的认识。虽然通过期待可能性可以把未成年人犯罪(主要是 14—16 周岁)限定为故意犯罪,但是行为人如果没有社会危害性的认识,根据《刑法》第 14 条的规定,同样可以阻却犯罪故意的成立。比如,《刑法》第 56 条规定,"对于危害国家安全的犯罪分子应当附加剥夺政治权利,对于故意杀人、强奸、放火、爆炸、投毒、抢劫等严重破坏社会秩序的犯罪分子,可以附加剥夺政治权利。"从这一法律规定来看,由于未成年人可以构成现行刑法分则第一章"危害国家安全罪"和"严重破坏社会秩序罪"的罪名,所以按照严格的罪刑法定原则来看,对未成年人触犯以上罪名的,在适用刑罚时剥夺政治权利是当然之理。

然而,一般未成年人对自己行为危害国家政治权益的社会危害性是缺乏认识的。未成年人尽管可以认识到自己行为有危害国家、社会或他人权益的社会危害性,但是对自己行为所具有的政治权利意义上的危害性认识是欠缺的,而且刑罚即使剥夺了未成年人的政治权利,未成年人往往也感受不到刑罚应有的痛苦和道义谴责。多余的刑罚就是非正义的刑罚,因此笔者建议,在我国刑法中可以明确规定,未成年人犯罪原则上不适用剥夺政治权利,这是由刑罚的必要性和刑罚的节俭性所决定的。

未成年人作为社会接续的新生代,在考虑应否承受刑罚惩罚时必须与社会整体伦理评价与可承受能力相一致,即要权衡社会相当性问题。社会相当性是以社会伦理规范、社会文化规范为内容予以支撑的价值权衡。日本学者大谷实教授认为,整个社会秩序就是以各个生活领域中所形成的一般妥当的社会伦理规范为基础而得以维持的,而刑法所追求的就是以这种社会伦理规范为基础的现实存在的社会秩序的维持与发展。① 由于未成年人所处的社会关系网络和其身心特点,未成年人的犯罪主要集中在违反人类怜悯和正直情感的犯罪类型上,这些犯罪主要是自然犯。这一特点不仅可以从统计的司法案件中看出来,而且从我国《刑法》第 17 条第 2 款规定的 8 种犯罪行为的

---

① [日]大谷实:《刑法总论》,黎宏译,法律出版社 2003 年版,第 70—82 页。

自然犯特性也可得知。因此，可以说，把未成年人的违法行为纳入犯罪圈并对其予以刑罚调整，要求未成年人违法行为必须具有社会伦理谴责性和公众认同性，即要符合"市民规范意识"、"市民感觉"、"刑法的国民认同感"、"一般人的常识"、"公众的一般感觉"等。① 质言之，就是要符合常识、常理与常情。"体贴人情世故，一般情形下秉持常识、常理和常情，立法以不要太'伤人'为限，是避免上述理智化或理性化的遮蔽所导致的'隔阂、扭曲甚或对立'，防止稀奇古怪的规则和来潮出现的一条基本途径。"② 如果一般社会公众在伦理道德范围内尚能忍受和包容未成年人的违法行为，对未成年人的非犯罪化就是明智的选择。"在这个意义上可以说，被规定为犯罪的应该是违反社会伦理规范的行为中，有必要特别通过刑罚制裁来强制国民遵守的上升为刑法规范的社会伦理规范的那一部分行为。"③ 只有真正对未成年人做到了这些，刑罚对未成年人的消极影响才有可能最小化，刑罚才有可能通过实践功能的发挥而对接社会主流价值，刑罚的伦理性与惩罚性才会得到较完美的结合。

二、刑罚边界对未成年人具体刑罚适用的现实重构

通过刑法二元机能观的阐释，并在此基础上对未成年人刑罚边界的理性思考，可以对我国当下的未成年人刑罚适用进行重新考量。从中可以发现，现行刑法对未成年人刑罚适用的规定存在诸多可进一步商榷之处。笔者认为，在规范刑法的立法与司法适用层面，针对未成年人的刑罚适用应当注意如下方面：

1. 合理划定相对负刑事责任年龄阶段主体的刑责范围。现行刑法虽然较之旧刑法的规定有了长足进步，但是就未成年人犯罪的立法仍然有待改善。就相对负刑事责任年龄阶段的主体来说，范畴划定牵涉到罪刑均衡的原则适用问题。就《刑法》第17条第2款所列的8种犯罪行为来看，类型并不周延，按照当然解释的原则，在与此相当或者更重犯罪尚未纳入的情形

---

① 陈兴良：《法治的界面——北京大学法学院刑事法论坛》，法律出版社2003年版，第426－435页。

② 许章润：《法律的实质理性——兼论法律从业者的职业伦理》，载《中国社会科学》2003年第1期。

③ [日] 大塚仁：《犯罪论的基本问题》，冯军译，中国政法大学出版社1993年版，第19页。

下，现有的立法存在并不协调的问题，因而应当在立法上予以更好改进。从应受刑罚惩罚的等值性来考虑，笔者建议，至少应该把绑架罪、走私毒品罪、恐怖活动犯罪等列入其中，通过法律的明确规定，可以起到良好的行为规范引导功能，也能较好防止司法适用中的不均衡现象发生。

2. 对未成年人原则上不适用剥夺政治权利。刑罚的适用必须考虑具体的现实效果，而且应该结合未成年人主体的特殊性对刑罚适用予以斟酌。根据客观存在的常识性理解，对未成年人剥夺政治权利明显偏离了刑罚报应与功利主义的要求，是刑罚欠缺有效性的典型体现。就常态下的未成年人来说，本身并不享有相应的政治权利的实体内容，因而这一所谓的剥夺也往往是缺乏针对性的。由于未成年人本身并未实际享有被剥夺的政治权利，也与其生活的环境没有直接关联，因而通过刑罚来剥夺未成年人的政治权利，与未成年人的自我行为认识能力和惩罚必要性并不相称，还与刑罚的节俭性与谦抑精神明显相悖。

3. 对没有个人财产的未成年人原则上不适用罚金刑。对未成年人判处罚金刑在司法适用中仍然不乏其例，笔者认为，对此应当予以谨慎化适用。虽然罚金刑有从经济上加大惩罚的意味，但是，对未成年人的罚金刑适用仍然需要考虑这一特定对象的特殊性。从整体上来说，对未成年犯罪人原则上应排除适用罚金刑，尤其是对本身没有财产的未成年人。否则，这不仅导致罚金刑判处的现实性意义降低和及时性原则难以实现，而且如果这一罚金刑判处之后完全由亲属来承担，则又与刑法内在的罪责自负和罪刑相适应原则存在冲突，有违刑法的公正性。在现有的刑事立法较难作出成年人与未成年人界分的情形下，我们应当在司法裁量过程中予以注意并加以体现。

4. 对未成年人的从宽处罚应当进一步的细化。对"已满14周岁不满18周岁的未成年人，应当从轻或者减轻处罚"，这一规定过于笼统和含混，有欠科学性。一方面，14－18周岁的未成年人，主体性差异较大，不区分14－16周岁段和16－18周岁段，并配之于具体的量刑幅度，有失个体公正，也往往会导致刑罚裁量的随意性。另一方面，"应当"从宽未区分不同的案件性质，本身又有偏离刑罚该当性的原则。"应当"的绝对性情节在刑罚裁量时对未成年人一律从宽，难以应对主观恶性与社会危害性较严重的犯罪，这不仅与宽严相济、区别对待的刑事政策精神不符，而且也与刑法保障机能与保护机能相互协调的旨趣不一致。因而，在立法修订时对此进行相应的调整，以回应未成年人案件纷繁多样的复杂情形。

5. 未成年人适用有期限的从业禁止应当慎重。《刑法修正案（九）》增设了有期限从业禁止的制度，但并没有严格区分具体的适用主体。笔者认为对未成年人的从业禁止应谨慎适用，否则这一标签将与未成年人的可改造性追求相违背，使之社会化过程遭受现实阻碍。反之，如果把未成年人置于更为不利的从业禁止之后，其回归社会的渠道必然大大受阻，这与期待教育改造未成年人的目标背道而驰。尽管现有刑法修正案在从业禁止的适用上并没有明确排除未成年犯罪人的适用，但是基于这一制度的价值初衷及其目的所在，对未成年人适用从业禁止时理当予以谨慎，在可用可不用该预防性措施时，则务必要体现出从严限制适用该从业禁止制度的价值取向，并在具体个案中予以尽可能的体现。

第五节　本章小结

未成年犯罪人的刑罚适用是未成年人实施危害社会行为之后的核心问题，需要结合刑法的二元机能进行梳理，并在这一对立统一的矛盾体中予以协调性平衡。无论是刑罚从责任后果层面的惩治还是贯穿其间的政策性保护，毫无例外的都是刑法二元机能观的现实体现。在这一过程中既映射出对未成年人实施严重危害行为不能放纵的惩治立场，也流露出对此类特殊犯罪人需要时时给予的温情关怀。犯罪之后的责任结果、刑罚的价值立场及其选择都与刑法的内在机能关系重大，我们不仅可以从此宏观场域出发来仔细研判未成年人刑罚适用问题，还可以对当下的刑事立法与刑罚适用制度进行更加理性化的反思。

未成年人作为刑罚承担的特殊主体类群，在整体刑事法律中体现了保护与惩罚的紧张关系，这一关系也直接牵涉到未成年人刑罚适用边界的根本性问题。从刑法保护机能与保障机能的视角具体分析其对未成年人刑罚的制约与影响，二元机能的最佳选择只能是"保障机能优先，兼顾保护机能"，以此来协调刑法二元机能的价值取向从而达到二者之间的良性互动。在这一机能模式下，未成年人刑罚适用的边界应该以应受刑罚惩罚性为切入点，以未成年人的刑事责任能力为标尺，理性检视和合理重构我国现行未成年人刑罚运行机制之若干不足。

第二章
未成年人的人身危险性及其征表

在刑事古典学派过渡到刑事近代学派之时,刑法的重心也从"行为"向"行为人"渐进转移。在当前全面依法治国与以人为本的新时代社会背景下,在深入贯彻执行宽严相济刑事政策的司法环境中,以行为人为中心的刑法理论为我们的理论研究廓清了道路,为我们的司法实践指明了前行的方向。因此,针对行为人中的特殊主体类群——未成年人,我们深入探讨其人身危险性,不仅对具体个案的定罪、量刑、非监禁刑和监禁刑的执行、社区矫正、恢复性司法等刑事法律活动的意义重大,而且为预防或减少未成年人违法犯罪提供了打开另一扇通途之门的钥匙。

第一节 未成年人人身危险性的客观现实性

一、未成年人人身危险性的界定

关于人身危险性的概念,学界存在三种不同的表述:其一,"行为人的人身危险性是指行为人对社会造成侵害的可能性。"① 其二，"人身危险性就是犯罪人的再犯可能性。"② 其三，"人身危险性是再犯可能与初犯可能的统一。"③ 笔者认为，第一种表述不是法学意义上的人身危险性，因为"对社会造成侵害"的外延并不一定会达到严重社会危害性和应受刑罚惩罚性的罪质程度，难以真正纳入刑法调整对象的视野之中，而且用一个带有政治色彩的概念表述刑法学的人身危险性既欠妥当，又失精准。第二种表述是经常使用的说法，这与现今人身危险性在量刑阶段对刑罚轻重发挥作用有关。因为进入量刑阶段的行为人都是已犯罪之人，已经无须考察行为人的初犯可能性，只要根据有无再犯可能加减刑量即可。但是，如果扩大视野，从刑事一体化的角度予以审视，把人身危险性扩大到犯罪本体（尤其是定罪）或者保安处分范畴，初犯可能性就完全可以被容纳在人身危险性评价之中。因此，笔者认为，人身危险性是行为人再犯可能性和初犯可能性的统一，可以说人身危险性的二元划分方法是全面的，较为周全的外延不仅囊括了行为人的不同情形，也使得人身危险性在预防犯罪（即对已犯之人的特殊预防和对潜在犯罪人、一般民众的一般预防）的功能上预设了基本前提。

未成年人的人身危险性，即是未成年人再犯可能与初犯可能的统一。但是，不同刑事学科关注的重点不一样。在犯罪学意义上，它关注各种危害社会行为的原因并提出相关对策，即犯罪学除了研究规范意义上的犯罪行为，对非犯罪行为也要进行关注，因此犯罪学上的人身危险性必然包括未成年人的初犯可能性与再犯可能性。而刑法学是规范学，罪刑法定与罪刑均衡的基本原则严格限定其必须从规范角度对行为人进行定罪量刑，只有在罪与非罪的界限已经界分清晰后，刑法资源配置才会对具体行为人发生作用。毕竟，用其他法律手段能够调整的行为，作为其他部门保障法的刑法只能退避三舍，这既是刑法的调整对象所决定的，也是刑法谦抑精神的内涵所在。

二、未成年人"可塑性"的思考

在论及未成年人自身特点的时候，尤其是涉及对未成年人"教育为主，

---

① 刘勇：《犯罪基本特征新编》，载《改革与法制建设》，光明日报出版社1989年版，第540页。
② 王晨：《试论量刑的人身危险性根据》，载《当代法学》1991年第2期；游伟、陆建红：《人身危险性在我国刑法中的功能定位》，载《法学研究》2004年第4期。
③ 陈兴良：《走向哲学的刑法学》，法律出版社1999年版，第388页；陈兴良：《刑法哲学》，中国政法大学出版社1991年版，第133页。

惩罚为辅"的保护性刑事政策时，毫不例外要谈到的一点是未成年人生理和心理发育未成熟，未成年人具有很大的"可塑性"。[1] 申言之，"浪子回头"的可期待性很大，对未成年人采用有别于成年人的一系列保护性措施，从功利性的价值衡量上来说是值得的——相对于未成年人漫长人生与不可估计的社会价值，对其加以容忍并予以矫正是价值权衡的结果，对具体的未成年人进行特殊预防是未成年人特点所决定的价值选择。因此，我们很可能未经思维过滤而把判断简单化，并且在未加理性地反思之前就提出如下的质疑：未成年人既然有可塑性带来的这么多天然的优势，怎么可以武断地认为未成年人存在人身危险性呢？这不是把刑事人类学派"天生犯罪人"的结论贸然地置于未成年人身上吗？未成年人的认识能力和控制能力都未定型，又何来所谓的人身危险性呢？上述质疑，潜在的观点就是对未成年人的人身危险性持否定性态度。但是，笔者认为，在明确了以下几点之后，上述质疑相当程度上也就可以迎刃而解了。

（一）未成年人的可塑性包括了积极与消极的两面性

不可否认，在多数语境下，论及未成年人的可塑性都是从积极的一面加以阐述的，即只看到未成年人在违法犯罪之后，通过教育挽救措施步入社会正轨的情形，却忽视了未成年人的行为"积弱成著"和"从小恶到大恶"的人身危险性渐长的情形。因为，在论述积极可塑性的时候是以对未成年人进行保护为基本出发点的，前提预设的立论角度遮蔽了论者的视线，因此凭借积极可塑性来否定未成年人的人身危险性成了顺理成章的事情。

有学者根据未成年人自身的特点明确指出，前科刑绝对不及于未成年人[2]，这显然是对未成年人人身危险性客观存在的否定。然而，正因为未成年人的可塑性内容所包含的不确定性，使得未成年人既有向积极一面发展的可能，也有向消极一面发展的可能，可以说二者客观上的概率是完全对等的。未成年人究竟是向积极的一面塑造，还是向消极的一面退化，关键取决于外在社会环境和主观心理的合力对未成年人如何进行引导。但是，无论中介性的外在环境把未成年人引向哪一方，或显或隐的人身危险性都是不以人的意志为转移的客观实在。

---

[1] 郭浩善：《中国少年刑事司法制度与审判实务》，人民法院出版社1996年版，第4页。
[2] 于志刚：《论前科制度的量刑价值》，载《山东公安专科学校学报》2001年第6期。

(二) 未成年人的人身危险性是质与量的统一

质是事物本身的内在特征，是一事物区别于他事物的根本标志。当我们对未成年人有无人身危险性予以界定时，这是对人身危险性质的说明，有人身危险性和无人身危险性是根本性的质的差异。量是事物数量上的增减、方向上的转变以及内部要素间的不同排列组合，人身危险性的衡量与判断本身是一个动态的描述过程，不局限于静止状态的某一点一面，因此人身危险性在量上有大小之别，在方向上有趋强或趋弱之势。比如，我们说累犯的人身危险性大，应该从重处罚，即是对人身危险性量的描述。并且，人身危险性的质与量是统一的，一定的质是量的集中反映，量是质的范畴内的量。承认未成年人可塑性强与否认未成年人的人身危险性，二者并不是同等话语，也不是对未成年人可以通过教育、矫正等手段迁恶从善的否定，恰恰相反，正是在承认这一质的特性之后，借助外在手段来逐渐降低人身危险性的量，从而最终消除人身危险性。否则，难以回答的问题是，既然未成年人没有人身危险性，可塑性塑造的又是什么呢？为什么未成年人违法犯罪的直接表现形式是外在的危害行为，却要通过教育、改造、矫正等形式作用于未成年人的思想呢？为什么只认为成年人存在人身危险性，而未成年人就不可能存在人身危险性呢？难道法律拟制的年龄界限就是人身危险性这一质的分界线吗？显然，如果否认未成年人存在人身危险性，就难以遮蔽理论上的困惑，也无法自圆其说，同时也不可能真正找到对未成年人有效性教育矫正的现实路径。

(三) 认识能力和控制能力未定型是未成年人存在人身危险性的内因

在考察行为人的刑事责任时，必须考察行为人的责任能力，即认识能力和控制能力。未成年人作为一类特殊的行为人群体，法律推定其认识能力和控制能力相对一般成年人较弱，并规定未成年人应受刑罚惩罚时应当从轻或减轻处罚。但是，责任减少并不是人身危险性被完全否定的合适理由，未成年人责任多少的参照物是成年人，不是行为样态呈现出来的社会危害性。比如，尽管未成年人的行为极其恶劣，并发生了致多人死亡的严重后果，但是绝对不能适用死刑；再则，在未成年人的刑罚措施上，要符合保护性刑事政策规定，避免报应主义刑罚对未成年人的绝对适用。

转换我们的视角，从反映未成年人人身危险性的初犯可能和再犯可能上来讲，未成年人的认识能力和控制能力的缺陷是导致犯罪发生的内在根据，这与未成年人对手段方式、作用对象、事物发展的因果过程、社会危害性等难以有正确认识息息相关，与未成年人无法集中意志并控制自己的行为选择关系重大。未成年人在认识层面与避免危害行为及其结果发生的行为过程中，正是由于欠缺较为成熟的支配能力，犯罪发生或者继续发生往往就成为了现实。从实质层面来说，这一过程也是未成年人存在人身危险性的真实写照，正是未成年人认识能力与控制能力的不定型性，导致了违法犯罪行为的客观呈现，征表了未成年人人身危险性的存在。

（四）司法现实说明了未成年人人身危险性的客观存在

在劳动教养制度被废除之前，司法部预防犯罪与劳动改造研究所和司法部劳改局有过一项调查数据，从这一调查结果，可以看出违法（未废除之前适用的劳动教养）的未成年人与刑满释放的未成年人的重新违法犯罪率都较高。以成年刑释人员的年平均重新违法犯罪率（6.59%）为100计，那么刑释少年的年平均违法犯罪率（20.54%）则为311.7%；解教少年的年平均重新违法犯罪率（36.52%）则为500.1%。其中，重新犯罪率，若以成年刑释人员年重新犯罪率（5.19%）为100计，那么刑释少年的年平均重新犯罪率（14.10%）则为271.7%，解教少年的年平均重新犯罪率（17.63%）则为339.7%；年平均违法率，若以成年刑释人员的年平均重新违法率（1.4%）为100计，那么刑释少年年平均重新违法率（16.44%）则为460%，解教少年的年平均重新违法率（18.62%）则为1300%。① 另外，根据一项在21世纪初的调查统计，我国10省市的在押未成年人统计，有过一次犯罪经历的占31.7%，有过二次犯罪经历的占20.1%，有过三次犯罪经历的占8.1%，而有过三次以上的占到40.1%。② 从这些统计的数据可以明确地得出两个结论：其一，未成年人重新违法犯罪率是客观存在的。重新违法犯罪的整个动态过程反映的是未成年人的人格状况，"人格是用以揭示人内在本质、描述人行为倾向的概念，当人格概念进入刑法视野，它当然与犯罪人、人身危险性联系起来，并被用以反映人身危险性情况，甚至被

---

① 朱洪德：《少年犯罪透视与防范》，中国人民公安大学出版社1996年版，第77页。
② 王志强：《未成年人的重新犯罪问题分析》，载《青年研究》2004年第11期。

用以代替人身危险性。"① 因而，未成年人的人身危险性并非子虚乌有，是不以任何人的意志为转移的一种客观实在。其二，成年人的重新违法犯罪率相对于未成年人的重新违法犯罪率而言，在绝对比值上，未成年人甚至要远远高于成年人。当然，要指出的是，尽管两者违法犯罪的基数不一样，决定了二者在具体百分比上并不成一一对应关系。但是，这从侧面说明了未成年人的人身危险性在未成年人犯罪中发挥着重要作用，如果简单地予以否定，那么很显然就与未成年人的违法犯罪事实是相矛盾的。

综上，未成年人的人身危险性是对未成年人外化为客观违法犯罪形态的整体过程的高度抽象。既然未成年人的人身危险性是不以人的意志为转移的客观实在，那么，抽象和本质的东西在行为世界中必然通过各种物质性的内容征表出来，因为没有现象的本质是不存在的，本质必然通过一定的现象表现出来。笔者认为，未成年人人身危险性的征表可以通过两种方式予以分析：其一，人身危险性广度上的征表，即哪些具体情形可以说明未成年人人身危险性的存在，这是静态层面的描述；其二，人身危险性量度上的征表，即在所有征表中哪些可以说明未成年人人身危险性增大的趋势，哪些可以说明未成年人人身危险性减少的趋势，这是动态层面的描述。

第二节 未成年人人身危险性广度上的征表

一、未成年人初犯可能性的征表

有学者认为，初犯可能性的征表通常有三个方面：一是形势；二是犯罪率；三是民愤。② 笔者认为，这三个方面只涉及社会整体违法犯罪情势而与具体行为人无关。质言之，根据这三方面进行整体预测一定时期、地区内犯罪的宏观走向是可行的，但是针对具体的未成年人违法犯罪行为，由于这三个方面过于抽象从而无法对其人身危险性予以确切的征表。笔者认为，未成年人初犯可能性的征表主要包括如下情形：

---

① 翟中东：《刑法中的人格问题研究》，中国法制出版社2003年版，第45页。
② 陈兴良：《刑法哲学》，中国政法大学出版社1992年版，第111页。

1. 个人性格方面：未成年人存在偏执性人格或变态人格，家庭成员中有精神病史或其他精神障碍史，性格内向，受外界刺激易冲动，爱争强好胜，爱攀比，不诚实，爱冒险等。

2. 家庭方面：父母有违法犯罪史，没有良好的家庭教育方式与教育氛围，长辈对子女管教不严，家庭成员之间不和睦、欠缺良好的家庭关系，不孝敬老人，父母离异，存在家庭暴力，有虐待未成年人，未成年人被遗弃，未成年人离家出走，过于溺爱未成年人，家庭成员之间经常吵闹、殴打、漫骂等。

3. 学校方面：不听从老师教导，有逆反心理，不服从校规校纪或有被处分记录，考试作弊，不爱学习、成绩较差，经常被其他同学奚落，缺少知心朋友交流，爱与社会人员交往，经常与同学发生争执甚或打架斗殴，课堂上爱起哄、爱做恶作剧等。

4. 行为方面的累发性：即未成年人曾有过两次或两次以上的不良行为，且未真正得以悔改，存在较严重的逆反心理，不良行为的外界诱因仍然客观存在。行为的连续性表明存在一种向前延续的惯性，并预示行为无根本的逆转可能，有向更严重行为演进的现实危险性。

二、未成年人再犯可能性的征表

未成年人再犯可能性主要从犯罪前、犯罪中和犯罪后的客观行为征表出来：

其一，"犯罪前"的人身危险性征表主要包括未成年人的家庭、社会、学校等方面的综合因素。家庭方面要调查行为人的家庭有无犯罪史、有无精神病史、有无基因缺陷、父母和兄弟姐妹的各项情况、家庭的民主氛围、家庭成员间的关系、个人的婚姻和夫妻感情情况等；社会层面主要调查未成年人父母的工作单位性质、工作岗位的压力、工作表现上的一贯态度和作风、工作效绩如何、与领导和同事的关系、与社会人员往来情况、未成年人所在居住地的环境、周围群众对未成年人品行的一致程度上的评价等；在学校方面，主要调查行为人所受教育程度、在校期间的成绩和表现、老师和同学对行为人的评价、行为人有无辍学史等。

其二，"犯罪中"的人身危险性征表是围绕行为发生的过程予以外化的典型阶段，这一阶段也是未成年人人身危险性最为集中性的体现。就"犯罪中"的人身危险性征表因素来看，主要包括行为人的犯罪原因、犯罪动机、犯罪所采用的手段和方式方法、行为的暴力程度、行为人所侵害的对象、行为所导致的严重危害后果等。

其三,"犯罪后"的人身危险性征表主要包括如下情形:犯罪后行为人的悔罪心理情况、有无采取行之有效的措施挽救危害结果的发生、有无逃避打击的行为、有无狡辩和拒不认罪的情况、犯罪后行为人再犯的原因和行为动机等。就实践情形来看,流动人口和户籍制度管理上的不健全,加之行为人知道犯罪前科对自己不利,导致行为人再犯后更改姓名甚至拒不承认自己真实姓名的情况较多存在。虽然,在当前的诉讼制度下可以追究其刑事责任,但很有可能使累犯制度及其适用流于形式,对我们刑法的罪责刑相适应原则产生冲击。因此,应当结合行为人犯罪后的"隐姓埋名"来进一步查明行为人有无犯罪记录,并把犯罪后的刻意隐瞒作为"犯罪后"人身危险性的征表情形予以综合考量。

尤其要注意的是,由于未成年人心理上和生理上的不成熟性,行为人实施再犯行为时,前次违法犯罪对未成年人的心理影响较大,或者可以说正是前次危害行为的自我满足感刺激了行为人再次犯罪的内心动因,引导其选择了不正确的行为方向。因而,未成年人在再犯时行为选择的方式、行为对象、行为时间、实施地点、行为环境、因果经过等方面往往与前次的相似性很大。也正是这种相似性,提醒我们可以把前后行为建立起内在关联,从而较为清晰地发现未成年人的人身危险性日渐趋强的态势,并可以据此推定未成年人的危害行为有进一步发展的可能。

第三节 未成年人人身危险性量度上的征表

一、未成年人人身危险性趋强的征表

人身危险性量度上的考察要比广度上的考察更为深入和细致,所以在具体适用上也更为棘手。目前人文社会科学发展的现实水平,仍然无法达到自然科学的精确程度,因而未成年人的人身危险性量度上的征表,无法与自然科学的"精准量化"相提并论。也正是基于不同学科内在的不同特质,现阶段我们只能采用"定性为主"的方法对未成年人的人身危险性的量化情形进行全方位的考察,并予以总体性的把握。具体而言,我们可以从如下几

个方面着手考察：

（一）行为性质的宏观征表

笔者认为，从宏观上看，有三类情况可以说明未成年人的人身危险性具有趋强态势。其一，"违法—犯罪"的发展过程，即未成年人从最初的社会危害性相对较小的情形，逐步达到具有严重社会危害性且应受刑罚惩罚的程度；其二，"过失—故意"的发展过程，即未成年人主观上从对行为产生的危害结果的不希望、不放任发生的排斥心理，过渡到放任或积极追求危害结果发生的心理态度；其三，"初犯—再犯"的发展过程，即未成年人已经触犯刑事法律有过责任承担或者切身体验之后，不思悔改并再次侵害刑法保护的法益。无论是上述哪一种具体情形，后次行为都是在前次行为基础上的推进，是前面主客观感受积累的进一步恶化，人身危险性从弱到强的程度变动是整体趋势的客观显现。

（二）行为过程中行为样态的具体征表

行为的实施过程既是行为人主观恶性的完全展开，也是行为人人身危险性最集中的外在呈现。我们在谈论未成年人主观恶性和抽象人格时，不能脱离具体的客观危害行为而纯粹进行"主观归罪"或者"人格定罪"。因此，未成年人行为过程中的各种样态是认识和理解人身危险性强度的基准所在。具体而言，包括如下方面：

1. 行为的手段方式。一般而言，异态的手段方式比常态的手段方式所征表的人身危险性更大。比如，就均为故意杀人罪的行为性质来说，以残忍方式实施的杀人是异态的手段方式，而采用一般性工具实施的剥夺他人生命的行为是常态的手段方式。另外，就同种性质的抢劫罪来说，使用身体物理强制力实施的抢劫行为为常态的手段方式，使用麻醉品、枪支等工具实施抢劫为异态的手段方式。

2. 行为的对象。虽然特殊对象是行为人之外的独立存在，但是由于特殊对象背后融入了道义性价值，因而决定了其比一般行为对象所征表的人身危险性更大。比如，盗窃行为的一般对象为公私财物，特殊对象包括了盗窃孤寡老人的财物、残疾人的财产，以及用于救灾、救济、防洪、优抚等的公私财物。"行为人选择弱者作为侵害对象，更表露其人性的卑污和反社会心理，在其一旦得逞之后，侵害下一个弱者的驱动力往往也是巨大的，会具备更大的人身危险性。"①

3. 行为的时间。在时间点上，特殊时间比一般时间征表的人身危险性大，比如，"非典"期间散布谎言扰乱民心，发生重大灾害期间实施的盗窃、诈骗等。另外，在行为人前后违法犯罪的时间间隔上，两次违法犯罪的时间间隔越短，表明未成年人的人身危险性越大，因为从间隔较短的后次犯罪说明了行为人的悔改情形通过前次犯罪不仅未消失，反而得以膨胀，并有继续向前延伸的现实可能性。

4. 行为的地点。在有丧道德风化的地点或者重要社会意义的地点实施危害行为表明行为人的人身危险性大。如在公共场所猥亵、侮辱妇女，在金融机构进行盗窃、抢劫等。地点代表了一种象征意义，不同的地点需要我们有不同的行为规则，需要在地点赋予的规则之下进行社会意识的认同。虽然地点是行为人之外的要素，但是在特定地点实施危害行为，可以反映行为人的道德遵守与法律意识的认同程度，因而也能够从这一侧面看出行为人的人身危险性。

5. 行为的后果。危害后果严重的犯罪，不仅具有恶劣的社会影响，同时也说明行为人具有较大的主观恶性与人身危险性，比如"灭门惨案"。或者在基本构成结果之外出现了加重危害结果的情形，典型的如"抢劫致人死亡"等结果加重情形，在这一情况下，行为人对法律所保护的重要法益所表现出来的漠视或者敌视态度，都表明行为人具有较高的人身危险性。

（三）行为前与行为后的具体征表

"行为前"与"行为后"的具体细节是未成年人行为的伴随情况，是核心的犯罪行为过程不可分割的一部分。"行为前"与"行为后"的行为也是对"行为中"的行为进行全面解读的重要参考，因而它可以征表未成年人人身危险性的变动趋势。因为"人身危险性是以犯罪的客观存在为条件的，是行为人在犯罪前后及犯罪过程中表现出来的人身危险性，并不是主观主义、唯心主义的反映"。②质言之，我们需要考察未成年人涉足违法犯罪行为的深浅，这是结合具体案件考察行为的社会危害性和行为人人身危险性的关键。从行为前的情形来看，主要有行为前的蓄谋已久，积极策划，行为人之间的共谋商讨、如何协力配合等。另外，还包括行为的动机、行为事发的

---

① 杜邈：《酌定量刑情节若干问题研究》，载《河南省政法管理干部学院学报》2006 年第 2 期。
② 刘柏纯：《刑罚个别化之价值评析》，载《政法学刊》2006 年第 3 期。

直接原因与根本原因、行为的目的等。行为后的具体情形有消除犯罪痕迹、伪装犯罪现场、嫁祸他人，归案后抵赖否认，隐瞒违法犯罪事实，帮助他人或同案犯逃避责任和处罚，缺乏悔罪心理，不接受司法工作人员的管教等。

（四）未成年人组合方式的征表

除了行为具体样态的征表之外，行为人的组合方式也可以从侧面说明未成年人人身危险性的变化轨迹。比如，未成年人的团伙性犯罪、帮派性犯罪、聚众性犯罪、黑社会性质的犯罪、恐怖活动组织犯罪，等等。有学者经统计证明，由于未成年人心理不成熟、感情不深刻，少年犯罪结伙作案的比例与年龄的增长成反比。[①] 未成年人通过各种方式组合起来实施违法犯罪行为表明，人身危险性较大的原因在于，未成年人通过该种组合方式得到了亚文化群体的认可，自我的犯罪成就感易得到满足，并且在实施危害行为时相互配合和支撑，心理纽带更为稳定，心理防线更为固牢。另外，行为人组合内部存在明确的分工，犯罪易得逞。再则，需求旺盛、精力充沛的未成年人在不良环境的影响中又极易出现不合主流文化的非现实性意图，并在这一主观意愿的支配下积极追求该目的并不择手段的予以实现。未成年人在组合起来以后往往长期、连续地实施危害行为，严重影响一方的社会治安和经济秩序。而且，未成年人一旦被纳入团伙或者组织之中，外部的文化教育和规范效力则难以作用于这种相对封闭的社会群体，对未成年人的身心健康与未来发展等方面的影响都非常大。

当然，在未成年人组合群体内部还应该进行人身危险性强度的对比，如组合群体的召集者比被召集者的人身危险性要强，主犯比从犯的人身危险性强，首要分子比次要分子的人身危险性要强，实行犯比胁从犯、帮助犯的人身危险性要强。由此可见，要分析个案中未成年人的人身危险性时，必须结合未成年人的参与情况、分工行为、在组合行为中所起的作用等具体情况予以考察，切忌"一刀切，一锅煮"。

二、未成年人人身危险性趋弱的征表

在论及人身危险性时，论者们的视线往往被固有思维的弊病所困，从而把全部的目光聚焦于考察行为人有没有人身危险性，哪些客观现实说明行为

---

① 郭浩善：《中国少年刑事司法制度与审判实务》，人民法院出版社1996年版，第42页。

人人身危险性存在或较大,并对这些较大的人身危险性如何从罪刑关系、刑事政策、法律体系上予以积极抗制。而唯独对行为人的人身危险性趋弱的发展过程疏于体察,缺乏论证。这样一来,在人身危险性单一趋强的框架下,不仅固化了先入为主的以刑制罪和不断加刑的重刑主义传统,而且也导致了在预防或减少未成年人犯罪发生机理上的被动局面,不利于未成年人积极主动脱离违法犯罪圈,也不利于我们对未成年人教育改造之后良好效果的取得。

趋强与趋弱是相对的范畴。在某种意义上说,趋强的对立面就是趋弱,未成年人人身危险性趋强征表的逆向行为表现就是未成年人人身危险性趋弱的征表。因此,照搬上面的逻辑思路对未成年人人身危险性趋弱的征表予以论证意义不大,也无赘述之必要。另外要说明的是,未成年人人身危险性趋弱的前提是行为人已然存在的人身危险性,所以在此主要论述的是未成年人再犯可能的趋弱情形。由于未成年人人身危险性趋弱的征表情形较为繁杂,笔者拟就未成年人人身危险性消减的典型类型予以分类阐述:

(一)前行为跨越一定时间段之后无危害行为出现

行为总是由行为背后的心理活动予以支配的,心理层面的联系是行为人前后行为具有内在关联的根本依据。也就是说,如果未成年人的主观心理活动已经与前面的心理活动没有关联,那么前后的行为联系也就中断,不能通过前面的行为性质对行为人后面的行为予以评价或责难。这种心理活动的中断,最主要的表现就在于前后行为之间的时间间隔,当经过一段的时间且无危害行为出现,前面违法犯罪的心理维系或主观恶性就可以推定已经消失,行为人的人身危险性就明显减少或者已经排除。这也正是我国刑法把普通累犯的时间段限制在5年内的根本性原因所在,即以前后行为跨越的时间长度来判断前后行为之间的内在关联。并且,也有学者认为,刑法上关于时效的规定,也正是出于行为人人身危险性的考虑。①

具体经过多长时间就可以推断未成年人受前犯的影响已经消失?笔者认为,由于未成年人认识能力、控制能力相对成年人较弱,把时间段限制在3年较为合适,如果3年内没有违法犯罪行为出现,就应该推定未成年人的人身危险性已经灭失,其前罪的刑事责任也已经得以终结。"刑事责任终结,

---

① 张驰、俞亮:《简析人身危险性》,载《上海公安高等专科学校学报》2002年第1期。

就意味着刑事责任终了，不管对行为人在经济上、政治上、社会生活中存在何种不利的影响，但在刑法上的影响力是彻底消失了"。① "只有当行为人事实上表露出来对相关法益的不受过去刑罚影响的蔑视时，刑罚才可以因为重新犯罪而加重"。② 毕竟行为人在前罪与后罪之间的心理联系是有时间跨度的，由于未成年人的这种心理特征较之于成年人来说只能更短，因此通过较短时间段地限制对未成年人从重处罚，可以更好体现对未成年人的保护精神。

（二）危害行为完成后法定从宽情节出现

大多数国家在立法中规定自首和立功可以减免刑罚，笔者认为主要目的不在于可以节约刑法资源，促使刑事审判活动地顺利进行，更为关键的在于促进行为人能够认识到自己行为的性质，能够知罪悔过，减少行为人的人身危险性，从而，在人格责任上有值得从轻处罚之必要。由于人身危险性在量度上的相对性、模糊性等特点，反映在未成年人自首、立功具体情形上就应该具体审视。比如，自首、立功行为与犯罪行为的时间间隔，一般来说，时间越短表明未成年人的人身危险性越小；未成年人是自觉主动自首，还是在其监护人、近亲属等劝说、陪同下自首，不同的情形显现的人身危险性程度不同。另如，未成年人是一次性如实供述还是分次分阶段地如实供述，是全部如实供述还是部分如实供述，是一以贯之的悔罪还是供述之后又有反复等。如实供述的彻底性表明未成年人人身危险性正逐步趋轻，刑罚的非难可能性和可谴责性较小。由此可见，虽然刑法规范确立了自首这一法定从宽处罚事由，但是在具体个案上仍然应当区别对待，以实现个案公正。

笔者认为，在未成年人余罪自首中，无论是同种性质的犯罪还是异种性质的犯罪，所征表的人身危险性趋轻是一样的，因而从人格形成责任来看，司法解释明确把异罪的余罪自首排除在自首的范围之外，并限定为量刑的酌定从轻情节是与自首的精神并不完全一致。有学者认为，对行为的社会危害性或行为人的人身危险性起决定作用的事实情况，只能是定罪情节，而不是量刑情节。③ 可是，量刑情节同样可以展现行为人行为背后的主观心理活动，同样能够征表行为人的人身危险性，因而，重视人身危险性在量刑中的

---

① 李卫红、范李瑛：《关于刑事责任终结几个问题的探讨》，载《烟台大学学报》1995年第4期。
② 于志刚：《论前科制度的量刑价值》，载《山东公安专科学校学报》2001年第6期。
③ 李江贞：《犯罪情节探析》，载《山西省政法管理干部学院学报》2000年第2期。

积极功能，是与客观实际情形相符合的，也是与量刑公正相一致的。

（三）未成年人在犯罪中的积极脱离

犯罪中脱离的情况主要指犯罪中止，包括预备中止和实行中止，即未成年人在实施犯罪过程中停止自己的行为并积极阻止危害结果的发生。中止犯的典型心理表现为"实不愿，非不能"，即在"能为"的现实情形下真实拒绝犯罪，消除自己的犯罪故意，避免危害结果的出现，这通常是人身危险性趋轻的征表。要注意的是，有两类特殊的情形可以征表人身危险性趋轻的现实性，但并不符合刑法关于中止犯的要件规定：一类是行为人中止自己的行为，但危害结果出现，如杀人过程中见被害人可怜而中止自己的行为，但是被害人在医院救治过程中死亡；另一类是在共犯关系中，行为人中止自己的行为，并极力劝阻其他人的行为，但其他人仍然实施危害行为且造成危害结果。笔者认为，司法实践中出现的上述两类情形由于不符合法定中止犯的成立要件，所以都只能作为酌定情节予以考虑。

在上述情形下，面对未成年人人身危险性的降低情形，"教育为主，惩罚为辅"的保护性刑事政策难以施展其应有的功能，从而出现刑罚适用与刑事政策不一致的局面。如学者所认为的，"行为人基于自己的意思，为防止结果的发生作出了真挚的努力，即使发生了结果，也说明行为人的责任减少了，因而应当认定为中止"。① 因此，笔者认为，上述情形成立中止犯是完全可行的，在具体操作上可以把出现的危害结果作为特定情节予以考虑，这样整个量刑情节是逆向的多情节犯罪，量刑时只要在整体上从轻的法定刑幅度内适当从重就可以了，相对从重幅度内再从轻的量刑而言，前一种做法对未成年人的保护更到位，更符合保护未成年人的基本精神。

（四）未成年人犯罪后的积极补救性措施

针对某些犯罪，虽然未成年人已然犯罪既遂，但是可以通过补救措施予以恢复，比如盗窃他人财物之后予以归还，故意毁坏他人种类物之后进行赔偿，诽谤、诋毁他人名誉后公开赔礼道歉等，可以通过恢复性司法（restorative justice）予以解决，达成未成年人和被害人之间的和解，消除可能被深化的社会矛盾。但是笔者认为，虽然未成年人的事后积极补救说明了其人身危险性正在减弱，但适用恢复性司法时需要注意如下情形：其一，刑事事实

---

① 张明楷：《外国刑法纲要》，清华大学出版社2002年版，第278页。

是三元结构共同作用的结果，关系犯罪人、被害人、刑事环境三方，是三者的互动。① 因此，缺少任何一方的自愿介入都不能使恢复性司法顺利运行；其二，恢复性司法的前提是法律关系和事实的可恢复性，完全不可恢复或者恢复不等值的情形于恢复性司法而言无能为力。就侵犯财产性犯罪而言，对财产的恢复原状是完全可行的，然而对破坏国家主权和领土完整、危害公共安全、侵犯人身权利、民主权利等犯罪，即使外在的主体条件和环境合适，由于属于不可完全恢复的法益实体，恢复性司法适用存在较大的局限性。笔者认为，未成年人犯罪后积极进行补救，如果经过考察后发现其人身危险性较小，综合全案的情况，可以作非犯罪化处理的尽量作非罪化处理；通过刑法调整的犯罪行为，应该考虑刑罚的多种适用方式，能适用恢复性司法的适用之，能从轻或减轻的从轻或减轻之，可以社区矫正的积极社区矫正，确实要适用监禁刑的适用监禁刑。

（五）行为人在行刑期间的积极表现

未成年人行刑包括少管所行刑和社区内行刑，无论哪一种情形，都是对未成年人矫正和教育的必要手段，是改造未成年人的方式。在行刑过程中，未成年人可以通过展开的行刑活动，进一步对自己行为的社会危害性产生正确的认识，进一步对自己的主观恶性与人身危险性予以矫治。比如，在行刑期间，积极配合工作人员的日常管理工作，发挥自己的专长进行物质和精神文明的创造，积极阻止他人的违法犯罪活动，参加社会救灾抢险活动等。正是通过未成年人一系列的日常行为，一方面我们据此可以判断未成年人的人身危险性正趋于下降，并逐渐通过行刑社会化的有效手段消除未成年人身上已存在的不良品性；另一方面使未成年人在正常的生活情景的影响下逐步的再社会化，利用未成年人内心向善与积极向上的特点对其重新塑造并使其步入积极的和常态的生活轨道上来。

第四节　本章小结

判断未成年犯罪人是否存在人身危险性，受制于对该类主体的特殊保护

---

① 高维俭：《刑事三元结构论——刑事哲学方法论初探》，北京大学出版社2006年版，第40页。

性刑事政策而惯常性的持否定态度。但是，未能经过理性思考与实践检视而得出的结论，往往太过草率而需要理性再反思。未成年犯罪人是否存在人身危险性并不是由主体自身所能简单决定的，而是必须结合行为人特性与客观外在行为的特征进行研判，这样方能综合性的得出合理性认识。在成年人与未成年人同是犯罪主体的前提下，由于行为人的主观恶性与社会危害性同时存在且无法进行实质性区分，要彻底地否定未成年主体的人身危险性本身就是根基不稳的。

应当转变传统的思维窠臼，跨过行为刑法的框架束缚而获得更多创新性认识。未成年犯罪的特殊性在于行为人，通过"行为人中心"的理论视角，来研究未成年人犯罪具有鲜明的现实意义。未成年人同样存在人身危险性是基于规范层面的科学认识，并不因其刑事政策上的保护性态度而得出的否定性结论。未成年人的人身危险性包括初犯可能与再犯可能，未成年人的"可塑性"特点并不是否定其人身危险性的正当根据，与之相反，正是"可塑性"内在的两面性特征决定了未成年人人身危险性的客观实在性。未成年人的人身危险性包括广度上的征表和量度上的征表两个层面，需要结合具体案件的现实情形审慎考察并予以科学判断。从根本上来说，认可未成年犯罪人的人身危险性，并不是要否定针对未成年人的保护性刑事政策，也并非要放弃教育改造未成年人的一贯追求。

第三章
未成年人累犯的观点检讨及其理性反思

在北京召开的第 17 届国际刑法学大会，集中讨论的四个议题之一就是国内法和国际法的未成年人刑事责任问题。决议指出，作为法律行为的主体，未成年人具有自身的特殊性，正是由于这些特殊性，立法体系应该在犯罪要素的框架内单独考虑未成年人的法律责任。客观而论，未成年人刑事责任涉及的内容较多，其中的未成年人累犯作为未成年人刑事责任的重要组成部分，相关的争议仍然较多，如何对其进行认识的理论纷争仍然存在，理当受到我们的重视。基于此，笔者拟对未成年人累犯进行一番学术考察，并在综合分析评判的基础上得出自己的理性认识。

第一节 未成年人累犯的"肯定说"与"否定说"

未成年人能否构成累犯，就现今主要的观点来说存在"肯定说"和"否定说"之争。"肯定说"的主要理由在于：其一，我国现行累犯的主体要件并没有明确区分成年人和未成年人，因而在未成年人符合累犯成立条件情况下，没有必要对未成年人单独予以考虑①；其二，我国刑法已经对未成年人在多方面予以了特殊保护，如果仍然在累犯问题上对其大开方便之门，这种只重保护不重报应的刑罚只会淡化未成年人对犯罪严重性的认识，从而对自己造成的社会危害性无法拥有一个清晰和客观的认识；其三，一旦对未成年人的宽纵为未成年人所知晓，这种没有体现罪刑相称的刑罚必然使得未成年人愈加放纵，刺激其对不良需要的不断追求。何况当前未成年人犯罪正处于持续高涨的态势，这一现实背景也是不对未成年人予以特殊保护的充足理由；其四，如果对未成年人在累犯问题上有所区别，必将削弱未成年人的规范意识，钝化对未成年人的道德规范和品格素养的养成，给法律规范的遵循带来阻碍。

"否定说"的理由在于：其一，未成年人辨别是非能力和自我控制能力具有一定的局限，容易出现反复，因而再次犯罪的未成年人，未必就主观恶性较大和人身危险性较大，未必就一定要适用累犯"应当从重处罚"的原则；其二，对未成年人不适用累犯，是为了更好地与刑法保护未成年人的整体精神相适应，如果在刑法典中不将未成年人排除于累犯之外，显然就背离了刑法规定的一致性原则；其三，域外立法例表明，未成年人不构成累犯已经为许多国家所实际采纳，并且已经经过实践的检验。如《俄罗斯刑法典》第18条第4款规定："一个人在年满18周岁之前实施犯罪的前科，以及其前科依照本法典第86条规定的程度被撤销时，在认定累犯时不得计算在内。"②

由此可见，上述两种学说基于各自不同的视角，得出的结论也截然相反。当特殊的主体类刑与刑罚制度中的累犯制度结合，未成年人累犯就一直被作为一个现实问题而为理论界与实务界所关注。对于未成年人累犯的不同认识及其理由存在，我们究竟如何对其进行科学评价，笔者将在下文予以进一步地剖析。

---

① 需要提醒注意的是，"肯定说"的这一理由是针对1979年与1997年刑法而言的，在《刑法修正案（八）》对累犯制度进行调整之后，这一规范层面的理由随之就不具有对应性了。但是，从累犯制度法典化的历史角度来说，这一观点不仅曾经出现过，而且在较长的时间内也一直是一种较具代表性的见解。

② 苏彩霞：《累犯制度比较研究》，中国人民公安大学出版社2003年版，第206－209页。

第二节　未成年人累犯"肯定说"遭受的质疑

一、把未成年人纳入累犯范畴达不到预期目的

对理性的行为人来说，在行为方式的选择上一般存在"趋利避害"的功利趋向，即理性行为人往往通过"利"与"害"的比较和衡量来抉择自己的行为，在犯罪具有刑罚后果的前提下，往往并不选择这一会产生恶害的犯罪行为，以回避可能遭致的刑罚处罚。但是这种极具抽象理性的行为人在现实中是不存在的，具体的现实环境总是使得行为人在每一犯罪过程中会有不同的行为方式和外在表现，会有不同的衡量方法和自我选择情形。对未成年人来说，由于主体认识与控制能力的不成熟性，那种极端理性状态的未成年人更是较少存在，而且，最重要的是，具体情境下的犯罪往往是犯罪动机起着促使行为人实施犯罪的作用，而不是刑罚轻重的反作用来阻止行为人去实施某一具体犯罪。犯罪原因总是综合性而不是单一性的，是内外因多种因素的组合体，不仅成年人犯罪是如此，未成年人犯罪更是如此。

比如，未成年人在具体的情境下有物质利益的追求而去实施侵犯他人财产利益的犯罪，为了兄弟义气或者彰显社会角色而去实施侵犯他人人身权利的犯罪，等等。就未成年人这一特殊主体类群来说，犯罪的随机性与情感性因素所起的作用较大，他们一般不会在对哪个犯罪的刑罚孰轻孰重进行一番比较之后，选择自己行为的时间、地点、行为对象、行为方式等，这在未成年人"率性而为"的个性表现上是能够得到说明的，并且在实然化的未成年人犯罪案例中也是能够得到验证的。换言之，刑罚轻重对未成年人的主观影响较小，对行为方式选择的反向制约作用无法直接体现出来，即使把未成年犯罪人纳入累犯之中，依照累犯从重处罚之后的预防效果也无法很好地体现出来。

二、未成年人犯罪的高涨不是肯定累犯的理由

从实然化的犯罪态势来看，现今的未成年人犯罪较为严峻，尤其是恶性

犯罪较为突出，受到了社会的普遍关注。就直观的感性认识来说，对未成年人犯罪加以抗制最为直接的方法便是用较重的刑罚来对未成年人加以惩治，其中的累犯就成了顺理成章的事。然而，未成年人累犯的否定论者认为，缓解现实未成年人犯罪高涨态势是用"严打"的极端方式所不及的。"严打"虽然表面上符合了社会一般公众的情感认同和心理感受，但是从实际情况的反馈来看，"严打"只能是治标不治本，根本无法对犯罪的深层次原因有所触及，也最终无法达到减少未成年人犯罪的实际效果。

针对整个严峻的犯罪态势，包括未成年人犯罪，与其动用大量的资源来从重惩罚，还不如强调刑罚的及时性与不可避免性。也就是说，对未成年人的"严打"并没有打准方向，在没有真正揭示未成年人犯罪多元原因的前提下，盲目地通过刑罚重刑惩治，往往难以达到令人满意的效果。罪刑关系要求我们进一步辨清刑罚与犯罪之间的紧密关系，刑罚的功能效果并非单一通过刑罚的重刑化而达成。司法机关要从自身出发进行深刻反省，提高办案效率，提高应对犯罪的反应速度，让实然化的犯罪兑现应当承担的刑事责任，实现"有罪必有罚"，通过刑罚的及时性与不可避免性来强化刑罚的功能效果。基于此，减少未成年犯罪人逃避惩罚的侥幸心理，引导良好的行为方式选择，关键并不在于累犯的适用。

三、给予未成年人特殊保护不会侵蚀道德价值

现今社会是一个开放的社会，在这个多元的社会价值中，人们接受不同的文化，也产生不同的价值观。刑罚在现实生活中的运用，会对社会的主流价值观有明确的强化或者支持作用，但是刑罚并不是无所不在，无所不能的。相反，刑罚只是行为责任后果中的一部分，有限的刑罚对道德的正面影响也是有限的。

对未成年人不适用累犯从重处罚的目的是使未成年人更好地成长，其中当然有对未成年人宽容的一面。但是宽容并不等于纵容，不适用累犯的从重处罚并不是对其犯罪视而不见，也不是鼓励其把错误的价值观带到日常生活中去。恰恰相反，对未成年人犯罪同样也是要予以惩罚的，只是这种惩罚要鉴于未成年人的特殊情况，不适用累犯这一标签而已。

刑法包含有社会伦理基础，与道德是相互作用的关系，而不是单方面的决定关系。也就是说，道德价值同样对刑罚产生了促进作用。当今社会人们的道德取向更加宽容，更有接纳性，这与刑罚的谦抑性和轻缓性是相吻合

的。道德意识的强弱不是由刑罚决定的，而是受社会生活中多元价值的引导。给予未成年人的特殊保护不仅没有使未成年人的道德意识钝化，反而使他们在宽松的社会氛围中认识自己的错误，更好地回归到社会主流中来。

第三节　未成年人累犯"否定说"的政策依据

一、现有累犯所针对的对象仍然主要是成年人犯罪

"否定说"的立场有其一定程度的合理性，但是理由有欠充分。"否定说"认为的"再次犯罪的未成年人，未必就属于主观恶性较大和人身危险性较大"的主体，这一结论值得再反思。原因在于，如果基于现实层面的未成年人角度，从行为人的外在客观行为征表的人身危险性来看，未成年人重复犯罪仍然能够明确反映其人身危险性趋大的变动轨迹。针对两次及其以上犯罪的未成年人来说，评价其主观恶性和人身危险性较大是贴切的，虽然是"未必存在"，但是从客观犯罪行为更能推断出来的是"未必不存在"。

正如学者所说，重新犯罪在客观上既能表明行为人的犯罪行为深度，在主观上也能表明行为人的人身危险性。① 但是，这个角度的立论并不触及问题的实质。需要明确的是，未成年人的特殊性是将成年人作为参照系的，为何特殊，不是未成年人自身的特殊，而是对比分析之后差异化的显现。这种差异性决定了我们在考察未成年人的人身危险性时要与成年人进行参照比较，放置于整个社会主体背景中进行综合评价。总而言之，未成年人有主观恶性和人身危险性，这同样是可以从其客观行为及其前后行为的发展轨迹中得出的妥当结论。

未成年人毕竟有别于成年人犯罪，结合以上的分析，我们甚至可以说，累犯的规范设计所直接关照的对象实质上并不是针对未成年人而言的，即累犯虽然要立足于行为人来构建（行为人累犯），但是这种行为人是以成年行为人的人身危险性为基础进行考量的。累犯的"从重处罚"不仅在于对行

---

① 王志强：《未成年人的重新犯罪问题分析》，载《青年研究》2004年第11期。

为人给予较重的刑罚惩罚,更在于出于特殊预防的需要而改造其危险性格使其重新走上正常的生活轨道。因此,就此层面来说未成年人不构成累犯并不是基于行为人的人身危险性这一现实特质,而是基于未成年人的特殊保护性刑事政策。

从累犯适用范围来看,累犯的核心对象仍然是就成年人而言的,我们一般意义上的累犯的人身危险性较大,也是就成年人累犯而言的,因而需要较重的刑罚惩罚具有了合理的理论基础。但是,具体到未成年人犯罪层面来说,在刑罚适用上必然要结合未成年人与成年人的差异性,这一差异性是就未成年犯罪人提出保护性刑事政策的关键所在。刑事政策是指代表国家权力的公共机构为维护社会稳定、实现社会正义,围绕预防、控制和惩治犯罪所采取的策略和措施,以及对因此牵涉到的犯罪嫌疑人、犯罪人和被害人所采取的态度。① 从整体上来说,对未成年犯罪的态度整体呈现出宽缓之势。换言之,具体到未成年犯罪的刑罚适用层面,仍然必不可少的需要根据未成年人特殊的刑事政策而进行现实考量,脱离了这一特殊刑事政策的刑罚适用就是缺乏灵魂的,也是没有合理的理论基准的。

二、未成年人自身特点决定了刑罚适用的特殊对待

未成年人犯罪及其刑罚适用仍然需要结合未成年人具体的刑事政策进行考量,这是我们审视刑罚适用的立足点。换言之,未成年人本身就是刑事政策极为关注的一部分,未成年人作为特殊的一类主体,应该在各项法律体系内作为保护对象而非惩治的对象,刑罚适用在该保护性刑事政策的框架体系之下,重在保护与预防,而不是打击与惩治。从最高人民法院发布的多个与未成年人有关的司法解释来看,具体内容也多是对未成年人犯罪"教育为主,惩罚为辅"的原则遵循,是保护性刑事政策对此类犯罪的司法适用发挥作用的具体体现。

为什么说刑法意义上的累犯要受刑事政策的影响呢?或者说刑事政策凭什么可以对规范刑法学上的累犯发挥作用而限制其调整范围呢?一方面,是刑事政策的内涵决定的,即刑罚是刑事政策所采用的主要预防、控制和惩治犯罪的方式之一,而累犯是刑罚制度的一种,当然也要受刑事政策相关内容

---

① 刘仁文:《论刑事政策的概念与范围》,载《中国人民公安大学学报》2005 年第 1 期。

的调节。另一方面，其中必不可少的主要是"刑法刑事政策化"的作用所致，即犯罪原因的多样化、刑罚根据多样化和刑罚的人道化三个方面决定了刑法要在相关方面趋向于刑事政策。①

究竟是"行为累犯"还是"行为人累犯"，这是值得我们重新去梳理的理论性问题。从累犯设置及其从重处罚的制度设置层面来说，累犯原义上就是针对"行为人"而不是针对"行为"而构建的，"行为人累犯"是其应有之义。然而，传统刑法过于偏重行为责任而轻视行为人责任，进而致使"行为人累犯"的内涵未能充分发掘出来。非常显然的是，如果我们不从"行为人累犯"这一基点出发，累犯的"从重处罚"就有理论上的重大缺失——单从行为的角度，前后行为导致的社会危害性是各自独立的，构成累犯的后行为与他人实施的危害行为也无根本差异，那么单纯就客观行为的报应和罪刑相称来说，刑罚就不应该有所区别，如果强调刑罚的趋轻或趋重必须以行为为中心，那么最终的"从重处罚"就不是必然结果，甚至说这一"从重处罚"原本就是没有欠缺理论根据的。因为，根据单纯的行为责任而不当的加重刑罚，已违反罪刑法定原则，也违反了适用刑法人人平等与罪责刑相适应原则。

未成年人的最大特点在于他的未成年性，即行为人的生理和心理发育尚未成熟，认识主客观世界、辨别是非和控制自我的能力都极其有限，性格上和心理上均呈现出一定的非稳定性，再一次回归社会的愿望更为强烈。在此阶段，行为人正是培养人生观和世界观的良好时段，此时的未成年人并没有形成人格的定型化，极易遭受外界的影响。在不良环境的误导之下，未成年人很难真正地辨清是非曲直，也很难理性化的评判而作出正确的行为选择。基于此，未成年人在没有认识到自己行为违法性有无和社会危害性大小的情形下触犯刑法，从刑事政策的教育引导层面来说，基于宽宥处罚的逻辑前提仍然客观存在，仍有给其重新改过的机会和必要。

既然未成年人主观心理不成熟，很难形成敌视、蔑视社会的主观态度，虽然可以认定为犯罪，但是从刑事政策上并没有加诸累犯框定的现实必要。因为累犯的标签性影响将在行为人幼小的心灵中留下无法磨灭的痕迹，在以后漫长的人生道路上受其左右，找不到一条正确实现人生价值的航道，更可能的是行为人将把一切的失败和不幸都怪罪于社会的不公，对社会的报复心

---

① 张永红：《刑法的刑事政策化论纲》，载《西北政法学院学报》2004年第6期。

理将严重影响他的社会化进程，乃至对他人的人身和财产造成更大的危害。而且，如果不考虑未成年人主观上的这些特点，而是毫不顾忌的与其他成年人犯罪混为一谈，只重视犯罪的客观方面而忽视了犯罪的主体因素，虽然可以达到"一般的公正"，但却牺牲了"个别的正义"。

三、未成年人不构成累犯符合一贯保护的宽容精神

未成年人的犯罪认定与刑罚适用必然受制于刑事政策，这是刑事政策必然映射于刑罚适用的价值体现。具体到累犯的成立条件上，结合对未成年人保护的刑事政策精神，未成年人累犯是否符合"教育为主，惩罚为辅"的政策内容，就是挥之不去的现实问题。反过来说，如果把未成年人纳入累犯的整体框架之下，则未成年人犯罪在整体从宽情节的方向层面，与累犯应当从重处罚的法定情节之间，就形成了实际的逆向性情节，这就在未成年人的特殊刑事政策上出现了明显冲突，与惯常性保护未成年人的主流精神不相一致。①

《中华人民共和国未成年人保护法》第54条规定，对违法犯罪的未成年人，实行教育、感化、挽救的方针，坚持教育为主，惩罚为辅的原则。《中华人民共和国预防未成年人犯罪法》第2条规定，预防未成年人犯罪，立足于教育和保护，从小抓起，对未成年人的不良行为及时进行预防和矫治。在我国现行刑法中也体现了充分保护未成年人的立法精神，如未成年人犯罪的应当从轻或者减轻处罚，以及犯罪时的未成年人不适用死刑等，均是其立法层面的具体体现。在刑事诉讼法中除了对少数罪行严重应批准逮捕并向法院提起公诉的以外，对于那些"可捕可不捕"的不予批准逮捕。② 而且，针对未成年人犯罪还设置了附条件不起诉等措施。从这一系列的立法规定可以看出，未成年人的保护是处在核心地位的。如果与之相反，让未成年人重新犯罪且符合累犯的从重处罚，并且在累犯成立之后不适用缓刑和假释等，这显然又与上述保护性刑事政策的精神相违背。③ 因而，对重复性犯罪的未成年人予以刑事政策层面的宽容，不适用累犯制度予以性质判定，无疑体现了我们对未成年人一贯保护性的态度。

---

① 于志刚：《论累犯制度的立法完善》，高等教育出版社2004年版，第462页。
② 费文廉：《论未成年人犯罪的刑事处罚原则》，法律出版社2000年版，第161页。
③ 糜耀喜、徐建宏：《有关累犯制度的几个问题研究》，中国检察出版社1999年版，第325页。

四、未成年人原则上不构成累犯具有刑罚预防根据

设立累犯制度，主要是对那些主观恶性和人身危险性较大的犯罪人，通过规定较为严厉的法律后果予以惩治，并预防其再次犯罪。需要思考的是，未成年人在刑罚执行完毕或者赦免以后5年之内，又故意犯罪且可能被判处有期徒刑以上刑罚的，由于具有较大的主观恶性和人身危险性，需要采用累犯制度加以调整吗？累犯的设立毕竟不是一种"万金油"，不能不加区别而把所有的未成年人犯罪纳入累犯之中，因为两者内容和主体上的差异使得我们即使把未成年人纳入其中也达不到预期的目的。应当承认的是，刑罚存在的根据并不在于它能满足抽象的社会公正观念，更重要的还在于其背后的目的性价值，即通过处罚犯罪人可以给社会带来一定的实际利益，其集中表现便是预防犯罪。[①] 由于未成年人心理的不稳定性和不成熟性，使我们尚不能用一个理性人的标准来要求他们，更不能把一般性刑罚制度直接嫁接其上。这也从另一侧面说明了，刑罚制度及其功能发挥是刑罚正当性的重要根据，不能无视刑罚目的而作无差别的"一视同仁"，如果我们采用苛重刑罚对适用对象来说往往难以取得良好的效果，在此情形下的刑罚规制就值得慎重。

从另一层面来说犯罪预防是综合因素与综合治理的产物，而不是单一性的刑罚适用就能决定的，更不可能寄望通过刑罚的从重惩治就能顺利实现的目标。由于预防未成年人犯罪的体系性要求，从刑罚适用的预防必要性层面来看，累犯的从重惩罚很大程度上体现着刑罚预防的功利性思路，具有依赖刑罚达致社会治理的内在追求。但是，对未成年人犯罪来说，单纯的刑罚预防在相当程度上并不具有充足性理由，原因在于，未成年人生理与心理尚未成熟的状态决定了该类主体并不是理性的犯罪人，刑罚的预防必要性在此类主体身上很难达到预期中的理想效果，因而寄居于未成年人身上的刑罚预防往往并不具有必要性。

因此，综合上述内容不难看出，未成年人不适用累犯的核心因素，以及现有刑法规范把此类主体排除在累犯之外的根本理由仍然主要在于刑事政策的实质支撑。对未成年人犯罪"教育为主，惩罚为辅"的刑事政策，必然使得我们对未成年人重在保护，并把这一保护性精神渗入刑罚适用环节中去，

[①] 李永升：《论罪刑相适应原则的理论基础》，载《贵州民族学院学报》2005年第2期。

因而累犯划定和从重惩罚的需求就必然遭受这一特殊政策性的排挤。因而，就刑事政策的内容及其现实影响来看，对未成年人不适用累犯成为了现实。

未成年人犯罪的特殊性不仅仅在于实施犯罪的危害结果层面，更重要的往往在于其主体的特殊性。针对未成年人犯罪之后的刑罚适用，如何在权利保障与秩序维护之间实现协调平衡，这一内在的对立统一性确实考问着所有对未成年人犯罪问题的关注者。就未成年人累犯来说也是如此，出于保护未成年人的刑事政策，我们需要避免累犯适用对他带来不利标签，同时基于未成年人存在人身危险性的客观现实，又要看到其符合累犯成立的实质根据。二者之间本身并不完全一致，但是，较为明显的是，针对未成年人的保护性刑事政策显然占据了上风，现有刑法修正案对未成年人累犯的排除适用就是最好的明证。

既然未成年人不构成累犯是刑事政策所需，那么在此政策之余，是否存在未成年人累犯的反向性情形？正如前面所述，我们要从未成年人重复实施犯罪的客观情形来否定未成年人的人身危险性在理论上与客观现实是不相符的。因此，基于未成年人同样存在人身危险性的实质特征，这就为我们另行反思未成年人累犯提供了实质可能。从刑法本体学层面来说，这种探讨仍然是有其理论价值的，对刑事法律的规范性完善也是有积极意义的。

如果我们把累犯成立的实质根据建基于行为人的人身危险性基础之上，那么，在刑事政策影响下的对未成年人不构成累犯仍然可以进行进一步的反思与探讨。基于此，从累犯设立的实质根据来说，如果未成年人的人身危险性一旦得到显性程度的趋强性呈现，那么予以累犯认定仍然具有逻辑基础，规范性的理由并不欠缺。从此层面的问题出发，基于对未成年人累犯予以肯定性立场的支持，必然要引导笔者更进一步的思考，即对未成年人累犯究竟应该如何设置，则成为需要慎重考量的重要问题。在此，笔者将在下节进行超越现有刑事法律规范的另行论述。

第四节　未成年人累犯刑事立法的应然性构建

一、未成年人成立累犯的再审视

《刑法修正案（八）》已将未成年人不构成累犯通过立法的形式明文规

定下来，因而在现有实定法的适用层面上，对未成年人理所应当的不会以累犯论处。然而，随着时代的变迁以及未成年人心智成熟的提前，未成年人犯罪呈现愈演愈烈之态势，此时对未成年人不能过于宽纵的观点也时而被提起。因而，在应然层面上，未成年人是否应当被纳入累犯的框架之中，是否需要在现有的立法之外"另起炉灶"，实属当下对未成年人犯罪刑事责任"左右徘徊"所带来的另一番审视。

（一）未成年人犯罪具有成立累犯的理论根基

调查发现，未成年人犯罪主要集中在15岁和16岁，约占未成年人犯罪总数的66.83%。另外，经统计数据显示，在矫未成年人重新犯罪率仍然较高，而且高于普通成年人犯罪。[1] 囿于我国刑法条文对于未成年人采取从宽论处的刑事政策，对于犯罪情节轻微的未成年人，大多科处缓刑，然而在矫正期间，未成年人的刑事再犯率却远远高于成年人。诚然，制度的设置模式虽然不会成为影响、诱发未成年人犯罪的直接原因，但是现如今低龄人群犯罪在中国社会造成的严峻局面与我国有关未成年人犯罪的刑事立法疏漏不无关联。[2] 未成年人刑事再犯率较高的原因值得仔细考量，我们不能在遵循原则中固步自封，也不能对新出现的问题避而不谈。刑事立法中关于未成年人不构成累犯的规定妥当与否，仍然值得我们进一步地深入反思。

从已有的刑法规定来看，未成年人不构成累犯已经被确定下来，即《刑法》第65条已经把未成年人直接排除在普通累犯之外。因而，就现行刑法的规定来看，未成年人不适用普通累犯已经成为罪刑法定原则的现实反映，成为保障未年人权益的内容而得到立法层面的认可。然而，问题在于，未成年人不构成累犯作为一般性的原则存在，在此情形下，这样排除任何例外的考虑是否就是科学合理？究竟有没有特殊例外情形的存在呢？

其一，笔者认为，既然累犯设置的最根本的理由在于行为人的人身危险性，那么，正是因为行为人的人身危险性的存在，才得以有对犯罪人从重处罚的现实可能与必要。"未成年人的'可塑性'特点并不是否定其人身危险

---

[1] 张良驯、郭开元：《我国未成年人犯罪的基本状况和治理对策》，中国青年出版社2015年版，第96-97页。截至2012年6月，全国累计接受社区矫正人员105.4万人，解除矫正58.7万人，社区矫正人员在矫正期间的再犯罪率为0.2%左右。国务院新闻办公室：《中国的司法改革白皮书》，2012年10月9日发布。虽然经过各方努力，然而，中国未成年人重新犯罪率基本控制在1%-2%。韩宇：《中国未成年人社区矫正的几点思考》，载《经济研究导刊》2014年第15期。

[2] 杨庆玲：《当代未成年人犯罪现状及刑罚适用研究》，吉林大学出版社2012年版，第85页。

性的正当根据,与之相反,正是'可塑性'内在的两面性特征决定了未成年人人身危险性的现实客观性。"① 从累犯设立的依据来说,既然设立累犯的实质依据在于行为人的人身危险性,而未成年具有人身危险性且能够得以客观征表,那么只要未成年人人身危险性的趋强态势能够得到一定程度的说明,此时认定为累犯就是具有理论根基的。② 在未成年人存在人身危险性的情形下,未成年人累犯也自然就是一个不能忽视的现实问题。从当前未成年人重复犯罪这一客观现实出发可以得知,绝然否定未成年犯罪人存在人身危险性没有理论根据,进而据此来否定未成年人累犯的重新思考,在理论根基层面也往往显得捉襟见肘。

其二,刑法的本质是惩罚,尽管未成年犯的权益需要保障,但是触犯了刑事法律就要有相应的刑罚,这也是刑罚应有之义。正如学者所言:"刑事立法须不断强化惩罚犯罪的目的,转变和更新刑法职能,积极发挥刑法惩罚犯罪的作用。"③ 在长期的理论与实践中,我们对未成年人都是强调权益保障,而过少注重刑罚改造。"维护未成年人合法权益,防控未成年人犯罪,促进未成年人健康成长是全社会的共同责任"。④ 未成年人在原则上不适用累犯,但是除了一般性原则之外,还需要考虑未成年犯罪的特殊情形,并在符合特殊性条件的情形下,考虑未成年人累犯的有限成立问题。从一般意义上来说,未成年人重新犯罪的可能性并不低于成年人,如果在是否可以成立累犯的问题上,未成年人和成年人有所区别,必然将会削弱未成年人的规范意识,并对未成年人的道德规范和品格素养有所钝化。⑤

从总体上来说,未成年人累犯主要区分为两种情形:一种情形是前后罪都是未成年人的情形,即在此种情形下,未成年人累犯需要考察哪些条件的

---

① 陈伟:《未成年人的人身危险性及其征表》,载《西南政法大学学报》2011年第1期。
② 有学者提出:"未成年人在刑罚执行完毕或赦免后五年内,又故意犯罪的,其主观恶性和人身危险性固然比其他未成年犯要大,但与成年人累犯相比,由于心理、生理成熟度仍处于发展期,主观恶性和人身危险性显然要小得多。"(崔志鑫、王兆星:《未成年人累犯问题研究》,载《河北青年管理干部学院学报》2009年第6期。)就此而论,人身危险性量上的比较并不能直接否定累犯不能成立,当下刑法中的累犯把未成年人排除在外,最为核心的理由仍然在于对未成年人权益保障的主导性地位使然。
③ 肖中华:《刑法目的及其实践价值》,载《法治研究》2015年第5期。
④ 朱妙:《未成年人保护和犯罪防控机制构建研究》,载《青少年犯罪问题》2015年第6期。
⑤ 陈伟:《批判与重构:未成年人累犯问题——从本体学角度的思考》,载《青年研究》2006年第8期。

限定；另一种情形是前后犯罪跨越了未成年人与成年人两个阶段，此种情形下的累犯应当如何建构的问题。由于二者并不是孤零零的存在，彼此之间具有较多的内在关联性，并且在现行刑法关于未成年人不构成累犯的规定中，也包括了前罪为未成年人而后罪为成年人的情形。与之相对应，笔者所探讨的未成年人累犯问题就包括此种情形。从另一层面来说，如果在前后犯罪都是未成年人的情形下都已经符合该类累犯的成立要件，那么，在前罪为未成年人而后罪为成年人的情形下，就没有不成立未成年人累犯的理论依据。鉴于此，笔者并不限定未成年人累犯究竟属于哪一种情形的组合，只要在累犯成立的前后犯罪的时间范围内，行为人前后犯罪的场合中存在未成年人主体情形的，都是笔者在应然层面探讨的对象，并且都有构成未成年人累犯的现实可能。

（二）未成年人犯罪类型细致审视时的特殊性考量

科学的发展使人认识到未成年人并非成年人的初始模型，未成年人与成年人有着根本性的区别。这种区别首先体现在生物学意义上，即生理年龄划定了未成年人与成年人之间的不同的"本性"，因此决定了未成年人与成年人在"需求"和"知情意行"方面和成年人有着根本的不同。另外，成年人犯罪往往是基于理性选择而对社会的一种"自觉性反抗"，未成年犯罪往往是未成年人成长过程中一种伴随性的"自然现象"，未成年人对一些社会规范和社会责任尚且缺乏明确的认识，是在不良生活环境和尚未发育成熟的身心条件的双重影响下的被动选择，而非自由意志的最终产物。[①] 未成年人具有不同于成年人的特殊性，这也决定了未成年人犯罪与成年人犯罪具有较多的不同点。落实到具体的刑事责任上，未成年人刑罚与成年人刑罚自然就具有实质性差异，需要在刑罚适用层面予以另行反思。

在当下未成年人犯罪较为高涨的情形下，如果只强调对未成年犯罪人的权益保障而不谈刑罚规制，这与刑罚所强调的报应与预防的一体化遵循明显相悖。在此方面，已经有学者提出："对那些社会危害严重、主观恶性大的未成年犯罪人，对那些常习性的未成年惯犯、累犯，尤其是少年帮伙中的核心成员和骨干分子，理应在法治原则范围内予以必要的严惩。这既是刑罚防卫社会公共利益的现实需要，也是发挥对未成年犯罪人进行强制挽救与保护

---

① 张蓉：《未成年人犯罪刑事政策研究》，中国人民公安大学出版社2011年版，第76页。

性矫正功能、防止其在犯罪泥潭中越陷越深直至走向不归之路的客观需要。"① 从中可见,如何在未成年犯罪人中进行有区别地审视与考察,同样是我们在对未成年保护性原则适用下的应有思考,是遵循宽严相济刑事政策的自然要求。

对当下的刑法修正来说,应当贯彻落实宽严相济刑事政策的精神,刑罚修正需要兼顾报应与预防的双重需要。② 刑事法律应当对未成年累犯这类特殊群体保留一定的宽容之心,只有如此,宽严相济的刑事政策才能在治理未成年人重复犯罪中发挥应有的政策功能。对于多次重复犯罪的未成年人,该宽则宽,当严则严,区别对待是宽严相济的核心特质,遵循这一核心特质,"分类处理"就是贯彻宽严相济刑事政策的具体体现。有限定的认可未成年累犯,其主要目的仍然是教育矫正,发挥刑法的积极预防功能,防止未成年人重新走上犯罪道路,而非单纯的惩罚报应。如果把成年人犯罪的普通法律规范不加区别地适用于未成年人,忽视未成年人自身的发展特点,将不可避免地造成对于未成年累犯惩罚不合理或过于严苛的情形发生,不仅不能全面实现科处刑罚的预期效果,而且可能致使未成年人的犯罪改造效果大打折扣。

"漂流理论"认为未成年人的身心发展特点具有很大的不确定性,既可以向正面的方向发展,也可能因受到不良因素的干扰,不得不身陷囹圄。"漂流理论"是美国心理学家戴维·马茨阿对青少年犯罪心理进行研究之后而提出来的,违法青少年不是一直都有犯罪行为,他们大多时间以守法的行为出现并没有不良倾向,只不过在守法的前提下,有时会出现违法的行为,在守法和违法之间变动不居。③ 从整体上来说,未成年人的辨认和控制能力和成年人不可同日而语,但是,未成年犯罪人具有较强的可塑性,且正处于身心发展的特定阶段,较易接受教育改造。因此如果对于未成年累犯和成年累犯不加区别地予以对待,就相当于封闭了未成年人重返社会的改善之路,对未成年人的重新社会化同样是不利的。

基于此,笔者认为,未成年人不构成累犯应作为一般性原则,但如果未

---

① 张远煌、姚兵:《从未成年人犯罪的新特点看宽严相济刑事政策的全面贯彻》,载《法学杂志》2009年第11期。
② 陈伟:《〈刑法修正案(九)〉刑罚修订内容介评》,载《法治研究》2015年第6期。
③ 徐光兴:《"漂流理论"与青少年犯罪的心理分析及其预防对策》,载《预防青少年犯罪研究》2013年第1期。

成年人犯罪符合相应条件，未成年人构成累犯应作为例外并对其予以考量与评价。因而，我们在认定未成年人累犯时应仔细审查、认真甄别，在未成年人不构成累犯的原则性前提下，作好相应的例外性制度建构。正如学者所言："相比于其他国家的未成年人刑事立法而言，我国的未成年人刑事立法活动显得十分粗糙。"① 如何避免这一"粗糙"，则是我们理论学者慎重考量之事，在未成年人累犯制度上更是如此，值得我们在"科学立法"层面予以认真反思。尤其需要指出的是，笔者在此所作的思考，并不是要否定未成年人的保护性刑事政策，也不是从现行刑法规定的实然制度上所作的阐释性分析，而是在遵循未成年人保护性刑事政策前提下对未来刑法修订和完善时的应然性展望。

二、未成年人累犯刑度上的限定

就刑度方面而言，把未成年人累犯前后的宣告刑规定为有期徒刑以上的刑罚，是较为适宜的选择。我们不可能在现有普通累犯的刑度条件下降低这一标准，更不可能在此基础上进一步提升刑罚幅度。但是，由于有期徒刑的期限范围较为宽泛，单一犯罪的刑罚为 6 个月以上 15 年以下的人身自由刑，数罪并罚时总和刑不满 35 年的不得超过 20 年，总和刑在 35 年以上的不得超过 25 年。为了区别于成年人累犯，笔者建议，在有限度的未成年人累犯构建中，我们应当将未成年人累犯的刑度限定为 1 年以上有期徒刑。主要有如下方面的理由：

（一）符合累犯制度设立的初衷

设立累犯的初衷在于惩治和预防那些实施社会危害性较重、具有较严重的人身危险性的犯罪者出现。从罪刑均衡的角度而言，社会危害性和人身危险性的程度，可以通过刑度即宣告刑反映出来。从总体上来说，无论是管制、拘役，还是独立适用附加刑，都不能作为累犯刑度上的条件。由于该刑罚种类针对的对象主要是犯罪行为较轻的行为人，其整体的社会危害性较小，加之无论是主观恶性还是人身危险性的程度自然也较轻。如果未成年人因犯罪被判处管制、拘役或者独立适用附加刑，就欠缺认定累犯并且从重处罚的现实必要性。

---

① 肖姗姗：《未成年人刑事立法的选择》，载《暨南学报》2017 年第 1 期。

鉴于未成年人也存在人身危险性较大的现实，而且未成年人也会重复实施严重的危害行为，因而在权利保障之余还要强调刑罚自身的严厉性。我们把未成年累犯的刑罚提升到1年以上有期徒刑，就是要保持秩序维护与权利保障之间的平衡，防范因为过于追求刑罚的报应性而忽视了对未成年人的教育改造功能。基于此，由于累犯制度的设置是为了针对屡教不改的犯罪行为人，是以较为严重的犯罪行为为基准的，因而，如果我们把受到较轻刑罚的犯罪人也纳入累犯之中，这既与我们刑事立法设立累犯的初衷相违背，也与前文所述的未成年人原则上不适用累犯的基本立场不相一致。

(二) 符合司法实践的现实情形

无论是从刑事立法的规定来看，还是从刑事司法的判决结果来看，有期徒刑都是其中最为常见的刑罚适用情形。从刑事立法来看，除了危险驾驶罪与代替考试罪之外，其他罪名都有有期徒刑的刑罚配置；从刑事司法宣告刑的实际情况来看，有期徒刑在我国司法实践中所占的比例最大。在相当程度上，我们之所以认为当今社会是以自由刑为中心的刑罚时代，就是以有期徒刑的立法规定与司法适用情形为基准而考察得出的结论。如果把未成年人累犯限定为1年以上有期徒刑的刑罚，不仅可以限缩未成年人累犯的成立空间，彰显对未成年人一贯性的保护原则，而且也在一定程度上对未成年人严重犯罪的实际情形持否定评价，不至于过分强调对未成年人的保护而有轻纵严重犯罪之嫌。

毕竟，从当前犯罪发展的宏观情形来看，未成年人犯罪或者重新犯罪也是不容忽视的基本现状。究竟是采取保护性原则并绝对化地一律从宽，还是在一种妥协性地认可中有所例外，其间的争议从来未曾停止过。笔者认为，刑罚本身就是惩罚犯罪与保障权利的统一体，二者之间从来都不可有所偏废，这一基本宗旨无论是对未成年人还是成年人都应当如此。为了回应当前未成年人犯罪较为高涨的现实情形，把未成年人累犯的刑罚幅度限定为1年以上有期徒刑，以此限定未成年人累犯的成立，是基于客观现实而作出的一种较为妥适的选择，是正确适用累犯制度并对未成年犯不枉不纵的体现，符合刑事司法的基本现状和保护性刑事政策的基本要求。

(三) 刑罚资源的有限性需要限定未成年人累犯

犯罪行为是无穷多样的，而刑罚资源却是相对短缺的，这必然决定了两者间矛盾体的客观存在。需要注意的是，累犯的认定只是司法环节的一个方面，在累犯得以肯定性的认定之下，累犯从重处罚就是自然而然的逻辑结果。但是，累犯的成立并不以现有的定罪和量刑为全部内容，在对累犯的定罪量刑之后，与之相对应的还有更为个别化的行刑内容的开展。

相较于初犯或者偶犯来说，由于累犯的人身危险性较大，需要采用更多具有针对性的措施对该行为人进行矫治，行刑过程中刑罚的时间与精力付出必然就更多，所以需要更多刑罚资源的配置，需要投入更多的刑罚成本。因而，从刑罚资源的配置上来说，如何进行合理地分配是必须认真考虑的事情。基于刑罚资源的有限性及其合理配置，笔者把未成年人累犯限定在1年以上有期徒刑，以使刑罚能够针对某些特定的犯罪情形进行重点惩治与预防，这对刑罚资源的有效适用来说无疑有其积极价值。

（四）管制与拘役等较轻刑种本不符合累犯条件

"刑法的本位应当是刑罚。"[①] 当前，保障犯罪人权利和在适当条件下的刑罚轻缓已成共识，累犯的刑度条件也必须跟随这一刑罚的潮流予以适时变动，而无须把所有的刑罚类型都纳入累犯之中。正如学者所言，"受罚金或拘役之执行者，其罪较轻……无依累犯加重之必要。"[②] "累犯"的规范性适用本身就带有标签色彩与谴责性意味，累犯与非累犯本身也含有惩罚性的等差之别。由于成年累犯与未成年人累犯具有相当大的差异，如果把管制、拘役和独立适用的附加刑作为未成年累犯的刑罚幅度，不仅致使刑法的打击范围泛而无度，而且与刑法的谦抑性政策相去甚远。

更何况，成年人成立累犯的前提条件即为"被判处有期徒刑以上刑罚"，若未成年人累犯只需要管制、拘役或附加刑就可成立，则在二者对比之下，不难看出其间的逻辑思维明显是极其不协调的，这与保障未成年人的精神与主旨也明显不相符。因此，我们只能在成年人累犯的刑罚幅度上有一更为严格的条件限制，而不是在现有前提下更为宽松的范围扩张。基于此，笔者认为，在肯定未成年人累犯的前提下，以1年以上有期徒刑的刑罚作为刑度条件较为适宜。

（五）把刑罚提高至无期徒刑过于严苛且无必要

基于前述的分析，可能有人会指出：既然我们要强调对未成年人的保

---

① 黄伟明：《论刑罚本位立场之倡导》，载《法治研究》2013年第2期。
② 高仰止：《刑法总则之理论与实用》，五南图书出版公司1986年版，第370页。

护，同时又要限定未成年人累犯的成立范围，那么，为什么不能在刑度上以无期徒刑作为刑度条件呢？确实，如果未成年人被判处无期徒刑，以最终刑罚所对应的责任后果来看，未成年人实施犯罪的社会危害性、行为人的主观恶性与人身危险性都暴露得更为明显，此时以累犯论处更是"实至所归"。对此，笔者认为，把未成年人累犯的刑罚提高到无期徒刑当然可以更好地限定其成立范围，但是，如果这样限定所得的结果将致使未成年人累犯在司法适用中的可能性变得微乎其微，在此情形下，这样的限定就显得过于虚假而毫无实际意义可言。

需要重申的是，对未成年犯的权利保障并不是毫无底限的，如果因为对未成年人犯罪判处的最高刑是无期徒刑，就在未成年累犯上以此为刑罚限度，必将带来的疑虑是：如果现行刑法没有排除未成年犯可以适用死刑，那是不是意味着我们在未成年人累犯的刑种条件上还可以限定为死刑呢？毫无疑问，这样的推理显得过于荒诞。另外，在对未成年犯不可能适用死刑的前提下，现有最高刑罚就是无期徒刑，以行为人能够适用的最高刑罚来限定累犯的成立，这种情况在古今中外的刑罚中也是难寻踪影的。

而且，如果以无期徒刑作为未成年人累犯的限定条件，那么，即使对未成年人认定了累犯，在行为人实施的危害行为本身就应当判处无期徒刑的前提下，其累犯的从重处罚根本就没有太多价值。原因在于，无期徒刑作为对未成年犯最为严重的刑罚，在此基础上的任何刑罚都要被其吸收，即使累犯从重处罚的法定情节被法官接受，但是最终的刑罚裁量仍然无法体现出来，这样一来，认定还是不认定未成年人累犯在相当程度上并没有多大的现实意义。毕竟，累犯制度作为规范性设计一定要具有自身的规范价值，如果一项制度被设计出来之后没有任何的适用空间，这样的制度创设就没有任何意义可言，现实必要性就将被严重冲淡。因此，在笔者看来，与其说这样的刑种选择是一种限制，倒不如说就是对未成年人累犯的一种变相否定。显然，如果我们的真正立场是承认未成年人累犯有限度的存在，那么，无期徒刑的刑罚限制却又与承认的立场相抵触，这就又走向了观点的反面和对立之中。

三、未成年人累犯罪数上的限定

从我国现有累犯实施犯罪次数的限定来看，无论是普通累犯还是特殊累犯都以二次为限。但是，由于累犯在现有制度层面的主体是成年人，因此这一次数上的限定自然也是以成年人主体为参照系。基于未成年人与成年人之间的差异性，考虑到未成年人累犯较之于成年人累犯的刑罚特殊性，加之为了更好体现对未成年犯权利保障性的一面，笔者认为，应当给予未成年人更大幅度的限定条件，即应当把未成年人累犯限定为三次犯罪。

应当明确指出的是，未成年人累犯成立前提中的"三次犯罪"，并不是单纯就实施犯罪的次数而言的，而是仍然需要以前述刑度上的限制作为并列条件。换言之，如果未成年人前后犯罪的刑罚都是1年以上有期徒刑，那么，我们仍然需要再通过行为人的犯罪次数来缩小成立未成年人累犯的范围。因为前后所犯1年以上有期徒刑并不是太轻的刑罚，这已经大大减少了未成年人成立累犯的空间，如果在此基础上再予以"三次"的限制，则其成立范围必将得以进一步缩小，这在累犯成立的前提下并不会招致刑罚过于严苛的质疑。

然而，笔者要考虑的情形是，如果未成年人前后有一罪或者数罪并未达到1年以上有期徒刑的幅度，但是实施的三次及其以上犯罪都是有期徒刑的情形时，能否认定其构成未成年人累犯呢？对此，笔者认为，此种情形不应当纳入未成年人累犯之中，其原因主要有如下方面：

首先，应当通过严格的条件来区分未成年人累犯与成年人累犯。刑罚制度的设计应当体现出适用对象上的差异性，顾名思义，未成年人累犯就是专门针对未成年人而言的，其与成年人累犯不可相提并论。基于未成年人累犯自身的差异性，我们在犯罪次数上也应当体现出明显的区别。虽然笔者承认未成年人有限度的可以成立累犯，但是我们仍然不能忽视未成年人是以不成立累犯为原则的。那么，在一般性原则的指导与束缚之下，我们在认定未成年人累犯时就应有更为严格的条件限制。因此，从犯罪次数与刑罚幅度限制上来限定未成年人累犯成立的空间，就既较好地兼顾到了未成年人不构成累犯的原则情形，同时又考虑到了未成年人不排除累犯适用的特殊情形。

其次，通过三次判处1年以上有期徒刑以上刑罚的犯罪，能够较好地说明未成年人存在较为严重的人身危险性。既然累犯的本质特征在于行为人的人身危险性，如果未成年人的犯罪行为已经彰显出内在的人身危险性，那么此时不适用累犯就明显与累犯本身的实质根据严重相悖。能够达成共识的是，无论是成年人还是未成年人，累犯能否成立的关键在于犯罪主体是否具有较高的人身危险性，如果未成年人的人身危险性通过外在的犯罪行为已经能够得以体现，此时排除累犯的成立就明显欠缺实质理由。与之相对应的是，如果行为人在十四周岁至十八周岁之间已经前后实施三次判处1年以上有期徒刑刑罚的犯罪，而在一般情形下，这个阶段的未成年人大多具有辨别是非的基本能力，多次犯罪而毫无悔改之意，此时行为人的人身危险性已经能够得以较为明显的体现，适用累犯制度在理论层面也并不存在任何实质性的阻碍。

最后，以三次以上较重犯罪为限与保护未成年人的精神并不冲突。对未成年人实施"教育为主，惩罚为辅"的保护性刑事政策，并不意味着完全放弃对其进行相应的惩罚。换句话来说，对未成年人的保护是有限度的，如果未成年人反复逾越刑事法律的界限，在经受过刑罚的前两次教育改造之后，仍然不能很好地汲取其中的教训，则该部分未成年犯罪人就处于保护性原则的适用范围之外。即使犯前罪时为未成年人而犯后续性犯罪时已经不是未成年人，但是基于行为人主体及其人格的一致性，此时前罪对后罪仍然具有较大的影响性，此时基于1年以上刑罚与三次以上犯罪的条件限制，仍然有纳入未成年人累犯的现实必要。换言之，同一主体反复实施较为严重的犯罪行为，这就说明前期的刑罚适用对该部分未成年人改造是欠缺效果的，对此，我们就应该考虑并采用与先前不同的刑罚方法，并需要通过延长刑罚期限来对行为人予以更长时间的教育改造。基于此，笔者认为，限定未成年人累犯为三次以上被判处1年以上有期徒刑的犯罪，同样是对保护未成年人精神的具体落实，此时适用累犯并不与保护未成年人的刑事政策相背离。

四、未成年人累犯罪过上的限定

关于未成年人累犯的主观罪过问题，其他国家及地区有不同的规定，单从大陆法系的法国、日本、瑞士和意大利的规定来看，这些国家在普通累犯的成立条件上，对主观罪过并没有明确的限制。我国台湾地区对成立累犯的前罪和后罪的主观罪过形式也没有严格要求，无论故意还是过失犯罪，均在所不问。那么，问题在于，未成年人过失犯罪能不能成立累犯？包括前后罪都是过失犯罪的能不能构成累犯？前犯为过失，后犯为故意的能不能构成累犯？前犯为故意，后犯为过失的能不能构成累犯？

有学者指出，前后两次犯罪均为同一性质之过失者，应作为累犯处理为宜。① 在前述学者看来，行为人在同一罪质的过失情况下可成立累犯。而高

---

① 蔡墩铭：《刑法总则争议问题研究》，五南图书出版公司1986年版，第350页。

仰止先生则认为，就前犯执行刑罚效果来看，故意与过失并未有所不同，故其前犯行为之出于故意或过失，可以不问……但再犯之罪若出于过失行为之场合，法律上以累犯而加重其刑，则不免失之过苛。① 即认为前犯过失，后犯故意的情况下可以成立累犯，而在前后均为过失的情况下则不成立累犯。另有学者认为，"如果一罪或前后两罪均为过失犯罪，虽然不能因此否定行为人的人身危险性的存在，但是可以肯定的是，这种情况下所征表出来的人身危险性比两次故意犯罪的行为人的人身危险性要小得多。"② 此种观点认为无论前后罪有何种过失犯罪情况存在，都不能构成累犯。

笔者认为，对未成年人过失犯罪能否成立为累犯，应该慎重对待。单从法益侵害程度来看，过失行为并不比故意行为造成的危害小，过失责任也并不一定比故意责任小。③ 典型的事例当属侵害公共安全的事故型犯罪，由于涉及不特定多数人的生命、健康等重大法益，此类过失犯罪的处罚一般也较重。笔者认为，"同质性的过失犯罪"（连续侵害法益的相同或相似）和"同客观条件的前犯过失、后犯故意"可以成立累犯。④ 具体到未成年人累犯的成立情形，前两次为过失后犯为故意，或者前一次为过失，后二次为故意犯罪的，似乎应该构成未成年人累犯。毕竟，故意与过失是主观恶性的内容呈现，虽然主观恶性不同于人身危险性，但是主观恶性是人身危险性的征表之一。⑤ 那么，从未成年人主观上的认识因素和意志因素、从过失到故意的主观恶性递进来说，如果能够明显说明其人身危险性趋强的态势，即人身危险性已经在动态演化中得以清晰呈现，那么此时就已经具备累犯的实质根基。据此就可以确认行为人的人身危险性并不比故意犯罪的人身危险性小，而是在某种程度上旗鼓相当，甚或更强。

但是，笔者以为，未成年人的过失犯罪情形，原则上仍然不符合未成年累犯的构建，即使作应然性的考虑，也不应当把它纳入其中。原因如下：首先，根据《刑法》总则第65条关于一般累犯的规定，成年人累犯把过失犯

---

① 高仰止：《刑法总则之理论与实用》，五南图书出版公司1986年版，第373页。
② 聂立泽：《刑法中主客观相统一原则研究》，法律出版社2004年版，第207页。
③ [德]格吕恩特·雅科布斯：《行为责任刑法——机能性描述》，冯军译，中国政法大学出版社1997年版，第1页。
④ 李永升、陈伟：《过失普通累犯问题研究》，载《河南省政法管理干部学院学报》2007年第3期。
⑤ 游伟、陆建红：《人身危险性的刑罚功能》，载《华东刑事司法评论》（第六卷），法律出版社2004年版，第23页。

罪的情形排除在外，此时如若反其道而行之地把未成年过失犯罪纳入其中将有失公允，在条件上也显得过于严苛。其次，单纯从前罪的过失犯罪到后罪的故意犯罪，并不能简单推导出行为人的人身危险性较大，尤其在主体为未成年人时应当更为慎重。最后，未成年人过失犯罪的空间本身就有限，纳入未成年累犯之中意义不大。因而，原则上把未成年人过失犯罪排除在未成年累犯之外，并不与刑罚理论发生严重的分歧，也并不与设立累犯的初衷相抵牾。与之相反，这样一来反而更能体现对未成年犯罪人适用刑罚的谨慎态度，在最大程度上呼应未成年人原则上不构成累犯的立法意旨。

五、未成年人累犯时间上的限定

累犯是前后罪之间建立起来的内在联系，因而前后罪之间必然需要一个时间限定。这里有两个时间节点，需要我们特别注意：一个是前后罪的时间间隔问题；另一个是未成年人累犯的时间起算点问题。关于第一个问题，从理论学界与实践层面的意见反馈来看，5年的时间段已经得到较为普遍的认可。当然，为什么立法限定为5年而不是其他时间，这涉及立法设置合理性的问题。由于前后罪心理层面的关联，就一般情形来看，根据行为人受前罪的心理影响，确定为5年的时间间隔也较合适。在此情形下，法律为确保司法实践的统一适用而作出的这一规定，在行为人主体的心理影响下具有相应的合理性，并不因未成年人主体的差异而有所不同。① 因而，在累犯前后罪的时间段这一问题上，并无太多争议。

除此之外，对未成年人累犯来说，更为重要的是第二个问题。从实际情形来看，可以有以下几种思路：第一，只要是年满14周岁以上的未成年人都可以成立累犯，即以14周岁为起算点作为未成年人累犯的初犯年龄；第二，只有16周岁以上的未成年人才可以成立累犯，三次犯罪都必须发生在未满18周岁的未成年阶段之内；第三，前次犯罪为16－18周岁，后犯两次为18周岁以上的可以构成累犯。

---

① 如果要细致追究累犯前后罪的时间间隔为何是5年，为什么不是6年或者8年及至更长，就如未成年人犯罪年龄的起刑点为什么是14周岁，而不是12周岁或者10周岁一样，尽管这样的考究在理论上是有意义的，但是，这样的问题却是无法予以回答的。实际上，立法者在立法时往往只是基于经验判断或者参照国外立法例作出的相关规定，这一数字化的界限确定在刑法规定与适用中并不少见，但是却很难用科学性来衡量并给出明确的答案，也是无法用科学性手段予以精准标定的内容。

对上述不同的组合情形，笔者原先撰文认为，就第一种情形来说，缺乏现实意义，因而不可取。① 因为在 14-16 周岁的年龄段，只限于 8 种具体的犯罪行为，这 8 种犯罪的犯罪性质都较恶劣，处罚都较重，刑期相应都较长。这样一来，不仅决定了该年龄段三次犯罪的未成年人不多，没有累犯评价的必要，而且同时说明由于受较重刑罚的惩处，根本没有在 14-18 周岁这个年龄段适用累犯的可能。就第三种情形来说，在司法实践中本来就可以独立作出判断，因为在后两次犯罪发生在 18 周岁以上情形时，根据累犯现有的规范条件作出评价并无障碍，何况就单独的后犯已经可以作出累犯与否的判断，这也已经不属于本部分笔者所言的应然性探讨范畴。

第二种情形是笔者原来支持的观点，原因在于：第一，作为一个已满 16 周岁的未成年人，其九年义务教育已经完成，达到了初中文化程度，已经具备了适应社会和自我生存的一定能力，其心理和生理发育已经相对成熟；第二，此年龄阶段内三次犯罪行为，说明其人身危险性大，有适用累犯之内在根据，也有从重处罚之必要。从已满 16 周岁到 18 周岁，其中只间隔 2 年的时间，如此短的时间内重复犯罪只能说明行为人怙恶不悛，顽固不化，有较大的人身危险性；第三，刑事政策的"教育为主，惩罚为辅"的方针，只能对那些可以教育的行为人而言，即"教育可以教育者，不可教育者不使为害"。当其人身危险性已经大到正常的教育无能为力之时，基于法益保护与预防犯罪层面的考虑，适用累犯就是明智的。②

但是，笔者现在认为，在未成年人累犯成立的时间起算点上并不需要作更为严格的限定。只要未成年人在相应的年龄阶段实施了相应的犯罪行为，其对刑罚的体验与感受就已经具有，在刑罚执行完毕或者赦免之后再实施相应的犯罪行为，其成立累犯自然也就不成为问题。至于上述提到的把未成年人累犯的年龄起点限定为 14 周岁以上，是不是没有必要的问题，笔者认为对此也需要重新认识。尽管 14 周岁至 16 周岁的未成年人只能对故意杀人、故意伤害致人重伤或者死亡、抢劫、强奸、贩卖毒品、放火、爆炸、投毒 8 种犯罪行为承担刑事责任，这 8 种犯罪也确属重罪，但是，落实到未成年人身上，并非就一定是重刑。原因在于，对未成年人原本就应当从轻或者减轻处罚，加之其可能又有自首、立功、从犯、未遂、坦白、防卫过当、积极赔

---

① 陈伟：《批判与重构：未成年人累犯问题》，载《青年研究》2006 年第 8 期。
② 陈伟：《批判与重构：未成年人累犯问题》，载《青年研究》2006 年第 8 期。

偿、认罪悔罪认罚等法定或者酌定从宽情节，刑罚的处罚就不一定较重。何况，即使是这些一般意义上较重的犯罪，在其法定刑中仍然存在情节较轻时的较轻刑罚，因而适用于未成年人犯罪之时，所判处的宣告刑并不一定就很重。

除此之外，另一个原因在于，14周岁只是未成年人累犯起刑年龄的时间点，在往后的发展过程中，尤其是行为人实施多次犯罪之后，其年龄的增加也是必然的事情。由于累犯本身就是一个动态化的发展过程，而不是一个静止性的时间点，所以，在此情形下，以行为人第一次犯罪时的14周岁为年龄起算点，并不存在适用时间过早或者处罚不现实的问题。此外，随着现代社会快速发展，在接受的信息量与知识量越来越多的当下，未成年人心理年龄的成熟度已经远远超过了父辈人所处的年龄段。因此，现在较多学者认为未成年人犯罪的刑事责任年龄需要前移。在此情形下，如果我们还把未成年人累犯成立的时间提高到16周岁以上，则明显与社会发展的节奏不相合拍，与未成年人自身发育的实际情况也不协调。

基于此，笔者认为，如果要真正建构未成年人累犯制度，那么以现有的最低刑事责任年龄段来考虑就是合适的，没有必要再次拔高未成年累犯成立的时间起点，也没有必要重新设置未成年犯罪的刑事年龄起点。何况，由于笔者所言的未成年人累犯并不仅仅限于前后罪都处于未成年这一特定阶段，还囊括了前罪是未成年人而后罪为成年人的情形，在此情形下还刻意提高起刑点的年龄限制，实际上就不当限缩了未成年累犯的范围。即使未成年人因达到限定刑事责任年龄而触犯八类犯罪行为的概率较少，但是也并非完全不可能，何况从司法实践反馈的情形来看，此类犯罪在未成年人主体层面也并非少数。在此基础上，由于限定刑事责任年龄阶段所触犯的这八类犯罪均属于自然犯，其悖德性与违法性程度极为突出，加之通过前罪的规范违反并承受了相应的刑罚之后，未成年人的法律意识与规范遵守的自觉性更应加强，对后面的行为规范与行为选择自然应当起到更多的警戒作用，对其后期行为予以更高期待也是理所应当。在此情形下，笔者认为，我们没有必要提高未成年人累犯的起始犯罪年龄。

第五节　本章小结

　　虽然未成年人能否构成累犯是刑罚适用的一个小视域，但是里面折射出来的却是刑罚适用的价值取向，以及制度设置背后的政策性考量。未成年人能否构成累犯的"肯定说"与"否认说"均有自己相应的理论支撑，对其的重新梳理与思考有助于我们对该问题的认识，也有助于我们对刑罚功能有一更加全面的审视。未成年人不构成累犯已经被刑法修正案正式确立，这同样是从未成年人犯罪主体与刑罚两个层面予以审视之后的立法体现，在实践中我们当然要遵守刑法的现有明确规定。而且，从整体层面来说，笔者认同未成年人不构成累犯作为一般性原则，核心原因仍然在于未成年人较之于成年人的特殊性，以及对未成年犯罪人的保护性刑事政策的实质支撑。

　　对未成年人累犯的立法反思与重构，是基于未成年人犯罪主体与累犯自身理论根据所作的应然层面的思考。它不是指向当下司法适用上的疑难问题，也不是纯粹刑法教义学层面的实质性探讨，而是对现有立法规范的一种反思与展望。笔者也深知，作为一项新型制度的设计必然是审慎与谨慎的，在整体性权利保障与秩序维护不可偏废的框架下，未成年犯罪与刑罚惩处之间如何达致彼此间的协调与平衡，总是需要多方面的反思与考问。因而，从整体层面来说，对未成年累犯的重新构建属于笔者"心血来潮"之下的"情绪化"产物，在内容体系上也或多或少显得有点"异类"。然而，需要指出的是，这并不代表笔者就要走上支持刑罚从严惩治未成年犯罪人的道路上来，而这些讨论的核心价值恰恰在于，如果我们要在立法反思的基础上另行重构未成年人累犯制度，那么我们理所当然的应当在理论上作前述的论证与思考。

　　综上而言，对未成年累犯的规范性设计，仍然需要在区别于成年人累犯的基础上予以重新构造，需要在兼顾多方权益的前提下进行科学性设置。这一超越现有立法的批判性创设，只是笔者对此问题深入反思的过程呈现，也是对当下未成年犯罪之于社会安全焦虑感的一种投射。从总体层面来说，上述探讨并不是要全然否定保护未成年人的刑事政策精神，不是要寄求通过刑罚从严适用来达致未成年犯罪治理的现实努力，而仅仅只是表明笔者在此问题上曾经有过自己的关注，表明笔者在此方面曾经超越现有刑法规定的一些思考而已。

第四章
未成年人再犯司法适用的实证考察*

2011年5月1日生效的《刑法修正案（八）》对一般累犯的构成要件作出了重大修改，即取消未成年人构成一般累犯的规定。在现行刑法规定之下，未满18周岁的未成年人即使前罪被判处有期徒刑以上，在刑罚执行完毕后5年内再犯应当判处有期徒刑以上刑罚之罪的，也不认定为累犯。此次修改将未成年人再次犯罪排除在一般累犯的范围之外，未成年人再次犯罪不属于法定从重处罚情节。确立未成年人原则上不构成累犯，顺应了人权保护的发展趋势，符合宽缓对待未成年人的立法潮流。①

从世界各国采取排除未成年人构成累犯的立法例来看，可以分为两种类型：第一，前罪实施时犯罪人未成年的，不成立累犯。例如，《俄罗斯联邦刑法典》第18条第4款规定："一个人在年满18岁之前实施犯罪的前科，以及其前科依照本法典第86条规定的程序被撤销时，在认定累犯时不得计算在内。"第二，无论前后罪发生于何时，只要犯罪行为人未成年则不构成累犯。但是，如果行为人实施前罪时不满一定年龄，实施后罪时已经超出了

---

* 本章内容由陈伟、谢可君共同完成，并且相关内容已经发表于《青年研究》2015年第2期，后期在纳入本著述时进行了部分修改和调整。

① 本章节的论述是基于现有立法规定来进行的探讨，因而是立足于刑法的实然性规定而展开的研究。也只有基于此，才能从司法适用层面对修正案前后的适用情形予以客观检视。所以，该章节的分析前提仍然是认可立法层面的现有规定，这与前面章节部分应然性的论述存在实质区别。

一定年龄，此时只要符合累犯成立条件，也可以构成累犯。例如，《埃及刑法典》规定不满15周岁的人不构成累犯；《英国刑法典》规定不满22周岁的人不构成累犯。我国刑法采取的是第一种立法例，这种立法例对未成年人的保护范围显然更为宽泛。

但在司法实践中，未成年人在刑满释放（包含假释期满释放的情况，因二者构成一般累犯的要件基本相似，以下统一采用"刑满释放"的说法）后再次犯罪①的情况仍然屡屡发生，《刑法》第65条的修改对未成年人再次犯罪的刑罚适用是否产生实质影响？裁判未成年人再次犯罪案件的量刑情节及幅度是否因此发生改变？笔者从北大法意网法院案例库中，随机收集了全国在《刑法修正案（八）》实施前后5年内（2009年1月1日－2013年12月31日）发生的912个案例，从中找出181个未成年人再次犯罪的典型案例。其中发生在《刑法修正案（八）》修改前的共91个案例，发生在条文修改后的共90个案例，并对此进行了详细的数据统计、比较与分析，据此研究刑法修正案实施前后未成年人在刑满释放后再次犯罪的特点，探究《刑法》第65条的修改对改善未成年人再次犯罪所起的作用以及对法院定罪量刑产生的影响。

第一节　废除未成年人累犯制度的法理根基

《刑法》第65条第1款规定："被判处有期徒刑以上刑罚的犯罪分子，刑罚执行完毕或者赦免以后，在五年以内再犯应当判处有期徒刑以上刑罚之罪的，是累犯，应当从重处罚，但是过失犯罪和不满十八周岁的人犯罪的除外。"根据该款规定，一般犯罪的人若在刑满释放后5年内再犯应当判处有期徒刑以上刑罚之罪的，构成累犯，属于法定从重处罚情节。但是《刑法修正案（八）》将未成年人犯罪的情形从一般累犯的范围中予以排除，"不

---

① 本节所述的未成年人再次犯罪（或再犯）与一般的未成年人再犯罪、未成年人累犯的概念并不相同。文中的"未成年人再犯"，特指未成年人在刑满释放后五年内再次犯罪应当判处有期徒刑以上刑罚的行为，具有时间限制和刑罚限制，本质上与一般累犯的构成要件相同。作出这一限制，是为了与《刑法修正案（八）》修改前的"未成年人累犯"相区别，也是为了与犯罪学研究中没有时间限制或刑罚限制的"未成年人犯罪"相区分。

满 18 周岁的人犯罪,属于普通累犯的消极条件,意味着未成年人犯罪不构成累犯。"[1] 换言之,已满 14 周岁未满 18 周岁的人犯罪,无论是犯前罪和后罪时均未满 18 周岁,或者是犯前罪时未满 18 周岁但犯后罪时已满 18 周岁,即使犯应当判处有期徒刑以上刑罚的后罪是在前罪所判刑罚执行完毕之后的 5 年内,均不构成累犯,法官不可在刑罚裁量时将此作为法定从重处罚情节予以适用。

条文的修改并非立法者贸然的冲动之举,而是顺应社会发展的产物,隐藏着立法者特定的意图与价值追求。较为显然的是,正是刑罚观念与刑罚认识的进一步深化,直接促使了未成年人累犯在立法层面的消除,导致了未成年人原则上不构成累犯的立法现实。具体来说,其背后的原因主要体现在如下方面:

一、取消未成年人累犯是"重教育、轻惩罚"的反映

对于违法犯罪的未成年人,国家不应急于对其处以惩治,而是担负责任的对其进行教育、矫正,促使其重获新生。美国著名的少年法院运动代表人物朱利安·马克法官曾指出:"国家的责任不应该只限于查问这个男孩子或那个小姑娘是不是犯了哪种罪,而应该进一步查明他在身体、精神、道德方面是什么情况。如果发现他走向犯罪道路并被控告,则不应一味地予以惩罚,而应该实行改造;不是让他从此堕落下去,而是要他振奋起来;不是要把他摧垮,而是要他发展;不是要把他变成罪犯,而是要把他造就成为有益于社会的公民。"[2] 美国过去 20 年的研究结果表明,惩罚性的法律并不能有效减少犯罪率,反而增加了未成年人成为累犯的机会。而美国未成年人法院最初以矫治为导向的方法最有可能产生最佳政策效果:减少未成年人犯罪率,降低社会成本。

教育改造的理念要求对未成年犯"重教育、轻惩罚",因而"刑事责任的年龄限制"原则为各国建立未成年人刑事司法制度提供了正当依据。是否具有完全的辨认控制能力是能否构成刑法意义上的犯罪主体的本质要求,也是犯罪人是否需要承担刑事责任的前提。一般认为,未成年人与精神病人不具有辨认控制能力,在一定程度上阻却了违法可能性,因而不需承担完全

---

[1] 赵秉志:《〈刑法修正案(八)〉理解与适用》,中国法制出版社 2011 年版,第 74 页。
[2] 姚建龙:《少年刑法与刑法变革》,中国人民公安大学出版社 2005 年版,第 30 页。

的刑事责任。我国《刑法》第 17 条对刑事责任年龄进行了规定，反映出我国采取年龄标准认定犯罪人的辨认控制能力，从而确定其刑事责任能力。换言之，犯罪主体是否承担刑事责任以及需要承担刑事责任的轻重与犯罪主体的年龄大小密不可分。

累犯在规范层面是承担较重刑事责任的法定情节，累犯从重处罚的理论根据在于累犯的主观恶性和人身危害性较大，而且对累犯的从重处罚具有明显惩罚意味。不予认定未成年人构成累犯，一方面是由于未成年人身心均未发育成熟，缺乏完全的辨认控制能力，容易受他人的鼓动、诱惑误入歧途，作出越轨行为甚至犯罪。正如学者所言，"未成年人再次犯罪，并不是法律的宽松，在很多情况下是社会的不良诱惑所致"。[①] 即便未成年人再次犯罪，其主观恶性和人身危险性与成年人也多有区别，因而不能用成年人的标准衡量未成年人再犯。教育改造理念要求我们"重教育、轻惩罚"，具体到未成年犯身上就应该彰显这一精神。何况，我国一直重视对青少年的教育，关注青少年的成长，加之未成年人的可塑性较大，容易接受教育改造。基于此，我们侧重对未成年犯的教育，就有助于其改过自新，重新建立正确的价值观念，及早回归社会。因此，从立法层面排除未成年人构成累犯，这与对未成年人"重教育、轻惩罚"的精神内涵是相一致的。

二、教育改造理念要求贯彻保护未成年人权益的精神

教育改造理念更加注重对未成年犯的保护，因而倡导未成年人优先保护理念。从一般意义上说，未成年人优先保护理念是指，当未成年人的个人利益与其他利益发生冲突时，优先保护未成年人利益。遵照一般观念，法律所保护的法益包括个人利益、社会利益与国家利益，其中社会利益与国家利益在大多数情况下具有一致性，属于公法益。个人利益是社会利益与国家利益的基础，如果没有个人利益，社会利益与国家利益最终也会失去存在的意义，故法谚云：保护人是国家关心的事项（Interest reipublicae quod hominess conservenfur）。但是，受传统思想的影响，我们历来强调个人利益对公共利益的依赖和服从，当个人权利的行使危及公共利益时，"公益应优于私益（Jura publican teferenda privatis）"。对累犯处以从重处罚，源于古老的"报

[①] 赵志宏：《未成年人违法犯罪措施研究》，群众出版社 2011 年版，第 111 页。

复性惩罚"观念,要求"更严重的犯罪应该接受更严厉的惩罚"。① 与初次犯罪者对比,累犯对公共利益的侵犯性较明显,确定对其从重处罚,能与其较深的主观恶性和较大的人身危险性相适应。此时,为了最大多数人的最大幸福(即最大的公共利益),需要在一定程度内剥夺累犯行为人更多的个人利益,对其从重处罚是其自然的结果。

但是,未满18周岁犯罪的人作为一个特殊的犯罪主体,认识主客观世界、辨别是非和控制自我的能力都很有限,其主观恶性和人身危险性往往不大,要求教育改造的需要更突出。并且,他们与其他未成年人一样,拥有受保护的权益,应当甚至更需要得到社会的呵护、帮助与关心。"依法保护犯罪少年权利,有利于促进他们更好地回归健康成长道路,因而,保护犯罪少年权利与保护国家、社会利益是统一的。但在特定的个案中,保护犯罪少年利益,也会与国家、社会、尤其是其他个人利益发生冲突,此时,则需要在兼顾国家、社会利益,平等保护受害人利益基础上,体现对犯罪少年的'特殊保护',即一种有'度'的'优先保护'"。② 同时,结合司法案例的统计分析来看,一般犯罪的未成年人侵害的都是他人的个人利益或者相对轻微的社会利益。因此,对未满18周岁犯罪的人予以侧重保护,原则上不构成累犯,符合教育改造理念对未成年人权益优先保护的内在要求。

三、排除未成年人累犯是刑罚宽囿与差异对待的体现

教育改造理念要求在刑罚适用时注入刑罚之外的内容,把刑罚手段与非刑罚方法结合起来,具体到未成年人犯罪,情形就更是如此。犯罪是刑罚的前提,刑罚是犯罪的法律后果,犯罪不仅决定了行为人应当受刑罚的处罚,而且决定了刑罚的轻重必须与罪行轻重及犯罪人的再犯可能性相适应,此为罪责刑相适应原则的内涵。而且,《刑法》第17条第3款也已规定:"已满十四周岁不满十八周岁的人犯罪,应当从轻或者减轻处罚。"这一条文确定了未成年人从宽处罚的法律依据,据此,我国刑法确立未成年人犯罪宽大处理的量刑准则。实际上,无论是刑法基本原则还是单独针对未成年人的刑罚

---

① [美]布赖恩·比克斯:《法学:理论与语境》,邱昭继译,法律出版社2007年版,第146页。

② 狄小华:《"优先保护"理念下的我国少年刑事司法模式选择》,载《南京大学学报》2009年第5期。

处罚规定，二者都是基于教育和挽救未成年人而作出的，即在未成年人身上进一步彰显了刑罚教育改造的内涵要求。

此外，由于未成年犯罪人的可宽囿性较强，其非难可能性低于犯罪的成年人，对构成累犯的未成年人与构成累犯的成年人作出同等处理，即均予以从重处罚，与刑法罪责刑相适应的原则不相一致。这样一来，就必然造成"未成年人犯罪必须遵守的整体法定从宽的情节与法定的累犯应当从重处罚的情节，形成了实际的逆向情节冲突，这就在立法逻辑上出现冲突"。① 而且，既然我们对未成年人倡导的是"教育为主"，那么就不要过于注重刑罚的惩治，过长或过重的刑罚总是与未成年人成长不协调。因而，在教育改造理念要求刑罚整体从宽的思路下，未成年人犯罪累犯标签的去除，以及因此不受累犯法定从重处罚情节的司法适用的限制，就能较好维护刑罚前后处罚的一致性，把教育改造未成年人的原则较好地贯彻下去。

第二节 《刑法》第 65 条修改前后未成年人再犯的实证分析

设立累犯制度，以通过较为严厉的刑罚打击那些主观恶性深、人身危险性大的再犯，以达到预防其再次犯罪的初衷和目的。"累犯的范围应宽泛适度，过于狭小，则不能很好地实现打击和预防犯罪的目的；过于宽泛，则一方面使那些主观恶性不太深、人身危险性不太大的再犯承受不应有的严厉惩罚；另一方面不利于集中力量打击主观恶性深、人身危险性大的再犯"。② 把未成年人排除于一般累犯的主体范围之外，是立法的进步，也是未成年人权益保护的福音。但是，对未成年人的从宽处罚，是否会导致未成年人再犯可能性的增加？是否会纵容未成年人犯罪的主观恶性及人身危险性？条文的修改是否会对法院裁判中的实际量刑产生影响？带着上述疑问，笔者期望通过实证数据来对此进行客观回答。需要指出的是，笔者搜集研判的九百多个

---

① 季理华：《累犯制度研究——刑事政策视野中的累犯制度一体化构建》，中国人民公安大学出版社 2010 年版，第 236 页。

② 舒洪水、刘娜、李岚林：《累犯制度适用》，中国人民公安大学出版社 2012 年版，第 144 页。

案例虽无法涵盖我国所有未成年人再次犯罪的情况，但是随机抽取的案例不以地域予以区别，因此具有较强的代表意义，在一定程度上揭示未成年人再次犯罪的司法实践现状。

一、全国未成年人犯罪情况概述

未成年人犯罪情况分析是研究未成年人再次犯罪的重要前提，能够揭露一定时期内未成年人的犯罪态势，反映预防或者减少青少年犯罪工作的成效。2009 年全国各级法院共审结一审刑事案件 766746 件，判处罪犯 996666 人，同比分别下降 0.18% 和 1.06%，其中全国法院审理的未成年人犯罪人数为 77604 人，占刑事犯罪总人数的 7.78%。[1] 2010 年全国各级法院共审结一审刑事案件 779641 件，判处罪犯 1006420 人，同比分别上升 1.68% 和 0.98%，其中全国法院审理的未成年人犯罪人数为 68193 人，占刑事犯罪总人数的 6.77%。[2] 2011 年全国各级法院共审结一审刑事案件 839973 件，判处罪犯 1050747 人，同比分别上升 7.74% 和 4.40%，其中全国法院审理的未成年人犯罪人数为 67280 人，占刑事犯罪总人数的 6.40%。[3] 2012 年全国各级法院共审结一审刑事案件 986392 件，判处罪犯约 1173406 人，同比分别上升 17.43% 和 11.67%，其中全国法院审理的未成年人犯罪人数为 63782 人，占刑事犯罪总人数的 5.43%。[4] 2013 年全国各级法院共审结一审刑事案件 953976 件，判处罪犯 1157784 人，同比分别下降 3.29% 和 1.33%，其中全国法院审理的未成年人犯罪人数为 55817 人，占刑事犯罪总人数的 4.82%。[5]

---

[1] 数据来源："2009 年全国法院司法统计公报"，载最高人民法院网 http://gongbao.court.gov.cn/Details/ff04437c0ee2798097031c34314d07.html，浏览日期：2018 年 12 月 10 日。

[2] 数据来源："2010 年全国法院司法统计公报"，载最高人民法院网 http://gongbao.court.gov.cn/Details/3a82b22d6c8acbf96732d4e61e2a3c.html，浏览日期：2018 年 12 月 10 日。

[3] 数据来源："2011 年全国法院司法统计公报"，载最高人民法院网 http://gongbao.court.gov.cn/Details/a870810bf0c5835ba4f08b1ae3dfef.html，浏览日期：2018 年 12 月 10 日。

[4] 数据来源："2012 年全国法院司法统计公报"，载最高人民法院网 http://gongbao.court.gov.cn/Details/845e61faec8aaf0fa47ac8247ab80a.html，浏览日期：2018 年 12 月 10 日。

[5] 数据来源："2013 年全国法院司法统计公报"，载最高人民法院网 http://gongbao.court.gov.cn/Details/7ba6d177431a690096341e4fd5e527.html，浏览日期：2018 年 12 月 10 日。

表1 2009-2013年全国法院审结一审刑事案件及未成年人犯罪情况统计表

时间 \ 项目	2009年	2010年	2011年	2012年	2013年
审结刑事一审案件数（件）	766746	779641	839973	986392	953976
生效判决人数（人）（包括宣告无罪的人数）	997872	1007419	1051638	1174133	1158609
未成年人犯罪人数（人）	77604	68193	67280	63782	55817
未成年人犯罪率①（%）	7.78	6.77	6.40	5.43	4.82

上述数据表明，在2010年以后，我国刑事犯罪案件总数和犯罪人数均处于增长趋势，但未成年人犯罪数量却明显减少，在2013年降至最低点，仅占刑事犯罪总人数的4.82%。未成年人犯罪率的降低，一方面是由于国家计划生育政策的推行，全国未成年人口基数变小，导致未成年人犯罪人数减少。另一方面，该结果在一定程度上仍然源于近年来未成年人犯罪防控工作的开展，部分得益于这一工作所取得的实效。

二、《刑法》第65条修改前后未成年人再次犯罪案件特点

（一）未成年人再次犯罪总体态势

表2 《刑法》第65条修改前后未成年人再犯率②

时间 \ 项目	修改前	修改后	合计
未成年人犯罪案件数（件）	372	540	912
未成年人再次犯罪案件数（件）	91	90	181
未成年人再犯率（%）	24.46	16.67	19.85

---

① 未成年人犯罪率=（未成年人犯罪人数/生效判决人数）×100%。
② 未成年人再犯率=（未成年人再次犯罪案件数/未成年人犯罪案件数）×100%。

在搜集的912个案例中，发生在条文修改前的案例共372个，其中构成未成年人累犯的案例有91个，所占比例为24.46%；发生在条文修改后的案例共540个，其中未成年人再次犯罪的案例有90个，所占比例为16.67%。从表2可以明确得知，《刑法》第65条修改后未成年人再次犯罪的比例远远低于修正案实施前，共降低了约8%，可以说，这与条文修改后更加侧重对未成年人犯罪的教育保护具有一定的关联。刑罚具有特殊预防目的，即依赖于刑罚的限制、消除再犯条件及个别威慑功能和教育感化功能共同发挥作用，以实现预防犯罪人重新犯罪的目的。《刑法》第65条取消累犯作为再次犯罪的未成年人法定从重处罚情节，无疑于从另一方面削弱刑罚对再次犯罪的未成年人的限制、消除再犯条件功能及个别威慑功能。为了不削弱甚至更好地实现刑法特殊预防的目的，必然要求提高刑罚的教育感化功能。由于犯罪的未成年人较之于犯罪的成年人更具有可改造性，侧重对犯罪的未成年人的教育，能够纠正其错误的越轨行为，培养正确的法律意识和社会观念，从内在遏制犯罪的产生，降低未成年人再犯率。

(二) 未成年人再次犯罪类型特点分析

未成年人涉罪案件主要集中于刑法分则的6个章节共27个罪名，这6个章节即危害公共安全罪、破坏社会主义市场经济秩序罪、侵犯公民人身权利、民主权利罪[①]、侵犯财产罪和妨害社会管理秩序罪，其中以侵犯财产罪和侵犯公民人身权利、民主权利罪为主。在未成年人一人犯数罪的案件中，也是以同时触犯侵犯财产罪和侵犯公民人身权利罪为主。未成年人首次犯罪时，《刑法》第65条修改前，侵犯财产罪的案件数为78件，占85.71%；侵犯公民人身权利、民主权利罪的案件数为8件，占8.79%；妨害社会管理秩序罪的案件数为5件，占5.49%。相较而言，《刑法》第65条修改后，侵犯财产罪的案件数为68件，占74.73%；侵犯公民人身权利、民主权利罪为13件，占14.44%；妨害社会管理秩序罪的案件数为6件，占6.67%。未成年人再次犯罪时，《刑法》第65条修改前，侵犯财产罪的案件数为48件，占52.75%；侵犯公民人身权利、民主权利罪的案件数为20件，占21.98%；妨害社会管理秩序罪的案件数为14件，占15.38%。然而，《刑法》第65条修改后，再次犯罪侵犯财产类型的案件数为47件，占

---

① 实际上涉嫌侵犯公民人身权利、民主权利罪主要是侵犯公民人身权利罪，包括故意伤害罪、故意杀人罪、强奸罪、绑架罪、拐卖儿童罪。

52.22%；侵犯公民人身权利、民主权利罪的案件数为 14 件，占 15.56%；妨害社会管理秩序罪的案件数为 16 件，占 17.78%。

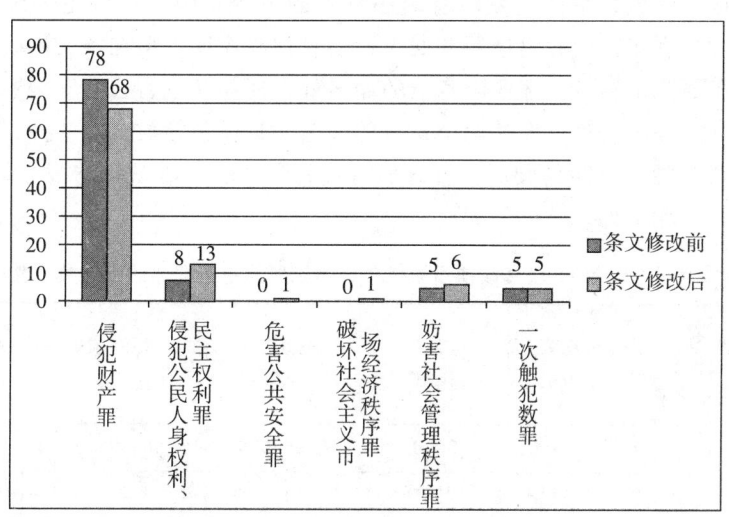

图 1 《刑法》第 65 条修改前后首次犯罪类型（单位：件）

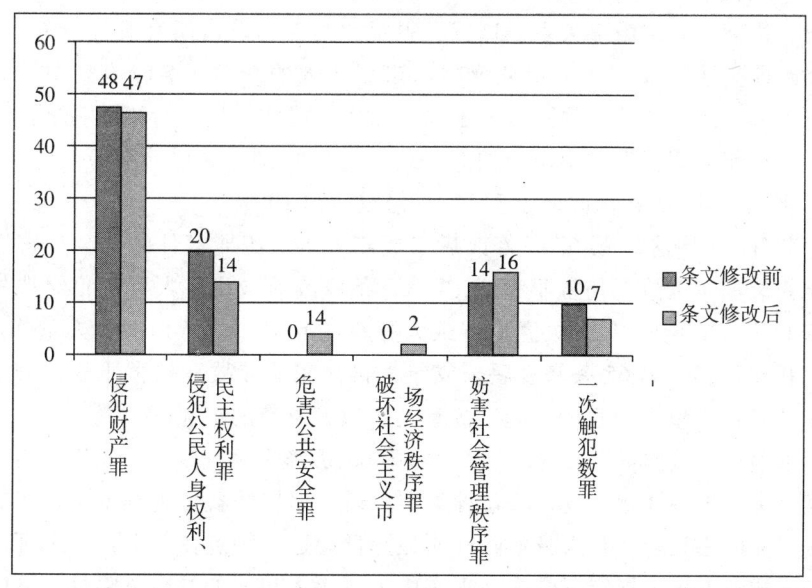

图 2 《刑法》第 65 条修改前后再次犯罪类型（单位：件）

由图1和图2的比较可知，无论是未成年人首次犯罪抑或是再次犯罪，《刑法》第65条修改后的犯罪类型均趋于多样化。在《刑法》第65条修改前，未成年人犯罪案件主要涉及刑法分则的3个章节，即侵犯公民人身权利、民主权利罪，侵犯财产罪和妨害社会管理秩序罪。但在条文修改后，未成年人犯罪除了涉及上述3个章节的罪名外，还涉及危害公共安全罪和破坏社会主义市场经济秩序罪这两个章节的罪名。具体包括放火罪2件，非法持有枪支罪2件，危险驾驶罪1件，假冒商标罪1件，非法出售发票罪1件，信用卡诈骗罪1件。

表3 《刑法》第65条修改前后未成年人再犯所涉主要罪名的案件数及其比例

再次犯罪时间	总案件数（件）	故意伤害（比例）	盗窃（比例）	抢劫（比例）	寻衅滋事（比例）	贩毒（比例）
修改前	91	17（18.68%）	30（32.97%）	17（18.68%）	6（6.59%）	2（2.20%）
修改后	90	10（11.11%）	23（25.56%）	13（14.44%）	4（4.44%）	9（10.00%）

在《刑法》第65条修改前后，未成年人参与的犯罪案件以故意伤害、盗窃、抢劫、寻衅滋事为主，这三类犯罪的案件总数占所有案件数的一半，在修改前高达70%以上。由此反映出未成年人的涉案罪名较为集中，而且动机单一：或在于获取钱财以满足物质需要，或在于发泄情绪以满足精神需求。未成年人犯罪案件中涉毒的案件也有一定比例，主要涉及贩卖毒品罪，在《刑法》第65条修改前占2.2%，修改后占10%。

此外，《刑法》第65条修改后未成年人再次犯罪案件的社会危害性远低于修改前。以故意伤害罪为例，第65条修改前未成年人再次犯罪涉故意伤害罪的共17起，其中故意伤害致人死亡的6起，故意伤害致人重伤的6起，相比而言，第65条修改后未成年人再次犯罪涉故意伤害罪的共10起，其中故意伤害致人死亡的2起，故意伤害致人重伤的1起。

通过以上数据可以发现，《刑法》第65条修改后，尽管未成年人再次犯罪案件类型更多样化，侵害法益种类更广发，但在法益侵害程度上，未成年再次犯罪的主观恶性和人身危险性明显降低。这一特点在一定程度上证明了取消未成年人累犯规定不会提高现实中未成年人犯罪的社会危险性，同时也间接说明了刑罚幅度的调整与犯罪态势的发展并不具有直接的对应关系。

（三）未成年人首次犯罪年龄规律分析

自二十世纪末以来，未成年人首次犯罪年龄呈现低龄化的趋势，这成为未成年人犯罪的一个显著特点。所谓未成年人犯罪的"低龄化"，主要有两层含义：其一，未成年人初次违法犯罪的时间与以前相比有所提前；其二，低龄的未成年犯（14-15周岁）的数量近年来增长明显。

表4 《刑法》第65条修改前后未成年人首次犯罪年龄及其所占比例

年龄 时间	14-17周岁 （人）	14-15周岁		16-17周岁	
		人数（人）	比例①（%）	人数（人）	比例②（%）
修改前	91	27	29.67	64	70.33
修改后	90	16	17.78	74	82.22

但是，由表4可以看出，就低龄的未成年犯（14-15周岁）的数量增长情况而言，《刑法》第65条修改后未成年人首次犯罪年龄的低龄化趋势逐渐减缓。条文修改前，在搜集的未成年人再次犯罪案例共91人中，首次犯罪年龄为14-15周岁的27人，占29.67%；16-17周岁的64人，占70.33%。但条文修改后，在搜集的未成年人再次犯罪案例共90人中，首次犯罪年龄为14-15周岁的16人，占17.78%；16-17周岁的74人，占82.22%。未成年人首次犯罪低龄化趋势的减缓，得益于中国九年制义务教育的推行，是在家庭、学校、社会三级保护模式下，注重规范青少年行为，遏制低龄青少年犯罪所共同努力的结果体现。

（四）未成年人刑满释放后再次犯罪时间间隔比较

未成年人刑满释放后再次犯罪时间间隔，是指被判处有期徒刑以上刑罚的未成年犯，经刑满释放或减刑释放后，至再次实施需被判处有期徒刑以上刑罚犯罪时经过的时间。简言之，该时间间隔即前罪刑满释放之日起至实施后罪行为之日的时间长短。前文业已介绍本章节所述的再次犯罪与刑法中一

---

① 该比例为14-15周岁人数占14-17周岁总人数的比例（%），公式为：比例=（14-15周岁人数/14-17周岁总人数）×100%。

② 该比例为16-17周岁人数占14-17周岁总人数的比例（%），公式为：比例=（16-17周岁人数/14-17周岁总人数）×100%。

般累犯的规定相一致,故该时间间隔的上限也为刑法一般累犯所要求的5年。

总体来看,《刑法》第65条修改后,未成年人刑满释放后再次犯罪时间间隔较之于修改前稍长。第65条修改后的90个案例中,未成年人刑满释放后再次犯罪时间间隔分布较为平均,虽然1年内再次犯罪的仍占多数,但1-4年内再次犯罪的案件数约占总案件数的一半,而第65条修改前1年内再次犯罪的案件数已超总案件数的一半。第65条修改前,时间间隔为1年内的案件数为52件,间隔为1-2年的17件,间隔为2-3年的10件,间隔为3-4年的5件,间隔为4年以上的7件,分别占总案件数的57.14%、18.68%、10.99%、5.49%和7.69%。条文修改后,时间间隔为1年内的案件数为40件,间隔为1-2年的17件,间隔为2-3年的18件,间隔为3-4年的8件,间隔为4年以上的7件,分别占总案件数的44.44%、18.89%、20.00%、8.89%和7.78%。

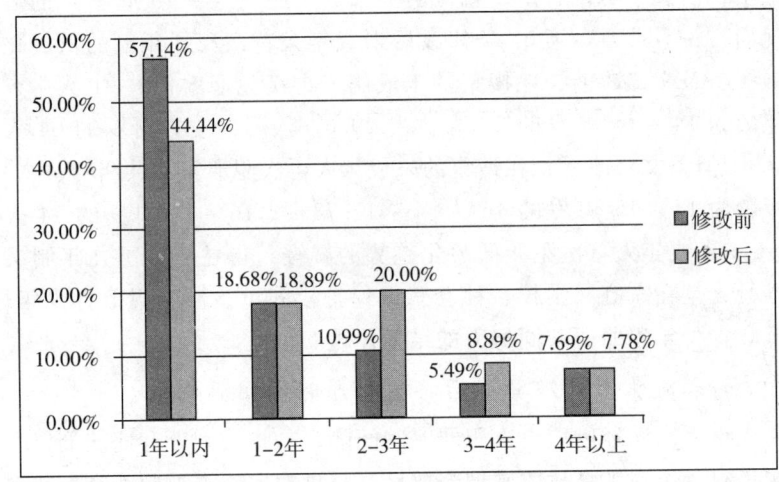

图3 《刑法》第65条修改前后未成年人刑满释放后再次犯罪时间间隔比例①

值得一提的是,无论是《刑法》第65条修改前或修改后,案件中许多未成年人刑满释放后再次犯罪的时间间隔极其短暂。6个月以内再次实施犯

---

① 《刑法》第65条修改前(后)未成年人刑满释放后再次犯罪时间间隔比例=(条文修改前(后)各时间间隔案件数/条文修改前(后)案件总数)×100%。

罪的，条文修改后共 11 件，占修改后总案件数的 12.22%。在第 65 条修改前更高达 20 件，占修改前总案件数的 21.98%。其中不乏刑满释放后 2 个月以内再次犯罪的案例，部分甚至刚刑满释放后一周内就再次实施犯罪。未成年犯再教育问题及矫正制度的有效性值得重视。

三、《刑法》第 65 条修改前后未成年人再次犯罪量刑特点

将累犯排除于未成年人犯罪的加重情节之外，必然对法院量刑裁判产生实质性的影响。《刑法》第 65 条修改前后法院的量刑情况存在下列差异：

（一）修正后的未成年人再犯量刑整体趋于轻缓化

总体而言，与《刑法》第 65 条修改前相比，修改后未成年人再次犯罪案件的刑罚种类具有多样性，量刑幅度有所减轻，总体呈现刑罚轻缓化的倾向。判处 10 年以上有期徒刑至死刑的案件，条文修改前共 23 件，其中判处无期徒刑的 6 件，死刑缓期执行的 5 件。条文修改后共 12 件，其中判处无期徒刑的 2 件，死刑缓期执行的 1 件。判处 5 年至 10 年有徒刑的，条文修改前共 11 件，条文修改后共 9 件。判处 3 年至 5 年（含 5 年）有期徒刑的，条文修改前共 12 件，条文修改后共 11 件。判处 3 年以下有期徒刑，条文修改前共 45 件，条文修改后共 53 件。判处拘役和缓刑的，条文修改前没有相关的案例，但条文修改后则分别有 4 件和 1 件。

表 5　《刑法》第 65 条修改前后未成年人再次犯罪生效判决案件数情况统计表

单位：件

刑罚\时间	10 年以上至死刑	5 年至 10 年有期徒刑	3 年至 5 年有期徒刑	3 年以下有期徒刑	拘役	缓刑
修改前	23	11	12	45	0	0
修改后	12	9	11	53	4	1

在个案中，若犯罪情节大致相同，如犯罪手段、犯罪所得或者在共同犯罪中所起的作用的差异不大时，在条文修改后最终判决作出的量刑比条文修改前的约低了 10%。例如，两起涉案数额特别巨大的盗窃罪，一起是在条文修改前判决的，判处有期徒刑 15 年，并处罚金 15 万元，量刑情节主要考虑了数额特别巨大、主犯和累犯；另一起是在条文修改后判决的，判处有期

徒刑 13 年 9 个月，并处罚金 1 万元，量刑情节主要考虑了数额特别巨大、主犯和具有违法犯罪前科，酌情从重。

（二）因未成年犯罪前科而从重处罚仍然客观存在

不予认定未成年人累犯，实质是对未成年人再次犯罪案件不再从重处罚。我国历来对未成年人犯罪秉持特殊保护态度，采取从宽政策。2014年实施的《最高人民法院关于常见犯罪的量刑指导意见》（下文简称为《量刑意见》）再次重申："对于未成年人犯罪，予以从宽处罚"。这体现了我国始终贯彻未成年人犯罪从宽处罚的刑事政策。《刑法》第65条修改后明确规定"未成年人不构成累犯"，即法院不能再把"累犯"作为未成年人再次犯罪案件的从重处罚情节。这一规定的立法原意在于量刑时弱化被告人的前科记录，不予考虑未成年人先前所犯之罪，以达到保护未成年人、帮助未成年人更好回归社会的目的。既然法律明确规定不再考虑未成年人先前犯罪作为从重处罚情节，按照"举重以明轻"的当然解释方法，犯罪前科更不应该在量刑过程中作为另行酌定从重的考量标准。然而，在司法实务中，"前科"仍然是法院对未成年人进行量刑时予以考虑的重要因素，许多法院在量刑时基于前科劣迹而对被告人酌情从重处罚，这实际上与现有的立法规定相悖。

第三节　《刑法》第65条之修改与未成年人犯罪的关系辨析

一、取消未成年人累犯对未成年人再犯未呈现负面影响

正如前述，未成年人身心发育均未完全成熟，易于接受教育改造。取消未成年人构成累犯的规定，是"重教育、轻刑罚"的刑事政策原则的具体体现，在减少刑罚惩罚作用的同时，必然需要提高对未成年人的教育改造，以实现刑法特殊预防的目的。此外，该立法的修改，能够有效避免已经犯罪的未成年人产生"破罐子破摔"的心理，认为自己在刑满释放后5年内再次犯罪已经构成累犯，必然受到法律的从重处罚，从而可能在本应构成轻罪

的行为过程中采用更暴力、恶劣的手段去侵害更大的法益而构成重罪，增大社会危害性。

经上述数据分析可知，随着社会的发展，虽然条文修改后未成年人再次犯罪的类型、方式更多样化，但是其法益侵害性明显下降。例如，未成年人再次犯罪所涉的主要犯罪类型的案件数量减少，社会危害程度变小。此外，与条文修改前相比，未成年人首次犯罪的年龄有所增加。年龄的增长有助于形成一定的道德和是非观念，更易于让行为人接受教育和改造。另外，未成年人再次犯罪时间间隔增大也反映出对未成年犯的矫正有一定效果。这些分析结果表明未成年人再犯率大幅度降低，主观恶性和人身危险性均逐渐减小，也印证了取消未成年累犯并没有助长未成年人犯罪的社会危害性，并没有助推未成年人犯罪的重复发生。

二、量刑轻缓化对未成年人及早回归社会有促进作用

排除累犯作为未成年人犯罪的法定从重情节后，未成年人再次犯罪案件的司法判决将趋于轻缓化。上述案例分析情况显明，未成年人再次犯罪的量刑幅度显著减轻。例如，条文修改前判处10年以上有期徒刑的占总案件数的25.27%，条文修改后仅占13.33%，下降了约12%。其中判处无期徒刑、死刑的案件，条文修改后不及条文修改前的三分之一。判处3年以下有期徒刑的案件，条文修改前占总案件数的49.45%，条文修改后为58.89%，同比上升了9.44%。另外，条文修改后刑罚种类更加多样，增加拘役、缓刑的判决。量刑轻缓化，缩短了未成年人关押在监狱的时间，帮助未成年人及早重新回归社会，学习生活技能。同时，这有助于避免因关押时间过长导致青少年犯出狱后难以适应社会的变化，无法独立维持生活而产生报复社会的想法，防范再次走上违法犯罪道路。

此外，《刑法》第65条取消未成年人累犯规定与第100条免除未成年人前科报告义务、《刑事诉讼法》第286条未成年人刑事记录封存制度相一致，"有利于弱化未成年人的犯罪标签心理，使他们从内心上真正改过自新，增加生活和工作的信心，有效避免再次走上犯罪的道路"。①《刑法》第65条的修改要求社会与司法增强对未成年犯矫正制度的研究与探索，"使未

---

① 宋英辉、何挺、王贞会等：《未成年人刑事司法改革研究》，北京大学出版社2013年版，第197页。

成年犯在不断受到教育改造的过程中,产生对往日行为的负罪感、对亲人的内疚感和对未来生活的向往,从而产生悔改的心理和行为"。① 构建健全的未成年犯矫正制度,能有效降低未成年人因其意志薄弱而受到外界干扰,再次或反复实施犯罪的风险。

第四节 《刑法》第65条修改后的问题呈现与对策化解

一、适用"前科劣迹"酌定从重与取消未成年人累犯的规定相悖

根据刑法的现有规定,在对再次犯罪的未成年人废除累犯这一法定从重情节之后,进行案件实证分析发现,某些案例对未成年人再次犯罪判处的刑罚的确低于条文修改前。但是,由于法官具有自由裁量权,加之由于前罪的客观存在,因而在司法实践中亦常常将"前科"作为酌定从重情节在量刑中予以考虑,并在许多案例中都有所运用。这样一来,虽然未成年人累犯作为法定情节已经被明确废除,但是,由于未成年人前科仍然是一客观存在,此时法官基于自己的自由裁量权仍然可以对未成年人酌定从重。很显然,如果过于强调未成年人前科的存在,那么,在法定的累犯情节消除之后,由于无形的酌定情节难以遮蔽,其对未成年再犯的量刑影响仍然客观存在,并且能够发挥相当程度的不利影响,甚至可以说这犹如一枚隐形的定时炸弹,随时可以对未成年人累犯制度的废除带来巨大的冲击。

实际上,条文修改的原意是要贯彻保护性刑事政策的基本要求,在"重教育、轻惩罚"的精神支撑下,更好体现对未成年人权益的积极保护。虽然再次犯罪的未成年人的主观恶性相对较大,比初次犯罪的未成年人更具有改造难度,但这不能成为法官随意滥用"前科劣迹"作为酌定从重量刑情节、作为加大对犯罪未成年人刑罚的理由。这一做法不仅违背了教育改造的精神实质,也违反了罪刑法定原则及罪责刑相适应原则。同时,《量刑意

---

① 吴宗宪:《未成年犯矫正研究》,北京师范大学出版社2012年版,第87页。

见》明确规定了:"对于有前科的,综合考虑前科的性质、时间间隔长短、次数、处罚轻重等情况,可以增加基准刑的 10% 以下。前科犯罪为过失犯罪和未成年人犯罪的除外。"基于此,法官应当改变随意运用"前科劣迹"作为酌定从重情节的原有做法,在定罪量刑中自觉遵循教育改造的理念,"以事实为依据、以法律为准绳",在法律原则及其内涵范围内行使裁量权,切实实现罪刑法定原则及罪责刑相适应原则的内在要求。

二、保留未成年人特殊累犯及毒品再犯与保护未成年人理念冲突

经修改的《刑法》第 65 条已明确排除未成年人构成普通累犯,但修改后的《刑法》第 66 条特殊累犯[①]及第 356 条毒品再犯[②]并未将不满 18 周岁的人排除在外。不管是普通累犯、特殊累犯,还是毒品再犯,其实性质是一样的,都是立法为加强社会控制与管理,而对重新故意犯罪的人予以从重惩治。未成年人作为特殊群体,易受他人诱惑、教唆,有参与涉黑性质的犯罪或毒品犯罪的可能,司法实务中亦不乏未成年人因涉黑犯罪和毒品犯罪被定罪判刑的案例。故按现行修正后的法条文理解释上来看,已满 14 周岁未满 16 周岁的人犯贩卖毒品的,之后再犯毒品犯罪的,应当构成再犯;已满 16 周岁未满 18 周岁的人因达到完全刑事责任年龄,具有完全刑事责任能力,更应当构成相应的特殊累犯及毒品再犯,即使行为人犯后罪时未满 18 周岁仍应从重处罚。如果把未成年人纳入特殊累犯和毒品再犯的范围内,还会受刑法"不得适用缓刑"和"不得适用假释"规定的制约。实际上,司法实务中认定未成年人构成毒品再犯的情况仍然客观存在。

从保护性刑事政策的视角出发,废除未成年人普通累犯的精神同样要适用于特殊累犯与毒品再犯,在内在根据上它们三者并不存在任何异样。认定未成年人构成毒品再犯的规定,颠倒了刑法总则指导和制约刑法分则的适用原则,与《刑法》第 17 条第 3 款未成年人犯罪从宽处罚及第 65 条不构成累犯的原则性规定,形成了体系上的不协调,并在逻辑层面产生矛盾。并且,

---

① 《刑法》第 66 条:危害国家安全犯罪、恐怖活动犯罪、黑社会性质的组织犯罪的犯罪分子,在刑罚执行完毕或者赦免以后,在任何时候再犯上述任一类罪的,都以累犯论处。

② 《刑法》第 356 条:因走私、贩卖、运输、制造、非法持有毒品被判过刑,又犯本节规定之罪的,从重处罚。

基于审理未成年人犯罪案件须贯彻教育改造理念所要求的"教育、感化、挽救"六字方针与"教育为主，惩罚为辅"的八字原则，对于未成年人在特殊累犯上未作明确规定的这一立法瑕疵，"应该结合对未成年人教育保护目的和对未成年人犯罪从宽处理的体系性思考，将未成年人排除在特殊累犯的适用范围之外。"① 因此，在教育改造理念的前后映照下，我们在未来的刑法修正中亟须对该规定予以修正，以明确规定未成年人不构成特殊累犯和毒品再犯。

三、现行未成年犯再犯预防矫治措施与恢复性司法理论要求背离

未成年犯正确认识过错并积极改过自新，是提高未成年犯矫正质量、预防其重新犯罪的基础。但是，从未成年犯的再犯率及再次犯罪时间间隔的调查情况看，现有的未成年犯矫治措施未能真正实现预防未成年犯再犯的功效。未成年人再次犯罪案件客观上仍然大量存在，并且部分未成年人犯罪时间间隔较短的问题更是不容忽视，6个月以内再犯率竟达10%－20%。实务中，一般已满14周岁未满18周岁的未成年人犯罪后，在侦查阶段和审查起诉阶段被关押在看守所，直至审判定罪后才移送至未成年人管教所。在看守所中，有些未成年人并非独立关押，他们与其他犯罪的成年人共同生活，这一交往过程容易使生理、心智均未成熟的未成年人受外界的干扰，造成与其他成年犯罪人的"交叉感染"。此外，目前我国的犯罪率较高，看守所里关押人员众多，管教人员缺乏，其中具有未成年人心理辅导资质的管教人员更是寥寥无几，难以对关押的未成年人进行良好的心理辅导和矫治。这直接影响了未成年犯的服刑状态及矫正质量，甚至对他们在服刑期间或刑满释放后埋下重新犯罪的隐患。

此外，根据教育改造的效果追求，刑事司法的主要任务是要恢复被犯罪损害的社会关系，通过矫治措施达到教育改造犯罪人的良好效果。但是，就实践情形来看，现行的未成年犯矫治措施不仅未能让未成年犯认识到犯罪行为对个人、被害人及社会造成的损害，产生愧疚感和内疚感，而且也未能有效预防刑满释放的未成年犯再次犯罪。如此一来，教育改造的功能未能得以

---

① 王栋：《未成年人不应构成特殊累犯》，载《检察日报》2011年7月27日，第3版。

有效展开，未能让未成年犯积极恢复对他人和社会造成的损害、修复被破坏的社会关系、实现对未成年犯教育改造的预期目标。因此，进一步改善未成年犯再犯预防和矫治措施，健全未成年人心理辅导和社会适应性帮扶，是遏制未成年犯罪的关键，也是下一步我们应当努力完善的工作。在此过程中，应当充分发挥刑罚的教育作用，通过家庭、社会以及司法人员的帮教来取代单纯的刑罚惩罚，以教育感化的手段实现刑法的特殊预防目的，更好遏制未成年人再次犯罪。

第五节　本章小结

　　基于更好保护未成年犯权益的刑事政策遵循，现行刑法取消了未成年人累犯的规定，使未成年人避免了累犯标签与法定从重处罚产生的不当后果。不难看出，刑法修正把未成年人排除在累犯之外，彰显了未成年人权益保障的立论基点。然而，立法修订是否得到了实践层面的积极回应、未成年人犯罪在累犯废除前后有何差异化显现，并不能单纯地通过理论揭示而得以说明，而需要我们透过实践适用和实证分析来对此予以直观检视，并从中发现司法适用背后潜在的问题，从而以教育改造的理念来寻求最终化解这些问题的应对之策。通过对刑法修正前后的部分现实案例的数据分析，揭示出未成年人再犯在司法适用中具有刑罚适用的一些显性化特点，反映了取消未成年累犯对其再犯并未呈现负面影响。我们应当在未成年累犯废除的整体精神原则之下，遵照教育改造的基本理念，认真对待该修正在司法适用中存在的不协调之处，把未成年人权益保障的宗旨推行到底，在"重教育、轻惩罚"的理念引导下，协调报应与功利的关系，实现保护未成年人权益精神前后一致的协调统一。

第五章
未成年人教育改造的困惑及其解忧

第一节 未成年人教育改造原则的理论基础

一、刑罚人道主义的价值张扬

人道化源于人本主义的倡导，这一自然法的个人本位价值在十八世纪西方各国的法律实践中得以体认。[①] 受人本观念地驱动，时至今日，刑罚对未成年人特殊主体的人道性保护在全世界普及开来，并迅速在整个刑事程序中予以扩散。对未成年人犯罪在刑事活动中进行教育改造使行为人认识自己的错误和社会危害性，是提升刑罚自身品格和注重行为人主体意识的现实需要。从"刑罚惩罚的是行为而非行为人"到"刑罚惩罚的是行为人而非行为"，从"行为刑法"到"行为人刑法"，从结果无价值到行为无价值，行为人进入了刑事法的视野之中，犯罪学家、犯罪心理学家、刑法学家，刑罚学家、社会学家等都无法无视未成年人在刑法归责和犯罪预防层面的意义。而且，教育改造暗含了一个理论事实，即教育改造者与被教育改造者处于一个相对对等的主体地位，因为教育改造的过程是行为人心理和智识自我内化

[①] 徐岱：《中国刑法近代化论纲》，人民法院出版社2003年版，第31页。

的过程，需要消除外在干扰因素（如非人道的种种身体强制）所带来的自觉排斥和对抗性抵御，并且需要在教育改造中把刑罚的非理性因素尽可能地降低，从而在教育改造者与被教育改造者之间建立起积极性的和经常性的沟通桥梁。

二、刑罚轻缓化的价值引导

刑罚的轻缓化可以从两个方面来进行理解，它包括历史层面和个人价值层面。历史层面的轻缓是以刑罚自身演进为视角的，如从生命刑到身体刑，从身体刑到自由刑，从自由刑到资格刑或者罚金刑，这一刑罚进化的历史是一种清晰的从重到轻，从残酷到文明的过程。可是，这一过程代表的是刑罚在社会演进过程中的客观变动轨迹，并不涉及具体未成年人的利益。如在适用刑罚时，对此未成年人适用自由刑是轻缓的（应适用身体刑而适用自由刑），而对彼未成年人却并不如此（应适用非监禁刑却适用了短期自由刑）。由于历史层面的轻缓化只是宏观特征的揭示，就此而论，我们很难得出结论认为，这样的刑罚对未成年人就一定是轻缓的。

因此，在个人价值层面，对未成年人的刑罚轻缓必须要与其个人实在的利益相关，即未成年人的刑罚与成年人的刑罚在相同或相似的主客观条件下，无论是定罪、量刑还是行刑，都应当处于一种相对轻缓的状态。对未成年人行刑过程中的教育改造正是这一价值要求的集中体现。价值层面的刑罚轻缓与其谦抑性是相吻合的，既然对未成年人要强调特殊保护的一贯原则，就必然要求在罪质和刑罚量上予以区别对待。随着社会多元价值地演进，刑罚轻缓化有了在个体层面予以实现的良好基础，并且对未成年人的教育改造起着越来越大的作用。

三、刑法刑事政策化的促动

我国学者认为，刑法的刑事政策化在实践层面意味着，不仅刑法的制定受刑事政策的指导，而且刑法的运用在强调罪刑法定的同时，也受刑事政策的导向和调节；在学术层面则意味着刑事法学科在阐释犯罪和刑罚实然状态的基础上进一步研究其所以然和所应然。[①] 刑法刑事政策化的核心在于，刑

---

① 杨春洗：《刑事政策论》，北京大学出版社1994年版，第13页。

法要自觉地接受刑事政策的指导，无论是刑法的制定还是刑法的运行都要纳入刑事政策的框架，在刑事政策的大视野中予以把握。①

具体到未成年人，"教育为主，惩罚为辅""重防轻打""感化、教育、挽救"等都是未成年人刑事政策的具体内容。如果要真正贯彻这些刑事政策对未成年人刑罚执行活动的导向和调节功能，就必须注重对未成年人行刑活动的人道化，注重未成年人犯罪原因的多样化，从原因到预防的整体性思路来探讨未成年人犯罪防治的有效路径，并在保护性刑事政策地牵引下进行未成年人犯罪的教育改造活动，回归刑事政策下的刑罚理性，把刑法适用与刑事政策进行紧密结合。

四、刑罚目的价值的适时跟进

刑罚目的是整个刑罚理论的基石，从以威吓为中心的一般预防理论到绝对报应刑论，然后渐进到防卫社会和教育改善犯罪人的一般预防和特殊预防论（目的刑论），最后到相对报应刑的并合主义的产生，在多元价值的相互促动下，刑罚目的与整个社会的变动和观念的更新趋于一致。相对报应刑认为刑罚的正当化根据是正义与合目的性，"因为有犯罪，并为了没有犯罪而科处犯罪。"② 在整个刑罚目的层次上，不可能放弃报应而单纯进行预防，因而刑罚适用的目的仍然是"报应第一，预防第二"。③ 但是，不得不承认的是，这一结论仍然主要是针对成年犯罪人而言的，而且要指出的是，如果站在存在论刑罚目的的立场上，这一结论对未成年人仍然是成立的，因为对未成年人进行教育改造的前提是必须有犯罪行为，因而对其报应是首要的正当化要求（报应第一）。然而，对未成年人的教育改造并不限于此。否则，常态下的学校、家庭教育可能发挥的效果更好，而实际情形却是这些常态教育往往无法规制和导向行为人的合社会化行为，进而导致其走向了犯罪之路。因而，就价值论刑罚目的而言，预防论是其理论归依所在。

未成年人较之成年人的特殊性，一方面在于其生理、心理的不成熟性，对社会和自我认识具有较大的片面性、武断性、情绪性等，遇有外界因素的影响易做出非理智的行为；另一方面在于未成年人的可塑性强，就整个人生

---

① 张永红：《刑法的刑事政策化论纲》，载《法律科学》2004年第6期。
② 张明楷：《外国刑法纲要》，清华大学出版社2002年版，第16页。
③ 李永升、陈伟：《在法治视野下我国刑罚目的的理性选择》，载《刑事法学》2006年第6期。

历程来说，还处于起始阶段，人生观和世界观的可变性大，通过正确的引导，能够更好地实现自我价值和社会价值。所以，在预防论的功利价值衡量上，未成年人比成年人有更充足的理由，刑罚目的对未成年人的适时跟进（预防为主）才显得更为理性，而未成年人的教育改造正是这一刑罚目的的具体显现。

第二节　未成年人教育改造多元困惑澄清

一、教育刑不是未成年人教育改造的实质根基所在

在对未成年人采取的有别于成年人的一系列刑事措施上，许多学者自然或不自然地认为理论根据直接来源于教育刑在刑罚实践上的现实影响，把对未成年人"教育为主，惩罚为辅"的原则天然地等同于教育刑的现实展开。教育刑的概念是由李斯特首先提出来的，彻底的教育刑论者强调教育刑的三个内容要素：把教育视为刑罚的本质，把教育视为刑罚的目的，让教育贯穿于行刑过程的始终。[①]

笔者认为，对未成年人的"教育为主，惩罚为辅"原则与教育刑的理论根据并不等同，主要理由如下：其一，以主辅序次把教育与惩罚单独分列，这与教育刑要求的教育与刑罚需要浑然一体有别，因为教育刑强调教育的强势地位，对惩罚并未留下任何发挥的空间。而且，这种主辅序次的划分从侧面说明的正是教育刑本身内在教育的有限意义，而非全部。其二，就未成年人的特殊性而言，教育刑的外延缺乏周延性，也不符合教育刑三要素的旨意。从目前实践层面来看，教育刑的触及面并不以未成年人为己足，而是要波及行刑实践的全体，因此以未成年为自己的防护盾牌暴露的反而是自己更多的软肋。其三，对未成年人的"教育为主，惩罚为辅"原则，虽然在程度上主次有别，但是在作用方式上是由惩罚外在的行为而及行为人的思想——由外而内，与之相反，教育刑由思想（改造）而及行为人的外在行

[①] 李伟民：《法学辞源》，黑龙江人民出版社2002年版，第2932页；陶髦：《法律辞海》，吉林人民出版社1998年版，第1514页；薛波：《汉英法律词典》，北京外文出版社1995年版，第395页。

为——由内而外,因而二者在作用力的方向上有根本性的差异。

尽管在 1979 年 8 月 17 日,中共中央在转发中宣部等八个单位《关于提请全党重视解决青少年违法犯罪问题的报告》中第一次明确指出:"对于违法犯罪的青少年,应着眼于教育、挽救和改造。"并且此后在多次全国劳改工作会议上重申对违法犯罪的青少年改造符合教育、感化、挽救的指导思想和要求,但是在多数情况下这些都是专门针对违法的青少年而言的,而对犯罪的青少年,仍然需要在刑罚的框架下加以现实的操作。既然已经上升到犯罪的程度,就不能单就教育而教育,强调刑罚的惩罚性一方面体现的是违法与犯罪在调整手段与程度上的差异,另一方面注重的是通过对青少年具体和特殊的行刑方式来达到教育的效果。

由此,可以说,"教育为主,惩罚为辅"等教育改造原则很大程度上是以不足量的惩罚达到教育未成年人的最大效果,教育的手段性意义并不显然。对未成年人的任何保护性处罚措施,都是源于未成人年较之于成年人的特殊性,正是这一特殊性使得刑罚在刑事程序中刻意加以收敛,从而也使得常态下的刑罚惩罚功能有所减损(从我国的《刑法》《刑事诉讼法》《预防未成年人犯罪法》《未成年人保护法》和大量有关未成年人的司法解释之中,都可以清楚地看到这一点)。这就进而可以得出一个结论:对未成年人的保护性措施,不是教育刑的作用使然,更非教育刑的现实佐证。

二、未成年人教育改造与刑罚矫治的追求难以一致

未成年人人生阅历浅薄,生理发育期间需求旺盛,渴望自立、自尊、自强。他们希望其他人能够对自己有所重视,不愿意受外界的管束与限制,在日常生活中希望逃脱父母和老师的监管而过一种自由自在的生活,希望自己的所作所为能够引起同龄人或其他人的关注。当未成年犯从行刑场所中出来,并重新进入现实生活中时,世俗的眼光使他们难以顺利地融入正常人际交往之中,违法犯罪的不光彩"标签"将紧紧伴随他们,一种无法摆脱的阴影时刻笼罩在未成年人的心头。正是在这种标签地笼罩下,未成年人的正当需要得不到很好的满足,主动参与意识时时受到限制,无法融入现实的社会关系网络之中。在这种阴影下,当未成年人在学习、工作、生活等方面受到挫折时,他们难以克服的内在冲动或愤世嫉俗的怨恨,往往就会外化为危害行为,从而抵消了先前教育改造所取得的成效。

三、未成年人教育改造实践与刑罚目的层次性冲突

在整个刑罚目的体系上,存在一个等级序列,如果承认存在论的刑罚目的优于价值论的刑罚目的,那么报应论的刑罚目的在级效上显然要优于预防论的刑罚目的。而且,在预防论的内部,既然都是以功利价值为基础,那么从价值量上予以衡量,预防大多数人的犯罪比预防具体犯罪人的犯罪更符合功利的内在要求,一般预防优于特殊预防是价值权衡的结果。因此,报应——一般预防——特殊预防的位阶是刑罚目的的内在层次性的表现。显然,未成年人的教育改造原则是注重特殊预防刑罚目的的结果,它越过了报应和一般预防对特殊预防的限制,因而,在此情形下的目的追求可能既有失刑罚的公正,也不符合功利的一般性要求。

从英国《犯罪与扰乱秩序法》的规定来看,虽然对于未成年人犯罪的重点是预防,并且淡化罪与非罪的界限,但是对未成年人犯罪仍然强调处罚的重要意义。① 罪与刑只要在一定的社会中还存在着,二者就必须相互对应。对未成年人的保护不能以单纯的思想改造与口头承诺等形式完全取代刑罚的固有惩罚性内容,未成年人犯罪的"教育为主"偏重的重心在于保护和预防,但是在做到"教育为主"的同时也不能忽视了"惩罚为辅",二者的关系是相辅相成的。并且,这种主辅序列也并不是绝对的,因为"教育为主,惩罚为辅"的前提是对未成年人能够教育,即通过教育可以使未成年人知罪悔过、去恶从善,不致再犯。要指出的是,我们强调报应在刑罚中的意义,并不是赋予报应的原始等量报复和苛重刑罚等方面的内容,报应的内容是随着社会观念的变迁而不断与时俱进的,对未成年人的报应在量上要与基本的社会观念与民众的容忍度相一致,要与未成年人的自身特点相适应。

第三节 未成年人教育改造原则的解读与构想

虽然未成年人教育改造在实践与理论层面存在多元困惑,但是这些困惑

---

① 李玫瑾:《犯罪预防的新思路与实践》,载《中国人民公安大学学报》2001年第4期。

并不是我们对未成年人教育改造断然否定的理由所在。针对这一特殊的主体类群,正确的态度应该是,从理论上积极探求未成年人教育改造新的精神内涵,并且伴随着社会发展对这一新内涵予以阐释和解读,在完善现有未成年人教育改造思路的基础上,对其进行行之有效的拓展与完善。

一、注重未成年人特殊预防并兼顾报应

在笔者所言的刑罚目的层次性上,对未成年人的教育改造忽视了报应与一般预防的需要,从而在刑罚理论上难以自洽。未成年人罪犯是刑事法律的触犯者,在罪刑关系的对应上,罪的外在特征是"应受刑事处罚性",有罪应有刑,而所谓的"刑"显然指的是有别于民事和行政的刑罚惩罚,即以刑罚处罚方法与非刑罚处罚方法来对应行为人的犯罪行为。如果否定刑罚实质,对未成年人的教育改造就没有必要纳入刑事执行活动中来,既然学校教育、家庭教育和社会教育等都可以达到更为理想的教育效果,有着"谦抑性"品格的刑法(罚)就应该退而让贤。然而从现实层面来讲,未成年人犯罪的产生往往也是因为前者无能为力的结果,因而放弃刑罚就会进一步纵容此类行为,并且犯罪后不处罚显然又违背了社会的最一般正义要求。因此,未成年人犯罪后的教育改造不等于常态化的教育,在未成年人执行教育改造过程中应当加入刑罚的因素,如一定期限的剥夺与限制自由、一定强度的劳动、附条件的减刑与假释等。只有这样,刑罚在兼顾报应与预防目的的同时,对未成年人的教育改造在理论上才能够获得自洽,也只有在实现了报应所要求的公正之后,一般预防和特殊预防的效果才能达到最佳状态。

二、探求出罪机制并着力实行非犯罪化

2005年12月12日,最高人民法院颁布的《关于审理未成年人刑事案件具体应用法律若干问题的解释》第11条明确规定:"对未成年人犯罪事实适用刑罚,应当充分考虑是否有利于未成年人罪犯的教育和矫正。"其实,充分的教育和矫正本不是刑罚可以完全企及的,与其对未成年人犯罪在量刑、行刑过程中突破罪刑法定主义的界限,还不如在定罪活动中进行出罪机制探求,对相对轻微的未成年人罪刑行为实行非犯罪化处理。如未成年人初犯、偶犯、过失犯、激情犯、未遂犯、中止犯以及无被害人的犯罪等,在定罪活动中可以作为出罪因素,结合案情相关事实,适用《刑法》第13条

但书的规定,根据"情节显著轻微危害不大的"进行非犯罪化处理。① 笔者认为,这一"情节"除了有对未成年人主体的特殊考虑,同样包含对未成年人主观恶性的评价内容,因此即使客观上造成了较严重的危害后果,如果未成年人主观恶性较小,有明显的悔罪心理或者得到了被害人谅解,以及可以明确推定行为人欠缺刑罚处罚必要性的,应该予以非犯罪化处理。对未成年人重新犯罪的,应当进行犯罪原因的查探,了解行为人的人格状况,评价行为人的人身危险性,有区别地予以出罪和入罪。只要我们在进入刑事责任的界限上对未成年人刑事可罚性的行为予以限制,实行入罪的严格审查与实质限定,就可以使相当一批处于"临界点"的未成年行为人从犯罪圈中脱离出来,通过非刑罚的措施对未成年人进行教育改造。

当然,在宣判未成年人无罪后,合议庭要组织到庭的诉讼参与人、未成年人的法定代理人、近亲属、可信赖的师长和朋友等对其进行相关的教育,让未成年人知道自己危害行为产生的根源所在、危害行为的性质、法律的相关规定以及下次在类似情形下可能面临的责任后果等。这一教育的具体举措与2001年4月12日施行的《最高人民法院关于审理未成年人刑事案件的若干规定》第33条的规定有"异趣同工"之处。② 通过教育内容的有效展开,可以让未成年人通过现场参与感而真正有所触动,真切认识到行为性质及其给他人带来的伤害,避免类似行为的再发生。

三、注重刑罚教育改造及非监禁刑的适用

监禁刑存在弊端已经逐渐成为人们的共识,如造成监禁场所拥挤、监禁管理混乱、行刑成本高涨、行刑人之间交叉感染等。对未成年人主体而言,监禁的最大弊端还在于不利于犯罪人的再社会化,使未成年人随着时空条件

---

① 我国1995年5月2日颁布的《最高人民法院关于办理未成年人刑事案件适用法律的若干问题的解释》第2条的规定,被2006年1月23日施行的《最高人民法院关于审理未成年人刑事案件具体应用法律若干问题的解释》第5-10条予以细化。从2006年的司法解释来看,第6条、第7条、第9条已经明确使用"不认为是犯罪"的表述,与1995年司法解释第2条规定的"可以免除处罚或者不认为是犯罪"比较来看,非犯罪化的倾向更加明显。

② 该解释的内容为:"人民法院判决未成年被告人有罪的,宣判后,由合议庭组织到庭的诉讼参与人对未成年被告人进行教育。如果未成年被告人的法定代理人以外的其他成年近亲属或者教师、公诉人等参加有利于教育、感化未成年被告人的,合议庭可以邀请其参加宣判后的教育。对未成年被告人的教育可以围绕下列内容进行:(一)犯罪行为对社会的危害和应当受刑罚处罚的必要性;(二)导致犯罪行为发生的主观、客观原因及应当吸取的教训;(三)正确对待人民法院的裁判。"

的转换难以适应社会生活。美国芝加哥大学莫里斯教授认为,自由刑是人类社会对罪犯的一种驱逐,它将罪犯驱逐于比普通社会条件更为糟糕的地方,而罪犯则必须由这种更为糟糕的地方重新回到社会上来,因而可以说是一种奇怪而无益的驱逐。①

笔者认为,如果对未成年人不能进行出罪,非监禁刑是可以考虑的替代措施。在我国现行刑罚执行的框架下,2019 年颁布的《中华人民共和国社区矫正法》第 2 条第 1 款规定,"对被判处管制、宣告缓刑、假释和暂予监外执行的罪犯,依法实行社区矫正。"2004 年第 17 届国际刑法学大会达成了《国内法和国际法下的未成年人刑事责任决议》,该决议明确指出,对不满 16 周岁的未成年人应尽可能不实行羁押,徒刑作为一种例外的制裁措施,只能对严重的罪行宣判。既然未成年人必然要通过执行刑罚之后重返社会(不可能适用生命刑),那么围绕教育改造原则实施非监禁刑,把犯罪对未成年人以后漫漫人生旅途的负面影响降低到最小,这一剂良方将使得未成年人消除内心的恐惧和心理阴影,免去不良少年的"标签",从歧途中逐渐步入正常的生活轨道中来。同时,对未成年人非监禁刑的真正贯彻,可以使行为人不中断自己正常的学业和家庭生活,在社会宽容的背景下更好地端正自己的人生态度,避免行为人从监禁环境重新回到社会时产生心理落差,滋生不良情绪。

另外,非监禁刑并不意味着对未成年人犯放任自流、不加约束,在非监禁刑执行过程中,对未成年犯进行矫正的执法主体需要采取有效措施,采取各种不同的分流转处措施,以便能够把非监禁措施与监禁措施结合起来,共同形成一个正式刑罚制度和非正式处遇有机并行的体系。② 因此,非监禁刑是有条件限制的刑罚执行,并不是对未成年人的绝对宽纵,在未成年人违反了相应条件的时候,现有的非监禁刑应当即时易科监禁刑,以加强非监禁刑的执行效果。

四、注重社会帮教感化并落实社区矫正措施

由未成年人犯罪原因多样化与社会治安综合治理的要求所决定,在对未成年人教育改造过程中,社会将肩负相当程度的责任。在帮教与被帮教之间

---

① 杨殿升:《监狱法学》,北京大学出版社 2000 年版,第 117-118 页。
② 林维:《未成年人刑事责任年龄及其制裁的新理念》,载《中国青年政治学院学报》2005 年第 2 期。

要架起一座信任、关怀、友爱的感情桥梁，通过这种桥梁，失足者才能敞开心扉，引发感情上的共鸣，才能真心接受帮教，不产生逆反心理。① 可以说，日本的少年辅导中心和青少年更生保护会，美国形式多样的寄宿设施，都是利用社会帮教来教育改造少年犯的典型表现。

2019年12月28日，《中华人民共和国社区矫正法》经第十三届全国人民代表大会常务委员会第十五次会议表决通过，并于2020年7月1日起施行。这标志着社区矫正在我国规范化的路径已经初步形成。值得注意的是，其第七章"未成年人社区矫正特别规定"，明确提出了构建未成年人社区矫正的创新思路、主要任务和工作方法。但是，正如学者指出的，"在如何有针对性地对未成年犯罪人这一特殊群体适用社区矫正的行刑方式问题，执行机关的认识还比较模糊，采用的一些做法还不定型。"② 从其他国家的做法来看，许多国家有专门适用于未成年人的社区矫正制度和模式，存在专门的管理机构和不同于成年人的专业化管理人员。在美国其矫正项目主要有：发展与未成年人个人关系的缓刑，对犯罪青少年的释放，对犯罪青少年的居中制裁（包括赔偿和社会服务、家中监禁和电子监控、转换项目等）。③ 新西兰的家族议会制度（family group conference），南非的野外探险项目、培养孩子企业家精神、回归司法项目等。④

新颁布的《中华人民共和国社区矫正法》为未成年人社区矫正工作提供了规范运行的方向，我们需要在此基础上为未成年人社区矫正工作的具体实施夯实路径。笔者建议，我国现有的社区矫正应该从宏观架构与微观操作两个方面来进行：一方面要构建"一体化的矫正格局"，要从监狱、社区行刑、违法行为处遇等一体化的矫正思路出发，逐渐扩大我国现有社区矫正的适用范围，使违法犯罪行为人能够在开放或半开放的社区环境中得以矫正，重归社会；另一方面，针对未成年人的自身特点，从矫正机构、主体配置、矫正内容、矫正量表等方面予以细化，专门设计一套适合我国未成年人的社区矫正实施规则，从当前较为零散和混乱的运作模式向专业化、法治化、现代化方向进行有序过渡。

---

① 叶志标、康惠农：《社会帮教学》，陕西人民教育出版社1991年版，第132页。
② 康均心、李娜：《我国未成年人犯罪刑罚执行制度研究》，载《现代法学》2005年第6期。
③ 刘乐：《美国对犯罪青少年的社区矫正项目》，载《北京大学学报》2003年第1期。
④ 席小华：《国外社区预防和矫正少年犯罪的实践与启迪》，载《中国青年研究》2004年第11期。

第四节　本章小结

　　对未成年犯罪人的教育改造作为一项适用原则而长期占据主流价值之中，较少受到深入性的反思与诘问。但是，该教育改造的理论基础如何、面临哪些理论困惑、如何具体性的建构等问题，仍然未能真正的深入反思，也未能得到妥当性的解决。基于此，我们需要重新审视未成年犯罪人的教育改造原则，并在理性反思的基础上进行辩证认识，释清教育改造原则所面临的多元困惑，并在理论上提供可行性的完善方案。

　　未成年犯罪人的教育改造原则既不能彻底抛弃，也不能悬在虚幻的理论畅谈之中。未成年人作为特殊的主体类群，需要从行为人角度予以区别对待，其特殊性决定了对未成年人教育改造是刑罚适用的中心原则。该原则的产生有自己的多元理论基础，但是面对现实的社会背景和理论困惑，这一教育改造原则又需要进行相应的充实与改造。在承认这一原则的基本前提之下，从刑罚目的辩证性认识的角度出发，以非犯罪化——非监禁刑——社区矫正等方面进行层次性推进，细化与填充未成年人犯罪教育改造的具体内容，并对未成年犯罪人的教育改造原则进行细致解读与重构，这是我们坚守并践行这一原则的应有选择。

第六章
从宏观视野到微观构建的未成年人社区矫正

要真正对我国的未成年人违法犯罪有所预防或减少，就应该从刑事政策的视角对未成年人违法犯罪予以审视，从刑事政策的视角对未成年人社区矫正（minor community correction）进行深入探讨。刑法是受整个刑事政策指导的部门法学，刑法之下的刑罚理论与实践适用也必然要受刑事政策内容的影响和制约。社区矫正作为借鉴外国刑罚实践而移植过来的非监禁刑罚活动，未成年人作为特殊的矫正主体类群，以及法治中国创建的现实环境与宽严相济刑事政策的贯彻适用，这些都决定了我们必然应该透过刑事政策的视野反思未成年人刑事法学，并在未成年人具体刑事政策的指导下完善我国当前的未成年人社区矫正工作。

第一节 刑事政策视野下未成年人社区矫正的理论基础

对未成年人的"教育、感化、挽救""教育为主，惩罚为辅""重防轻打"等的刑事政策，在犯罪的预防—刑罚的处遇—回归社会方面，以"全体刑法学"的思路对违法犯罪的未成年人进行预防和矫治打开一条顺畅的通途，也给未成年人社区矫正提供了有力的政策性支持。从刑事政策的视野来研究和探讨未成年人社区矫正，其理论根据主要有：

一、刑法的刑事政策化为未成年人社区矫正指明了方向

从十九世纪后半期以来，刑法的刑事政策化已经成为各国、各地区刑法发展的历史潮流。我国台湾学者认为，刑法的刑事政策化包含三层意义：其一，刑事政策的观念是刑法的基础；其二，刑法之制定与运用，罪刑之确定与执行，都应以刑事政策的观点为出发点和归宿；其三，应从刑事政策的观点来解释和批判刑法法条、讨论犯罪现象、拟订防止犯罪的对策，以供立法和司法的参考。① 我国内地也有学者认为，刑法的刑事政策化，在实践层面意味着不仅刑法的制定受刑事政策的指导，而且刑法的运用在强调罪刑法定的同时，也受刑事政策的导向和调节。② 另有学者从实然与应然两个层面对刑法的刑事政策予以界定，认为实然层面的刑法刑事政策化是指刑法在制定和运行过程中受到刑事政策的影响与制约，不断吸纳刑事政策的精神，从刑事立法、司法、执行诸方面所发生的变化；应然层面的刑法刑事政策化是指刑法应当作为一个子系统纳入刑事政策的大系统中，用刑事政策的理念指导刑事立法和刑法运行，在刑法子系统与刑事政策大系统的协调统一中实现刑法惩罚和预防犯罪的功能。③

在刑法刑事政策化的今天，刑法的制定与实施要以刑事政策为指导，社区矫正作为刑罚活动的重要组成部分，也必然要遵循刑事政策的指导和调节。社区矫正是相对于监禁矫正而言的一种刑罚执行方法，将符合社区矫正条件的罪犯置于社区内，由专门的国家机关在相关社会团体和民间组织以及社会志愿者的协助下，在判决、裁定或决定确定的期限内，矫正其犯罪心理和行为恶习，并促使其顺利回归社会的非监禁刑罚活动。④ 由于社区矫正自身的特殊性，刑事政策避免了现实立法和司法裁量上的间接效力所带来的系列不便，从而通过刑事政策的具体内容在实践中的现实展开而对矫正对象直接发挥作用。因此，可以说，刑事政策与社区矫正天然的亲和性，是刑事政

---

① 林纪东：《刑事政策学》，正中书局1969年版，自序。
② 杨春洗：《刑事政策论》，北京大学出版社1994年版，第13页。
③ 张永红：《刑法的刑事政策化论纲》，载《法律科学》2004年第6期。
④ 孙平：《社区矫正的法律人类学比较》，载《比较法研究》2006年第1期。

策对其进行具体指导的理论基础所在，也为未成年人社区矫正指明了方向。

二、未成年人犯罪原因的多样性需要针对性的矫正措施

如果以古典学派的自由意志为基础，犯罪行为就是理性人通过意志抉择加以自由选择的过程。因而要减少犯罪行为的发生，基于罪刑关系的认识，只要在外在的刑罚量上予以增加就可以了，但是刑事实证学派否定了绝对意志自由的存在。菲利认为，"当用现代实证研究方法武装起来的近代心理学否认了自由意志的存在，并证明人的任何行为均系人格与人所处的环境相互作用的结果时，你还怎么相信自由意志的存在呢？"① 基于这一认识，新派学者得出了犯罪原因多元化的结论，认为犯罪是由个人、自然与社会等多种因素所共同决定的。②

未成年人犯罪作为犯罪之一部分，其原因同样具有多样性。要真正对未成年人犯罪的减少产生实际的功效，必不可少的应该从"源头"入手，进行釜底抽薪式地治理。未成年人虽然不具有社会角色和社会活动的能力，但是未成年人同样要受家庭、学校和社会外在因素的干扰，并在个人人格的形成过程遭受影响，在日常行为方式的选择上自觉或非自觉地受其左右。在日益开放的经济发展与社会环境下，整个社会关系的网络也是呈开放性的，未成年人是整个网络中的节点，他们必然要受到多种因素或多种犯罪诱因地驱使。显然，依靠单纯的"堵"而不是"疏"的治理方式，远不是解决问题的有效办法，何况未成年人的可塑性和自律性特点也决定了，我们应当通过引导而不是极端的非理性方式解决问题。社区矫正表面上是促使未成年人改恶迁善、回归社会，实质上是从行为人生理和心理方面进行再社会化和人格化的重塑，是对犯罪原因的生成机理进行的再梳理，并在原因查探清楚的前提下，通过非监禁的宽松环境培养未成年人健全的人格，从而使之走上正确的人生轨道。

---

① ［意］恩里科·菲利：《实证派犯罪学》，郭建安译，中国人民公安大学出版社2004年版，第131-132页。

② 无论是菲利的犯罪原因三元论，还是李斯特的犯罪原因二元论，其实质都是要关注行为人的心理因素和社会因素，并把这二者结合起来，通过个人与社会的交互作用与渗合性来全面考虑犯罪的起因，并在原因查探清楚的基础上对症下药，为刑罚理论与实现找到一个突破口，从根本上来预防或减少犯罪的发生。

三、未成年人的特殊性决定了应当采用差异化矫正方案

未成年人的特殊性是较之于成年人而言的,这种特殊性主要表现于生理和心理层面,并且这二者是相互影响的。未成年人身心未成熟,发育状况未达到稳定状态,对自我和社会的认识具有片面性、不稳定性,行为具有轻率性、冲动性,因而易受外界影响。认识因素和意志因素的缺陷使得他们对犯罪行为并非处于一种自觉自为的控制状态,因此获得了在刑事政策层面予以特殊保护的现实理由。

社区矫正是一条适合未成年人自身特点的刑罚处遇措施。正是立足于未成年人可改造性较强的现实特点,使未成年人可以在开放性或半开放性的社会关系网络之中继续学习和生活,更好认识自己行为的错误,通过刑罚的谦抑精神个别化地处遇未成年人,使未成年人避免被放逐于比普通社会条件更为恶劣的监禁环境之后再返回主流社会时所面临的艰难窘境。对未成年人在刑事程序与实体处分中的格外关照,实质上暗含了这样一个理论前提:未成年人的违法犯罪行为是可以矫正的,也是值得矫正的——相对未成年人整个漫漫人生旅途来说,矫正之后回归社会是符合功利主义原理的基本内涵的。①

四、刑罚宽缓潮流为未成年人社区矫正提供了逻辑前提

刑罚作为一种社会治理方式,与一个社会的价值理念具有密切关系。是以国家为出发点,还是以保护国民利益为出发点,有学者提出了国权主义刑法与民权主义刑法的划分。② 由此认为,在一元社会向政治国家与市民社会

---

① 这也正是我们大量的有关未成年人刑事法律和解释性文件加以有意保护的根本性原因所在,如从我国的《监狱法》《刑法》《刑事诉讼法》《未成年人保护法》《预防未成年人犯罪法》,以及"两高"不断做出的有关未成年人的大量司法解释的内容都可以反映出来。未成年人需要保护、值得保护,这基本上已成了一个常识性的为大家所公认的价值立场,但是关键的问题仍然在于对未成年人如何保护?保护与惩罚之间的矛盾如何协调呢?是承认惩罚前提下的保护,并由此在惩罚的框架内加以未成年人个别化原则,还是改变传统刑法的惩罚性本质并重构刑罚对未成年人的内容而寻求惩罚之外的保护?

② 李海东:《刑法原理入门(犯罪论基础)》,法律出版社1998年版,第4页。

二元分立的社会转型之中，应该从政治刑法向市民刑法过渡。① 必须承认，刑罚是一个开放性的、动态的发展历程，在刑罚的发展过程中，其内容是与时代背景与主流价值的要求相一致的，而在现今社会发展到多元文化聚合、价值追求多元、个人意识提升的当下，刑罚必不可少地需要重新反省自己的处境与去向。关注个人，容忍不同的价值选择，在社会转型中彰显人权价值，这是时代的应有选择。从刑罚自身来说，刑罚目的理念进化，报应色彩减少，教育成分增多，犯罪原因认识深化，刑罚在国家管理系统中作用结构的变化，注定刑罚轻缓化是一条不可抗拒的时代潮流。②

在刑罚轻缓化潮流的推动下，非犯罪化获得了理论上的自足性，如何在犯罪化与非犯罪化的考量中慎重抉择，是当下刑事立法与刑事司法共同关注的事情。非犯罪化是刑罚轻缓化的最集中表现，是刑罚谦抑性的反映；非刑罚化是对宣判有罪的人置于监视条件下进行改造的方法，其实质是非监禁刑。从根本上说，只有非犯罪化得以价值认同，非刑罚化才能得以在实践中更多的体现；只有认识到监禁刑的现实弊端，非监禁刑才能获得自己的生存空间。只有非监禁刑不断取得良好的社会效果，才能为社区矫正的现实运行提供充分的现实前提。

未成年人犯罪主体本身是法定从宽的对象，也是刑罚轻缓化重点关注与适用的群体。刑法总则规定对未成年犯罪人应当从轻或者减轻处罚，本身也是对这一主体保护性刑事政策的直接反馈。监禁刑带来的诸多现实弊端，羁押所致的社会隔绝与最终回归现实社会的矛盾无法得到较好的解决，使得非监禁刑在刑罚现代化发展过程中拥有了自己的生存空间。刑罚轻缓是意识到刑罚局限性之后的理性认识，对未成年犯罪人的轻缓处罚具有功利价值与社会回归的预期。虽然未成年犯罪人通过危害行为展现了危害性，但是对未成年犯罪人矫治后迁恶从善的愿望一直没有动摇过。未成年犯罪人的刑罚适用仍然是刑罚实践的一部分，也是刑罚现代化运行的现实缩影，是基于非监禁刑的价值与未成年人保护性的刑事政策考量，在能够适用非监禁刑的前提下予以积极认可和实施，同样是符合刑罚轻缓化潮流的现实体现。

---

① 陈兴良：《法治国的刑法文化——21世纪刑法学研究展望》，机械工业出版社2002年版，第5页。

② 储槐植：《刑事一体化与关系刑法论》，北京大学出版社1997年版，第219页。

第二节　完善未成年人社区矫正的体系性构想

一、从结构上厘清未成年人的特殊刑事政策

有学者认为，刑事政策是刑事法律的先导和补充，刑事法律是刑事政策的升华和边界。① 2006 年 10 月 11 日，党的十六届六中全会通过了《中共中央关于构建社会主义和谐社会若干重大问题的决定》（以下简称《决定》），该《决定》指出"实施宽严相济的刑事司法政策，改革未成年人司法制度，积极推进社区矫正……"笔者认为，这一规定值得反思。在我国"厉而不严"重刑结构的刑法模式下，如果只是把宽严相济刑事政策拘束于刑事司法领域中，那么由此得出的结论就是宽严相济刑事政策在立法领域难有施展空间，因而该《决定》对宽严相济刑事政策的定位应该作广义的理解。严格按照《决定》中文字表述来理解，其刑事司法政策的定位一方面束缚了刑事政策本来全方位的功能性意义，另一方面把宽严相济政策局限于刑事司法领域却最终难免又要突破刑事立法的框架，如我们的恢复性司法、刑罚轻缓化等。因此，笔者认为，要真正把宽严相济的刑事政策贯穿到底，要真正落实未成年人违法犯罪的"教育为主，惩罚为辅"的具体刑事政策，根本性的出路应该是重构和调整我国当前的刑法结构，从"厉而不严"过渡到"严而不厉"，② 把宽严相济的刑事政策贯通于未成年人整个刑事法律活动中，从制刑、求刑、量刑、行刑，从实体法到程序法都要发挥宽严相济刑事政策的指导性作用。这才能达到我们保护未成年人的一贯性旨趣，才能与宽严相济刑事政策的本体内涵相符，才能够把法治化治理的目标与宽严相济刑事政策的要求相连接并使二者顺畅运行。

要实现未成年人刑事政策的具体内涵，就需要从实体法和程序法上一体构建。现有的刑事法律中，实体方面体现为对未成年人绝对不适用死刑、2006 年《最高人民法院关于审理未成年人刑事案件具体应用法律若干问题

---

① 侯宏林：《刑事政策的价值分析》，中国政法大学出版社 2005 年版，第 98 页。
② 储槐植：《刑事一体化与关系刑法论》，北京大学出版社 1997 年版，第 431 页。

的解释》中明确规定多种情形下"不认为是犯罪"的出罪机制、量刑时应当从轻或减轻处罚等；在程序方面体现为不公开审理方式、专门性的办案部门与人员、指定辩护、法庭教育等制度和措施。针对未成年人的社区矫正，在实体法上应该逐步扩大非监禁刑适用对象，顺应刑罚轻缓化的潮流，完善我国对未成年人的批捕条件和标准，严格对未成年人的起诉制度，提高未成年人在刑事司法中的假释率、罚金率等。推行缓起诉、缓宣判、缓行刑方式，试行未成年人前科刑消灭制度，通过未成年人社区矫正工作稳定和持续性的开展，使得未成年人社区矫正既有理论支持，又有实践动力，通过理论的理性指导达到实践适用的效益价值。

二、设立规范单一的未成年人社区矫正制度

2019 年 12 月，全国人大常委会通过了《中华人民共和国社区矫正法》（以下简称《社区矫正法》），提出了在我国构建社区矫正制度的创新思路、主要任务和工作方法，这标志着社区矫正的法治化步入新轨道，社区矫正的规范运行在我国全面依法治国建设中翻开了新篇章。伴随新的社会形势和新的刑罚理念，社区矫正的正式介入为当前的行刑实践注入了新的生机与活力，改变了长期以来对犯罪性质"恶"的传统偏见，使我们从传统上偏重犯罪的定性与刑罚惩罚逐渐过渡到重视刑罚矫正与改造犯罪的行刑轨道上来。

尽管《社区矫正法》专门设置了"未成年人社区矫正特别规定"专章规定：根据未成年人社区矫正对象的年龄、心理特点、发育需要、成长经历、犯罪原因、家庭监护教育条件等情况，采取针对性的矫正措施；矫正小组应当吸收熟悉未成年人成长特点的人员参加；对未成年人的社区矫正，应当与成年人分别进行；社区矫正工作人员对履职过程中获得的未成年人身份信息应当予以保密；共青团、妇联、未成年人保护组织应当协助做好未成年人社区矫正工作等。但是，由于缺乏针对未成年人的具体实施细则和配套制度，该《社区矫正法》相当程度上也只是拓展了人们关于社区矫正总体认识，但在何去何从的道路上由于没有给出明确的路标，实践操作中仍然处于摸索之中。特别是在如何对未成年人有针对性地开展社区矫正的方式上，执行机关的认识仍然并不统一，具体操作的随意性还很大。既然社区矫正是基于特殊预防的刑罚目的视角而创设，它就应该把这一理论贯彻到底，在矫正方式上针对不同的对象、犯罪情形、犯罪性质、服刑类别、生活环境、文化

背景等分别设计多样的矫正内容,把社区矫正工作做细做精,切忌"走过场",防止"一刀切"。虽然未成年人的矫正工作是社区矫正的重要组成部分,但是对未成年犯罪人不采用规范化、法治化、有效性的矫正措施实质上抹杀了重点所在,在满怀良愿与憧憬的对未成年人积极矫正的道路上,非自觉地又陷入了泥淖之中。

因此,相应的解决之道在于,通过进一步充实、细化有关内容,建立一套单一的未成年人社区矫正制度,有重点、有步骤、有计划地层层推进,摆脱当前模糊不清的局面。笔者认为,制度层面的设计应该力求细化:在未成年人内部把14-16周岁的未成年人与16-18周岁的未成年人区别开来,在矫正的轻重程度和类别层次上区别对待,通过心理因素和生理因素的兼顾权衡,个体原因与社会原因的全盘考虑,智识教育和劳动技能培训的同时兼顾,把当前个别的和零散的规则堆砌转变为多层次、多向度的网状结构,在外部硬性政策和法规的策动下进行灵活的内部互动,使各个配套环节能够相互配合,灵活运转。

三、构建"违法—犯罪"一体化矫正体系

目前,社区矫正的适用范围主要是四类罪犯:被判处管制的,被宣告缓刑的,被暂予监外执行的,被裁定假释的犯罪人。从我国刑罚种类和刑罚具体实施来说,这四类罪犯都是非监禁刑的适用对象,都需要附条件地在社区内行刑。如果仅限于刑罚的框架,矫正的范围确实已经不可能有任何扩大的余地,但是如果承认矫正目的在于预防和减少犯罪,那么目前的矫正范围就有扩大的现实理由,可以把违法行为和犯罪行为囊括其中,构建从违法到犯罪行为一体化的未成年人矫正体系。

早在1979年8月17日,中共中央在转发中宣部等八个单位《关于提请全党重视解决青少年违法犯罪问题的报告》中第一次明确提出"教育为主,惩罚为辅"的方针政策,并在多次全国劳改工作会议上重申要对违法犯罪的青少年实行教育、感化、挽救的指导思想和要求。《中华人民共和国未成年人保护法》第38条明确规定,对违法犯罪的未成年人,实行教育、感化、挽救的方针,坚持"教育为主,惩罚为辅"的原则。《预防未成年人犯罪法》第2条规定,预防未成年人犯罪,立足于教育和保护,从小抓起,对未成年人的不良行为及时进行预防和矫正。确实,防微方可杜渐,只有防止"小恶"才能从人格链条上降低"大恶"的可能,因此对未成年人的违

法行为进行矫正不是"先入为主",不是"标签效应",也不是"天生犯罪人",而是从预防层面出发的当然之理。其内在的道理在于,未成年人的违法行为既然已经征表了其主观恶性与人身危险性,那么对未成年人的社区矫正就不能坐等未成年人的违法行为恶化为严重的刑事案件之后再"亡羊补牢"。在"重防轻打"的刑事政策统领下,预防未成年人犯罪本应该提前到违法行为。再则,既然现有的犯罪行为尚且可以在社区进行矫正,未成年违法者又为何不可呢?在对未成年犯罪者的教育、感化与挽救能够收到良好效果的情形下,对主观恶性相对较小的未成年违法者予以社区矫正有何否定的实质理由呢?其不是同样可以达到更好的矫正效果吗?可能取得的良好效果不是更令人向往吗?

2013年11月15日公布的《中共中央关于全面深化改革若干重大问题的决定》提出"废止劳动教养制度",2013年12月28日全国人大常委会通过了关于废止有关劳动教养法律规定的决定,决定规定"劳教废止前依法作出的劳教决定有效;劳教废止后,对正在被依法执行劳动教养的人员,解除劳动教养,剩余期限不再执行"。这意味着,之前已经实施50多年的劳教制度正式退出历史舞台。当然,在此情形下,我们在后劳教时代如何进一步地规制与处罚未成年人的违法行为,则必然成为我们应当正视与关注的重大现实问题。

劳动教养制度未经正式司法审判程序而剥夺违法行为人的人身自由,不仅其严厉程度超过某些刑罚(如管制、拘投),而且违反了《宪法》和《立法法》的规定,在整个法律体系中不断遭受着考问和质疑。切实落实未成年人的"重防轻打"和"教育为主,惩罚为辅"的刑事政策,需要我们把劳动教养废除前所规制的违法行为,过渡到形式多样的预防未成年人犯罪的社区矫正制度之中,以预防和矫正的视角重新思考其法律对策。这种方式一方面在劳动教养废除之后为社区矫正注入了更多的活力,另一方面也赋予了未成年人社区矫正更多的现实使命。

与此相适应,我们应当充分发挥社区矫正的内在价值,把教育矫治活动落实到社区矫正的日常工作中去。因此,笔者建议有条件地对判处监禁刑的未成年人进行社区矫正,扩大现有《社区矫正法》中只有非监禁刑才能进行社区矫正的主体范围。把监禁中的未成年犯罪人纳入社区矫正,主要是考虑到在我国监禁刑为主的行刑传统中,缺乏从监禁状态到非监禁状态的缓冲地带,忽视了未成年人在监禁刑适用过程中的社会适应性与刑期执行完毕后产生的心理差距，欠缺给予未成年人心理调整的缓冲期间与实践空间，使得未成年人在监禁期满后同样难以适应已经改变了的社会环境，难免又要步入犯罪的歧途，最终导致前期刑罚矫正的效果付之东流。既然未成年人犯罪人最终都要重返社会（不可能适用死刑），那么在监禁刑的服刑期间，就要考虑未成年人从监禁环境过渡到常态社会中可能出现难以适应的现实情形，通过有效措施防范不良后果的发生。

因此，如果未成年人的刑罚执行经过一段时间之后，通过综合性考察，未成年人的人身危险性已经较小，对社会的现实威胁已经不存在，即使假释条件尚未达到，这时仍应该让未成年人罪犯尽可能在社区内服刑，积极通过各种非监禁措施予以再社会化的矫正，为未成年人重新开始新的社会生活积极作好准备，提供良好的制度保障，让社区矫正的积极价值与内在功能充分性地发挥出来。

第三节 完善未成年人社区矫正中的具体内容

教育、感化、挽救的方针决定了未成年人社区矫正的具体内容。当前，对社区服刑人员"教育帮扶"方面主要规定了法治教育、道德教育、社会教育，帮助矫正对象解决法律、心理、就业和生活等方面的困难。在未成年人社区矫正的具体内容和方式方法等方面，我国还处于摸索阶段。未成年人矫正内容是针对未成年人特殊类群的，因此在细化具体矫正内容时要注意两点：其一，要与成年人的矫正方式区别开来，从矫正主体、矫正工作流程、矫正场所与环境、矫正方式与方法等方面体现对未成年人的保护性原则；其二，与未成年人的生理与心理特点相适应，注重矫正的渐进性、多样性、缓和性、有效性，保证未成年人社区矫正的措施在各个环节都尽可能落到实处。

一、创设多样性的未成年人社区矫正项目

国外关于未成年人或青少年的社区矫正经过不断的完善，已经逐渐成形，起步相对较晚的我国可以借鉴其经验。在美国，关于青少年的社区矫正项目主要有：赔偿和社会服务，家中监禁和电子监禁，转换项目（包括离

家出走项目、养育家庭、日矫正项目、小组之家、争取生存项目等)。① 新西兰的典型的家族议会制度（family group conference），南非有发展孩子的生活技能、同伴或青年指导、野外探险、培养孩子企业家精神、回归等司法项目。② 在日本，社区矫正的同义语为更生保护制度或保护观察制度，它一般包括如下内容：鼓励修养情操方面的学习训练、确保一定条件的医疗保健、确保依据安定、就业辅导和帮助就业、改善和调整环境、帮助到适合更生的地方居住等。③ 当然，不同国家在未成年人社区矫正方面的制度都是结合自己的实际情形而制定的。我们必须有鉴别、有选择、有针对性地开展各项矫正，在细化未成年人社区矫正内容时，把未成年人的现实状况作为所有矫正项目的度量器，把未成年人刑事政策的保护性原则作为矫正工作的中心轴。

由于各国未成年人在年龄、智力、环境、教育背景等方面的差异性，因此并不存在一个普适性的一体遵行的矫正模式。我国在未成年人矫正项目上，一方面要部分性借鉴他国的合理经验，另一方面更要结合自身实际进行"求实创新"。关于"社区服务令"（community service orders），上海率先试行的探索价值是值得肯定的，但是要全国范围地推广还需要制度层面的保障，这有待于专门的未成年人社区矫正制度的进一步解决。另外，在社区服务令的细节上应该进一步完善，比如未成年人劳动小时量的上下限、工作主体的资格、服务中的说明义务、劳动司法辖区、服务令副本的送达、服务义务内容的实现、违反服务义务的法律后果等方面，应该在借鉴国外的经验基础上予以规范化改进。

二、矫正执法主体与外界参与的良好互动

关于矫正主体，在最初的试行通知中指出，"司法行政机关要牵头组织有关单位和社区基层组织开展社区矫正试点工作，会同公安机关搞好对社区服刑人员的监督考察，组织协调对社区服刑人员的教育改造和帮助工作。街道、乡镇司法所要具体承担社区矫正的日常管理工作"。因此，在社区矫正

---

① 刘乐：《美国对犯罪青少年的社区矫正项目》，载《北京大学学报》2003年第1期。
② 席小华：《国外社区预防和矫正少年犯罪的实践与启迪》，载《中国青年研究》2004年第11期。
③ 鲁兰：《中日矫正理念与实务比较研究》，北京大学出版社2005年版，第180页。

试行阶段实施的是执行主体（公安机关）与工作主体（司法所）并立的局面。然而，从上海的实践表明，这样的双主体并存模式存在着多头管理、职责不清、效率低下的问题。① 既然街道、乡镇司法所承担了社区矫正具体的日常工作，那么他们无疑才是执行主体，用执行主体与工作主体构造的双主体模式，实质上只有语词上的差异，而无内涵上的区别。

最为关键的是，双主体存在的原因系对社区矫正性质的定位尚未厘清。在社区矫正正式法定化之前，《刑法》和《刑事诉讼法》把缓刑、假释、暂予监外执行等规定为公安机关执行，这是延续监禁刑惯性的体现，是"重打轻防"的历史产物。现在社区矫正作为行刑功能的延伸，仍然需要遵守司法的宽容性和刑罚的谦抑精神，对未成年人的社区矫正需要从未成年人立场出发，核心仍然是"重防"而非"重打"。这是我们从刑事政策视野下对未成年人社区矫正性质的正确定位。而且，正如学者所言，"通过立法形式逐渐过渡到确认公安派出所退出社区矫正领域，减轻社区民警过重的负担也是科学合理的设想。"② 可以说，未成年人社区矫正角色冲突的产生，也正是由于对社区矫正性质的认识存在模糊性所致。因而，解决这些问题的合理的方式应该是，坚决摒弃社区矫正的双层次主体模式，由司法行政机关承担社区矫正的主要工作，突出"帮助未成年人适应社区生活"的角色，而不是由公安机关来强制监督或者依靠强制力量来进行简单的警察监管。我们不能把未成年人置于被管理人的客体位置，与之相反，要把未成年人作为社区矫正的服务对象，并在相当程度上帮助他们提升自主意识和自律意识，培养他们良好的世界观与价值情操，注重创建与社会相融合的良好关系网。

基于此认识，2012年由最高人民法院、最高人民检察院、公安部、司法部印发的《社区矫正实施办法》改变了双主体的运行模式，在该实施办法的第3条中明确规定："县级司法行政机关社区矫正机构对社区矫正人员进行监督管理和教育帮助。司法所承担社区矫正日常工作。"最新颁布的《社区矫正法》第8条第1款规定："国务院司法行政部门主管全国的社区矫正工作。县级以上地方人民政府司法行政部门主管本行政区域内的社区矫正工作。"从中可见，司法行政机关成为了社区矫正的唯一执法主体，其中的司法所是社区矫正的日常工作主体。从双层次主体到单一主体的厘清，必

---

① 刘强：《试论我国社区矫正在面上推进的前提条件》，载《中国监狱学刊》2005年第6期。
② 鲁兰：《中日矫正理念与实务比较研究》，北京大学出版社2005年版，第221页。

将大大改变责任推诿、职责不清的局面,而且明确确立司法所承担社区矫正的日常工作职能,使得他们的工作性质得以明晰,工作人员的责任感大为增强。

但笔者认为,单一执法主体并不必然减轻社区矫正的效果,恰恰相反,通过提高自身素质和业务能力,开拓出一条行之有效的未成年人社区矫正的特色之路,在理论与实践层面都是完全可行的。但是,在现有单一执法主体的运行模式下,如何协调矫正主体与外在矫正力量的介入,并在相互融洽的氛围中进行矫正工作运转,这是需要关注的问题。令人惊喜的是,"新鲜出炉"的《社区矫正法》表明社区矫正是一项多主体参与的综合性工作,县级以上地方人民政府司法行政部门主管本行政区域内的社区矫正工作,人民法院、人民检察院、公安机关和其他有关部门均是参与主体,均要按照各自职责做好社区矫正工作。此外,地方人民政府还可以根据需要设立社区矫正委员会,负责统筹协调和指导本行政区域内的社区矫正工作。比如,吸纳社区志愿者、社区矫正社工等人员参加矫正项目,这本身是为了发挥社区矫正开放性的优点,对社区矫正工作与矫正措施的实施也起到了良好的推动作用。但是,如何在执法主体单一性的前提下,把多元化社会参与力量的积极因素有机地统筹协调起来,是社区矫正未来需要着力思考并努力完成的工作。

三、未成年人社区矫正实践困境的再省思

《社区矫正法》规定,监督管理、教育帮扶等执法职责,由具有法律等专业知识的专门国家工作人员(以下称"社区矫正机构工作人员")履行。在此情形下,将会带来两个方面的问题:其一,如何解决目前部分地区的具有法律等专业知识的专门国家工作人员及财力不足的情况?如何通过社区矫正资源的合理配置以化解现实适用中的困惑?如何应对未成年人社区矫正所面临的"力所不及"的尴尬现状?其二,社区矫正机构工作人员是否纳入警察编制,是否通过行使警察权力,以防范未成年人不服矫正的具体情形发生?如何解决社区矫正执法主体的权力有限这一尴尬处境?

关于第一个问题,资源性短缺应该通过多种有效的途径加以解决。结合国外经验来看,美国各州的资金来源并不完全一样,在多种实践方式之中,多数学者认为最佳途径是在未成年人法院的控制下由当地的政府机关提供资金,同时由州一级按照州的标准向当地的社区矫正体系提供工作人员和年度

资助。① 作为持续性的重大事项，较为妥当的做法仍然是，资金方面由中央和地方财政专项拨款予以扶持，以解决必需的办公场所和日常所需经费，保证未成年人学习、生活等矫正工作的正常开展，并由专项基金及时跟进。另外，在人员配备上，应由经过培训和懂得未成年人心理特点的专业人员担当。从我国的现实情形来看，可以通过调动多方力量介入，包括财力与人力层面，以化解面临的资源短缺现象。比如，在财力上应多方吸纳社会与个人广泛捐助、设立专项社会基金、鼓励社团积极为其募集资金、引入国外的有关资助等；在人力上坚持专业人员和非专业人员的协调搭配，一方面要鼓励大中专院校的毕业生到基层司法所进行帮扶和锻炼，通过年龄差距不大的青少年能够与未成年人进行经常性的有益交流，以了解未成年人的心理变动趋势，从而提供行之有效的辅助。另一方面，要积极吸纳社会志愿者参加未成年人社区矫正工作，比如学者、慈善活动家、企业家、高等院校的学生、未成年人亲属、被害人家属等，通过正面范例和积极向上的生活感召力使未成年人尽快回归主流社会。

关于第二个问题，笔者对此持否定态度。通过实践反馈的意见来看，无论是司法行政机关的人员，还是公安机关的人员，基本都认为自己的制约力不够，管理难度较大。② 在笔者看来，把未成年人社区矫正的主体纳入警察编制，这与最初试行阶段的司法行政机关与公安机关的双层次主体模式有"异曲同式"之处。原因在于，如果社区矫正的矫正主体警察化，那么，其弊端只不过隐性化了，实质问题并没有从根本上予以解决。既然社区矫正的核心内容在于"教育改造"与"社会帮扶"，那么，过于强调社区矫正的监管就偏离了社区矫正的主旨。如果说警察编制能够更好地监管未成年人，能更好克服实践中的"脱管""漏管"或者"不服管教"的情况，那么社区矫正原本就没有太多存在的空间，毫无疑问的是，在强力监管的模式要求之下，监禁刑中的封闭管理与狱警执行不是更便利吗？有必要费尽周折地在此之外实施所谓的"社区矫正"吗？因此，继续停留在既有的思维束缚中，必然就跳不出固有的窠臼，这样的改革方向也难以经受理性诘问。

实际上，社区矫正的对象都是经过严格审查而被"筛选"出来的，他们的社会危险性或者说人身危险性本身就较低，再犯可能性较小，而且鉴于

---

① 刘强：《美国社区矫正的理论与实务》，中国人民大学出版社2003年版，第316页。
② 孙平：《社区矫正的法律人类学比较》，载《比较学研究》2006年第1期。

未成年人自身的特点，也往往没有必要动用警察权来威慑行为人的现实必要。思维模式的固步自封往往会暴露我们惯常性的惩治理念，并自觉或者非自觉地迁移到未成年人社区矫正的制度安排之中。试想一下，如果转换我们的思维方式，不断探索更好的工作方法，还有此类担心的现实必要吗？客观来说，即使未成年人在社区矫正中违反了相关规定，笔者认为这也不是通过警察权对未成年人进行惩罚与强力管制的理由，而应该通过改变矫正方式或者易科监禁刑来加以解决，因而，根本没有必要在社区矫正的制度运行之中附加警察权。社区矫正在实践运行中必然会产生诸多问题，也需要随之对应性地提出若干种解决方式。但是，究竟哪些问题是真问题，哪一种方式才是理性化与科学性方案，这是值得我们反复斟酌与慎重思考的重心所在。

第四节 本章小结

未成年人社区矫正是非监禁刑罚执行的重要内容，在深入推进社区矫正实践工作中具有现实价值与重要意义。社区矫正的各项工作要落实到实践环节，就需要在细致的类型划分中找到着重点所在，并针对性地进行问题梳理与对策提出。未成年犯罪人作为社区矫正的特殊对象，仍然需要结合未成年人的现实特点进行社区矫正的现实构建。不仅应当在宏观层面厘清一些基础理念，而且也应当在微观视域中搭建更好的现实平台，从而助益未成年社区矫正工作的具体落实与价值现实。

刑事政策对整个刑事法律活动起着指导和调节作用，在刑事政策视野下进行未成年人社区矫正的审视是重要的理论着力点。未成年犯罪人的刑罚执行工作应当依据刑事政策的特定内容进行具体铺设，结合针对未成年犯罪人的"教育为主，惩罚为辅"的政策性指引，在社区矫正的理论与实践环节对该刑事政策的内容予以现实构建。具体而言，一方面，应该从宏观上完善未成年人社区矫正的体系性架构，包括从理论上厘清未成年人的特殊刑事政策、设立规范化的未成年人社区制度、适度扩大未成年人社区矫正的范围；另一方面，需要在微观上切实解决未成年人社区矫正中的具体问题，包括创设多样性的矫正项目、解决社区内外资源的综合调配、防范矫正执法主体的重心失衡等内容。通过宏观与微观两个层面的共同梳理与完善，进一步夯实未成年人社区矫正的基础理念，释清具体工作中的部分困惑，助推未成年人社区矫正更好步入法治化与规范化的轨道，促进非监禁刑罚价值目标的顺利实现。

第七章
触法未成年聋哑人的角色定位与保护处遇*

第一节 触法未成年聋哑人的现状分析

一、"触法未成年聋哑人"的释义

在刑法专业槽内,犯罪是指具备刑事责任能力的人实施了违反刑事法律的行为。根据我国刑法规定,由于未满14周岁的人没有刑事责任能力,故即使实施了违反刑事法律的行为也不构成犯罪。那么,此一类实施了客观的犯罪行为但不构成犯罪的群体该如何称呼,其他国家及地区的学者及有关规定都做出了不同的回应。日本《少年法》将14周岁以下触犯刑罚法令的少年称为"触法少年";美国《世界大百科全书》将不负刑事责任年龄的未成年人实施的、如果是成年人实施的则被认为是犯罪的行为称为"少年罪错行为";我国台湾地区将未满12周岁之人触犯刑罚法令的行为,习惯上称

---

* 本章内容由陈伟、王昌立共同完成,并且相关内容已经发表于《广西警官高等专科学校学报》2016年第4期,后期在纳入本著述时进行了相应修改与调整。

为"儿童犯罪"①。可见不同国家及地区对该群体实施的危害行为没有统一的固定称谓,一般依照自己的习惯予以称呼。

笔者借鉴日本"触法"概念,并结合我国法律上使用的"未成年人"的术语传统,将未满14周岁的未成年人实施了严重危害行为,但是不能作为犯罪予以处理的,以及14-16周岁的未成年人实施了《刑法》第17条规定的特定8类犯罪行为以外的情形,统称为"触法未成年人"。首先,"触法"一词,一方面明确了违反的刑事法律类型,切合了笔者所要探讨的如何对违反刑事法律但不承担刑罚的这一特殊群体如何处遇的主题;另一方面限定了行为主体的类型,即只有未达到刑事责任年龄的人实施的违反刑事法的行为才称为"触法",否则就是一般的犯罪行为。

二、未成年聋哑人触法行为的新特点

(一) 触法未成年聋哑人呈现集团化新趋势

"言语构成的相同或相似是促使社会个体组成差异性团体的重要因素,聋哑人固有的生理缺陷导致其难以有效地跟正常人交往,于是掌握相同语言技巧的聋哑人就很容易聚集在一起形成固定的小团体,这种分化是导致聋哑人易形成共同犯罪,且形成更强稳定性犯罪团伙的原因所在。"② 在很大程度上,聋哑人犯罪团伙不仅仅是犯罪实施过程的多人结合,而往往是形成了层次明晰的金字塔式组织结构,有特定人员负责组织团伙成员,有专人负责生活起居,有人负责寻找犯罪目标、掩护和实施犯罪的组织体。在犯罪过程中,他们分工明确、相互配合,犯罪得手后按照事先确定的分赃比例分得赃物,并相对稳固地实施后续犯罪。

(二) 触法行为类型集中在财产罪方面,且种类不断增多

未成年聋哑人所涉及的触法类型大多集中在盗窃、抢夺、抢劫等财产性犯罪上,而且作案手段较为单一,直接表现为偷盗或抢劫。这主要是由于未成年聋哑人自身条件的限制,难以实施诈骗等其他类型犯罪的原因所致。根据青岛法学会的调查统计,2005年,聋哑人犯罪涉及财产犯罪占当年犯罪

---

① 田宏杰:《中国内地与港、澳、台地区未成年犯罪概念之比较研究》,载《中央政法管理干部学院学报》2001年第3期。
② 任荣升:《聋哑人犯罪问题研究》,山东大学2011年硕士学位论文。

总数的 85.3%；2006 年，聋哑人涉及财产犯罪占当年犯罪总数的 85.6%；2007 年，聋哑人涉及财产犯罪占当年犯罪总数的 89.9%。[①] 由此可大致看出，财产性犯罪占聋哑人犯罪的绝大多数，并呈上升趋势。同时，不容忽视的是，在全国各地也陆续出现了未成年聋哑人的新犯罪类型，尤其在毒品犯罪领域表现得尤为突出。

（三）未成年聋哑人易受诱骗参与犯罪

由于聋哑人之间有着特殊的交流方式以及与生俱来的心理认同感，犯罪团伙往往利用聋哑人之间天然的心理认同感，在给予一些物质引诱后取得其信任，将其诱骗至团伙，并引诱或强迫聋哑人实施违法行为。"别有用心的违法犯罪分子利用法律对聋哑弱势群体和未成年人的保护政策，不断拉拢、引诱、胁迫聋哑未成年人加入犯罪团伙，使其成为犯罪工具。"[②] 从实践中犯罪团伙诱骗未成年聋哑人参与犯罪的方式上来看，主要有三种诱骗方式：第一，直接在聋哑人学校以暴力、胁迫手段强制在校聋哑人加入犯罪团伙；第二，以网络社交媒体为平台，通过找工作、交朋友等虚假事由欺骗未成年聋哑人，并对其实施身体控制；第三，通过给予某些物质恩惠引诱未成年聋哑人加入犯罪团伙。

第二节 控制的双向失灵：未成年聋哑人触法行为的根源

未成年聋哑人自身的生理和心理特征以及实践中表现出来的该特殊群体触法行为新特点，突出地呈现出未成年聋哑人触法行为的原因与其他主体的常见性犯罪行为存在显著差异。因此，为切实有针对性地做好触法未成年聋哑人的矫正与预防工作，必须对该特殊群体的触法原因给予着重关注。

[①] 王思成、李蕊、刘琨：《聋哑人犯罪：现状、成因与对策》，载《青岛行政学院学报》2008 年第 12 期。

[②] 岳光辉：《聋哑人犯罪管控研究》，载《湖南警察学院学报》2015 年第 3 期。

一、生理与心智的双重缺陷导致控制障碍

未成年聋哑人自我控制机制，是指"未成年聋哑人在个人社会化过程中建立起来的由知识、需求、性格、情绪体验、社会意识等五个要素构成的'心理纽带'对自我行为的约束。"① 由于未成年聋哑人的特殊体质导致其在上述五个要素层面上都或多或少地存在短缺，进而导致该要素对自我控制作用力的减弱或灭失，出现自我控制障碍而实施一系列的触法行为。

(一) 语言与听力的长久性缺失造成社会交往缺乏

"语言的首要功能是交流而不是表征，语言在本质上是一种社会现象。"② 有效地利用语言才能进行广泛的社会交往，进而在一定领域内形成有着相同或相似价值观的社会共同体。生活在无声世界里的未成年聋哑人只能在有限的范围内通过手语进行简单的交流，无法用言词的形式与社会进行广泛深入的沟通，这在一定程度上隔绝了未成年聋哑人与社会的交往。一方面由于未成年聋哑人社会交往范围狭窄，造成未成年聋哑人性格孤僻，不愿和人交往；另一方面由于与社会交往困难，同时加之生理缺陷，常常导致社会对该群体的歧视，增加了该群体与社会交往的难度。语言和听力的长久性缺失不仅给未成年聋哑人的生活带来诸多不便，更是对其融入社会产生了无形的阻隔。

(二) 心智发展的阶段性缺陷造成社会认知能力减弱

未成年聋哑人尚处于心智发展阶段，正是由于心智发展的阶段性缺陷导致其社会认知能力不强，触法行为时有发生。"青春期阶段是人类进化的一个阶段，充满了剧变和混乱，导致青少年经历了许多动荡，这是这段时期的家常便饭。"③ 未成年时期是社会化的重要阶段，是由自然人向社会人过渡的关键时期，"这一阶段的特殊心理决定了少年比成年人具有更多的犯罪倾向。"④ 未成年聋哑人心智的不成熟致使其尚不能完全辨认是非，反而出现易冲动、暴力性的不良行为。同时，由于未成年聋哑人的入学率较低，导致

---

① 李凤奎：《对未成年人犯罪成因及其对策的探讨》，群众出版社2010年版，第193页。
② 陈波：《语言和意义的社会构建论》，载《中国社会科学》2014年第10期。
③ [美] 阿内特：《青少年心理学》，段鑫星等译，中国人民大学出版社2009年版，第4页。
④ 刘立杰：《少年刑法基本问题研究》，法律出版社2013年版，第16页。

其通过学校教育良性加速社会化的渠道堵塞，社会认识能力显著低于同等年龄的未成年人，这也提高了该特殊群体触法行为发生的概率。

二、社会保护制度缺失引发社会控制失范

社会控制是由美国社会学家特拉维斯·赫希提出，其认为任何人都有犯罪的倾向，个人与社会的联系可以阻止个人进行违反社会准则的越轨与犯罪行为；当这种联系薄弱时，个人就会无约束地随意进行犯罪行为。① 从社会控制理论出发，未成年聋哑人实施触法行为并非完全归因于个体，社会更应承担更大的责任。可以肯定地说，相对于未成年人群体，社会对未成年聋哑人的关注显然不够，反而存在一定的歧视态度，在很大程度上导致该特殊群体与社会之间产生隔阂。具体来讲，导致当前我国未成年聋哑人犯罪的原因，可以分别从社会保障力度不足、家庭教育错位、特殊学校教育缺失等方面作具体阐释。

首先，社会没有为未成年聋哑人提供足够的社会保障，导致其处于窘迫的生活状态，为了生存铤而走险走上犯罪道路。再加之大多聋哑人文化水平较低，欠缺一定的谋生技能，很难找到固定的工作，缺乏稳定的生活来源，导致其不得不实施侵财犯罪。

其次，由于聋哑人生理的特殊性，导致家庭教育错位，或放任惯纵或嫌弃不管。有些家长因对聋哑人心生怜悯，对其百般呵护、百依百顺，导致教育监管不严；而有些家长对聋哑人有所嫌弃，对其不管不问，放任自流，将其推向社会。未成年聋哑人在家庭生活中找不到应有的关爱，致使出现了警方在解救被诱骗未成年聋哑人时，他们中的部分人并不愿意回家，由此可见家庭对于未成年聋哑人的情感缺失客观存在。

最后，特殊教育学校普及率较低，导致聋童入学率仅为 9%。② 未成年聋哑人文化素质的低下致使其再社会化严重受阻；另外，现有的特殊教育体系仍然存在诸多问题，正如学者所言，"没有系统的开设法制教育课，对聋哑学生的法律教育或者没有进行，或者还停留在思想品德课上的道德要求范

---

① ［美］特拉维斯·赫希：《少年犯罪原因探讨》，吴宗宪等译，中国国际广播出版社 2013 年版，第 18 页。

② 数据来源于中国残联：全国残疾人抽样调查研究资料 – 全国残疾儿童基本数据，载 http://www.cdpf.org.cn/sjzx/cjrgk/200804/t20080407_387575.shtml，2015 年 11 月 14 日最后访问。

围内，很难上升到知法、守法的程度"①。由此可见，正是由于社会专业机构、学校和家庭等未进行良善的教育，这也间接促使未成年聋哑人最终走向了犯罪的歧途。

三、自我控制与社会控制的失灵引发恶性行为

未成年聋哑人触法行为发生的原因的复杂性主要表现在个体与社会之间的恶性互动上。首先，聋哑人自身的生理缺陷导致其社会化进程受阻，心智能力成长不健全，进而导致其辨认和控制自己行为的能力较为欠缺，因而更容易实施违法行为。其次，由于聋哑人生理的缺陷致使社会的不平等看待，既缺少社会认同的心理抚慰，又无完善的社会保障，社会对聋哑人的不接纳导致该群体无法顺利融入社会中，正常的社会秩序也无法约束聋哑人。最后，生理缺陷导致的社会不接纳，反过来又进一步加深了聋哑人的心理抵触，致使该类行为人难以遵守社会规则无法按照维护秩序的社会要求行事，因而往往引发触法行为的发生。

由于未成年聋哑人兼具未成年人和聋哑人两类特殊群体的特殊体质，从而导致其在自我控制方面存在诸多缺憾；社会层面的保护制度缺失加剧了未成年聋哑人对该群体的负面影响，最终造成了未成年聋哑人触法行为的多发性和严重性。从一般意义上来说，自我控制机制失灵的内在原因和社会控制机制薄弱的外在原因是导致未成年人犯罪的成因所在。但是，自我控制障碍与社会控制失范不是各自独立地对触法未成年聋哑人施加不利影响，而是二者之间的恶性互动放大了这种不利影响，易激发潜在的矛盾，从而导致未成年聋哑人触法行为发生。从中也可见，相较于一般性犯罪来说，未成年聋哑人触法行为的原因更具复杂性。

第三节 权利保护的社会责任：触法未成年聋哑人的处遇与预防

正如笔者上述分析，未成年聋哑人自身的生理缺陷和社会的不接纳是导

---

① 刘成礼：《聋哑人犯罪特点及预防办法》，载《平安校园》2014年第18期。

致未成年聋哑人触法行为的重要原因,因而从刑法"意志自由"的责任刑罚角度来解读触法未成年聋哑人似乎并不具有对应性。因而对触法未成年聋哑人这一特殊群体进行矫正及其预防时,必须考虑这一群体的特殊情形,结合未成年聋哑人犯罪的原因进行分析,探索出治标治本的对策。正如有人一针见血地指出:"残疾人犯罪的团伙中,底层的参与者首先是受害者,其次才是违法者。"[①] 作为"受害者"的角色定位,社会不可避免地要承担起对触法未成年聋哑人的保护责任,并对触法未成年聋哑人的处遇与预防做好权利保护工作。

一、区别对待:触法未成年聋哑人处遇方式的特殊性

对于触法未成年聋哑人的矫正,在司法实践中也是值得关注的现实问题。其中,最引人关注的是"司法机关教育改造的手段与聋哑青少年的认知能力不相适应。由于聋哑人存在先天的生理缺陷,必然要求对其采取有别于正常人的特殊教育改造的方法和手段"。[②] 因此,实践中必须把握未成年聋哑人的特殊性,考究现行处遇方式是否适宜对该特殊群体进行矫正。

(一)收容教养不适宜触法未成年聋哑人的处遇

我国《刑法》第17条对不负刑事责任的未成年人的法律责任作出了明确规定:"因不满十六周岁不予刑事处罚的,责令他的家长或者监护人加以管教;在必要的时候,也可以由政府收容教养。"虽然有学者将收容教养的法律性质界定为司法保护的教育措施,即是给触法未成年人提供的一种社会救济或社会福利。但是在实践执行过程中,"教养内容几乎是依靠少年犯管教所(劳动教养所)自行制定的教养规则、教养内容进行,对比未成年劳教所与监狱的教育内容,除了劳动内容偏少外,几乎没有本质差异。教养内容简单、教养方式单一,几乎就是变相的羁押和监管"。[③] 在此情形下,如果收容教养只是停留于表面,而无实质性的内容予以支撑,那么对未成年聋

[①] 新华社:《无声世界里的罪恶——聋哑人盗窃团伙呈现集团化、暴力化和智能化》,载《青海法制报》2013年1月11日,第B4版。

[②] 朱鹏程:《聋哑青少年违法犯罪案件的特点和预防对策》,载《公安学刊——浙江警察学院学报》2014年第3期。

[③] 廖斌、何显兵:《论收容教养制度的改革与完善》,载《西南民族大学学报(人文社会科学版)》2015年第6期。

哑人的保护式处遇也就成了"水中之月"。

(二) 社区矫正适用于触法未成年聋哑人的特殊性

2011年5月,《刑法修正案（八）》将社区矫正制度纳入刑法范畴,就曾引起学者们对这一制度的广泛关注。其中有学者借鉴域外立法,建议将触法未成年人纳入社区矫正的范围内,吸收社会化力量参与到对触法未成年人的矫正中来。① 现如今,刚刚通过的《社区矫正法》专门设置了"未成年人社区矫正特别规定"专章,对处于社会化关键时期的未成年人来说,实施开放性的社区矫正有利于其社会化进程,对矫正其行为顺利复归社会起着突出的积极作用。

但是,具体到未成年聋哑人这一特殊群体,仍需考量社区矫正是否真正能够对其产生现实作用。一方面,未成年聋哑人交流方式的特殊性导致其可能无法与社区矫正服务人员进行良好的互动,这很大程度上限制了社会化力量在矫正中的作用;另一方面,社区矫正主体照其常规运行模式,则可能无法为未成年聋哑人提供恰当的矫正手段。社会保护不力是造成未成年聋哑人触法的重要原因,对其行为的矫正应更侧重于给予相应的特殊性保护,使其在享有应有的社会权利中潜移默化地摒弃不良行为方式。因而,未成年聋哑人的社区矫正具有极大程度的特殊性,应当由特定的矫正人员对其进行单独化的矫正。

二、特殊教育学校：触法未成年聋哑人处遇的主战场

(一) 学校教育矫正触法未成年人的源流

以学校教育的方式处遇触法未成年人是对触法未成年人进行矫正的一大创举,主要形式是"工读学校"。"工读学校起源于18世纪中叶瑞士教育家裴斯泰洛齐曾创办孤儿院,教学生一边识字计算,一边劳动,被视为近代工读教育之前驱。苏联教育家马卡连柯自20世纪20年代起曾先后创办高尔基工学团和捷尔仁斯基儿童劳动公社,在当时起到良好的、积极的预防和矫正青少年违法犯罪行为。"② 我国也于新中国成立后不久创办了工读学校,负

---

① 胡彩凤：《中日未成年犯罪预防与矫正制度的比较与启示——以我国不良少年为视角》,载《预防青少年犯罪研究》2014年第2期。

② 石军：《我国工读学校发展的历史、现状与未来发展》,载《教育史研究》2013年第3期。

责教育、矫正和挽救"不良少年"。自1999年《预防未成年人犯罪法》将工读学校的强制入学转变为自愿入学以来，工读学校生源日益萎缩，处于边缘化的状态。

工读学校以特殊学校教育的方式实现对不良少年的行为矫正，一方面弥补了普通教育无法开展教育矫正的空缺，以专业化的教育形式矫正不良行为；另一方面避免了因强制处罚而带来的标签效应，便于不良少年顺利复归社会。然而，由于聋哑人有着特殊的交流方式，一般工读学校难以为其提供专门的教育，教育的诸多方面无法具体现实地展开，导致这些未成年聋哑人无法接受有效的教育矫正。

(二) 通过特殊教育学校矫正触法未成年聋哑人的具体构想

特殊教育学校是国家为实现残疾儿童教育而专门设立的封闭式教育场所，在解决残疾儿童入学、提高残疾儿童素质方面发挥着重要作用。特殊教育学校作为矫正触法未成年聋哑人的方式具有可行性。首先，特殊教育学校是专门提供特殊教育的场所，学校内有着统一的沟通方式，便于开展教育矫正；其次，特殊教育学校是一种隔离式的教育场所，较好地隔绝了社会不良风气对触法未成年聋哑人的影响；最后，特殊教育学校不仅开展文化课教育，而且还传授学生生活、工作技能，使学生学会一技之长，增加自力更生的就业机会。

1. 建立触法未成年聋哑人强制入学和适时结业机制

为更加有效地发挥特殊教育的矫正功能，法律应明确规定强制入学的触法未成年聋哑人的特定情形。在此前提下，既不能拉低强制入学标准，致使特殊教育学校人满为患，导致学生和教师的比例失衡难以开展有效的矫正工作；也不能过度抬高强制入学标准，致使触法未成年聋哑人得不到专业的教育矫正而为以后再犯埋下伏笔。笔者认为应当从两个方面考量强制入学的标准：一是未成年聋哑人触法行为的严重程度；二是触法未成年聋哑人的一贯表现，即使未成年聋哑人只是实施了较轻的触法行为，但是其平时有不良表现，也应强制入学进行针对性的教育矫正。

尽管特殊教育学校不是刑罚执行机构，但是当其具有矫正未成年聋哑人的功能时，不可避免地会产生微弱的标签效应。因此，不宜将触法未成年聋哑人长时间封闭在特殊教育学校，应建立适时结业机制，保证复归社会。同时，强制触法未成年聋哑人进入特殊教育学校的目的是教育矫正其不良行为，而不是要刻意剥夺其实体权益，因而，当经过一定时间的教育矫正后，如果评估其已被教育成能够遵纪守法的学生,应该允许其结业并重返社会。

2. 设置针对性的教学内容,突出对不良心理和行为的矫正

虽然在特殊教育学校,触法未成年聋哑人与普通聋哑人融合在一起接受教育,但是针对前者的触法行为应该设置专门的教学内容进行教育矫正。因此,对触法未成年聋哑人"教育教学的内容应该显著区别于普通学校,应该包含丰富的行为干预治疗课程、心理矫正课程、法治教育课程","强化对越轨未成年人的心理干预和不良行为的矫治"[①]。需要强调的是开展法治教育的重要性,要进行遵法守法教育,强化基本的善恶观念和责任意识,弥补未成年聋哑人法律意识与社会意识结构缺失,使其遵从社会秩序规则避免触法行为的发生。

除进行上述文化教育与心理矫正外,还应该进行必要的劳动教育和技能培训。未成年聋哑人正处于心智发展的关键时期,也是人生观和价值观形成的关键时期,因此,特殊教育学校应针对触法未成年聋哑人开设劳动课程,培养其劳动意识,避免产生或沾染骄奢淫逸的不良风气。同时,还应对触法未成年聋哑人进行技能培训,教会其一技之长以便进入社会之后可以自谋职业,维持基本的生存。通过前述分析,未成年聋哑人的触法行为以侵犯财产类犯罪为主,非法占有他人财物是其触法的主要目的,如果培养其靠自己劳动创造价值的意识,教会未成年聋哑人自谋职业的本领,则可以在相当程度上阻断未成年聋哑人产生触法行为的动机。

三、社会保护:预防未成年聋哑人触法行为的有效性

触法未成年聋哑人的"受害者"角色不仅决定了对其应当实施有别于其他触法未成年人的处遇措施,而且在预防该群体触法行为时更应注重权利的保障。"儿童最大利益原则"已成为国际公认的未成年犯罪处遇原则,当面对未成年聋哑人这一特殊群体时,既要坚持这一原则将其置于优先考虑的地位,更要针对该群体的特殊性,适当扩大权利保护的范围,弥补未成年聋哑人权利保护的盲区。因此,对未成年聋哑人触法行为的预防要做好以下权利保护工作:

首先,健全社会保障制度,为未成年聋哑人提供有尊严生存的社会环

[①] 王平、何显兵:《论工读学校的历史发展与完善设想》,载《预防青少年犯罪研究》2012年第8期。

境。国家应完善有关法规、政策为未成年聋哑人提供最基本的生活保障,摆脱生活窘境,从源头上切断财产犯罪的动机。现有的《未成年人保护法》《预防未成年人犯罪保护法》及《残疾人保障法》等有关法律规范只是对未成年人的保护给予了原则性的规定,而没有规定具体可行的措施。因此,一方面,国家必须重视法律、法规的制定和完善,使对未成年聋哑人的保护有法可依;另一方面,社会在提供必要生活保障时,还应鼓励未成年聋哑人就业,古人云:"授人鱼,不如授人以渔。"所以,应该针对聋哑人的特殊体质开展谋生技能培训、创业就业指导等,并适时提供必要的就业机会,帮助该特殊群体实现自身的价值。

其次,提高义务教育或特殊教育的入学率,提高未成年聋哑人的文化素质,塑造健全人格。"从聋哑教育发展现状看,聋哑学校的发展滞后于普通教育,层次较浅,知识量相对较少。国家应加快对聋哑学校建设,提高聋哑教育层次,改革聋哑教育现状,为聋哑人提供较好的学习环境。"① 由于聋哑人特殊的生理缺陷,导致其无法正常沟通交流,无法潜移默化地接受主流价值观念,如果再缺失学校教育,则会更进一步加剧此类状况,使未成年聋哑人越来越无法融入社会。特殊教育的功能不仅在于使聋哑人学会手语交流,更在于培养健全的人格特征,消除生理缺陷带来的社会化障碍,加速融入社会化的进程。

最后,强化家庭责任,构建聋哑人成长的良好环境,培养其健康的生活情趣和良好作风。我们常说,父母是孩子的第一任老师,同每一个健康家庭一样,聋哑人的父母也应承担起监护孩子的责任,"以一种最传统的教育方式将最基本的善恶告诉聋哑人'这个可以做''那样是不对的'"。② 家庭环境对孩子的成长起到了潜移默化的影响,"'上梁不正下梁歪''养不教父之过'等充分证明了家庭在未成年人成长过程中所扮演的重要角色。"③ 因此,家长应该为未成年聋哑人树立正面的形象,并正确引导其规范自己的行为;同时,家长应避免对未成年聋哑人或放任或溺爱的极端态度,加强对其行动的监督、给予其家庭的关爱,避免未成年聋哑人走上触法的道路。

---

① 李月香:《新形势下聋哑人犯罪现状及预防对策》,载《吕梁日报》2014年1月26日,第2版。
② 何苗:《浅谈聋哑人犯罪预防工作》,载《伊犁师范学院学报(社会科学版)》2011年第3期。
③ 最高人民法院少年法庭指导小组编:《中国少年司法》,人民法院出版社2014年版,第15页。

第四节　本章小结

　　未成年聋哑人触法行为的发生率呈现显著增长，已成为不得不关注的社会问题。未成年人心智发展的不成熟和聋哑人自身的生理缺陷，导致其在自我控制和社会控制层面双向失灵，进而引发与社会的恶性互动，这是导致该群体触法行为多发的根本原因。以特殊教育学校为依托对触法未成年聋哑人进行教育矫正具有天然的优势，是值得推广的处遇方式；除此之外，我们也应当同时注意合理配置教学资源、科学安排教学课程、严谨制定评估机制，为教育触法未成年聋哑人提供切实有效的保障。矫正处遇是危害行为发生之后的应对举措，具有被动性与滞后性，因而预防才是理性选择，是解决这些未成年聋哑人触法行为的根本之道。与此相对应，通过社会保障、学校教育、家庭监护三个层面的共同配合，认真做好未成年聋哑人的权利保护与社会政策的落实，方能真正把该类主体的权利保障置于首要位置，才有可能从源头上避免未成年聋哑人这一特殊群体触法行为的发生。

第八章
未成年犯缓刑适用考察及其完善[*]

犯罪犹如社会的一颗毒瘤,对社会有机体造成着不同程度的损伤,而这颗毒瘤同样也在侵蚀未成年人。未成年人犯罪问题早已进入社会大众的视野之中,其危害性往往颇受关注且不容小觑,并且与毒品、环境污染一起被称为"世界三大公害"。犯罪学家乌尔金斯曾感慨地说:"现代德意志联邦共和国的青少年是犯罪的一代"。[①] 随着时代的发展,犯罪问题与其他社会问题联系在一起,在不同层面产生了更大的波及范围与更深的影响深度,这是社会不想看到却又无法摆脱的客观存在。未成年人犯罪也是如此,它已经不仅是一个单纯的犯罪学与刑法学问题,而且也是普通大众关心的社会问题。因而,如何对未成年犯罪人进行缓刑适用上的更好完善,需要我们慎重对待,并需要在刑法内外进行全面检视与理性构建。

---

[*] 本章内容由陈伟、汪铁柱共同完成,并且相关内容已经发表于《福建江夏学院学报》2015年第5期,后期在纳入本著述时进行了部分相应修改与调整。

[①] 康树华:《犯罪学通论》,北京大学出版社1996年版,第118页。

第一节 未成年犯缓刑适用的现状

在司法实践中,缓刑的适用不仅能够节约司法资源,还能帮助被害人回归社会、恢复破裂的社会关系,因此国外的缓刑适用率普遍比较高。但在我国,缓刑的整体适用率偏低。据最高人民法院统计,全国的缓刑适用率在2011年为26.2%,2012年为27%,2013年为28%。① 至于未成年人的缓刑适用率,即便是在2006年《关于审理未成年人刑事案件具体应用法律若干问题的解释》以及2011年《刑法修正案(八)》通过之后有一定程度上提升,但总体适用率仍然不高。

为了具体了解我国未成年犯的缓刑适用情况,笔者在北大法宝网上搜索了约2万件未成年人刑事案件,并根据年份从中选取了500起案件作为本次统计的对象。这些案件中的部分案件涉及未成年人共同犯罪,笔者分别统计了每个未成年人的具体刑罚情况。总体的统计结果是:在500个未成年人刑事案件中,总共有718名未成年犯,其中276人被判处缓刑,未成年犯罪人的缓刑适用率为38.4%。除此之外,笔者还进行了一些分类统计:

一、未成年犯缓刑适用的具体情形

表1 2010-2014年未成年犯缓刑适用的具体情形情况统计表
——以北大法宝网案例为基础

年份 \ 类型	未成年犯(人)	未成年缓刑犯(人)	缓刑适用比例(%)
2010	145	48	33
2011	134	50	37
2012	137	54	39
2013	146	58	40
2014	156	66	42

---

① 最高人民法院:《全国法院司法统计公报》,载《最高人民法院公报》2014年第4期。

二、未成年犯各类型犯罪的缓刑比率

表2　2010－2014年未成年犯各类型犯罪适用缓刑比率情况统计表
——以北大法宝网案例为基础

数量＼类型	盗窃	诈骗	抢劫	抢夺	故意杀人	故意伤害	强奸	其他罪名
案件数（件）	143	45	70	89	10	109	54	198
适用缓刑数（件）	80	22	15	44	0	36	6	73
适用比例（%）	55.9	48.8	21.4	48.4	0	33	11.1	36.8

在统计的未成年犯所侵犯的罪名之中，盗窃罪适用缓刑的比例最高，除此之外，其他侵犯财产类的犯罪适用缓刑的比例也是相对比较高的。而抢劫罪、强奸罪、故意杀人罪等性质较为恶劣的犯罪适用缓刑的比例整体较低。在其他罪名之中，妨害社会管理秩序等罪的缓刑适用率也相对较高，而危害公共安全等罪的缓刑适用率相对较低。

三、未成年犯刑罚适用的分布情形

表3　2010－2014年未成年犯刑罚分布情况——以北大法宝网案例为基础

数额＼类型	3年以下刑罚	3至5年刑罚	5至10年刑罚	10年以上刑罚
数量（人）	355	223	105	35
比例（%）	49.4	31	14.6	5

从表3中可以看出，除了被判处3年以下刑罚的未成年犯可能适用缓刑之外，仍有很大一部分未成年犯被排除在缓刑的适用范围之外。

四、刑罚适用其他情形的统计情况

表4　2010-2014年未成年犯其他项目的统计情况——以北大法宝网案例为基础

比例 项目	百分比（%）	百分比（%）
社会调查情况	9 （判决中体现有社会调查）	91 （判决中未体现有社会调查）
不同性别的缓刑适用情况	35 （男性未成年犯缓刑适用比例）	58 （女性未成年犯缓刑适用比例）
不同地域的缓刑适用情况	43.7 （本地未成年犯缓刑适用比例）	28.5 （异地未成年犯缓刑适用比例）

从表4中我们可以看出，司法实践中对未成年犯的社会调查工作还不够到位；女性未成年犯的缓刑适用比率明显高于男性；本地未成年犯的缓刑适用比例明显高于异地未成年犯。

第二节　未成年犯缓刑适用的问题及原因分析

我国未成年犯的缓刑适用率始终相对较低以及司法适用不规范等问题，是由于我国缓刑制度起步较晚，并且没有专门的未成年人缓刑适用制度。总结起来，导致这些问题的原因主要体现在以下几个方面：

一、未成年犯的缓刑适用条件整体过严

对于缓刑适用的条件，我国《刑法》第72条进行了明确的规定。① 从立法上看，我国并没有专门的未成年犯的缓刑适用制度。未成年人与成年人

---

① 《刑法》第72条规定："对于被判处拘役、三年以下有期徒刑的犯罪分子，同时符合下列条件的，可以宣告缓刑，对其中不满十八周岁的人、怀孕的妇女和已满七十五周岁的人，应当宣告缓刑：（一）犯罪情节较轻；（二）有悔罪表现；（三）没有再犯罪的危险；（四）宣告缓刑对所居住的社区没有重大不良影响。"

一样适用同一条法律条文，二者的适用条件、考验期限、考验内容、法律后果都几乎一致，这显然不符合未成年人与成年人之间存在差距的事实。

具体来说，我国未成年人与成年人适用缓刑的细微差别体现在"应当"与"可以"的立法表述上，即对于符合条件的未成年犯应当适用缓刑，对符合条件的成年犯是可以适用缓刑。这是《刑法修正案（八）》对未成年犯适用缓刑的改进，但是这种"应当"与"可以"的差别并不能体现出未成年人与成年人之间的差别，这一点相对宽松条件尚不足以发挥缓刑制度本身应当对未成年犯所起到的保护、教育及挽救的作用。[①]

从我国近几年缓刑的整体适用率以及笔者统计的未成年犯缓刑适用的情况来看，我国未成年犯适用缓刑的比率在逐年递增，但总体适用率仍然偏低。自2011年开始，未成年犯的缓刑适用率有了明显的提升，这体现了《刑法修正案（八）》之后的未成年犯缓刑适用的变化情况，也反映了我国刑法与司法的进步。虽然我国未成年犯的缓刑适用率在逐渐提升，但与国外相比仍存在一定的差距。在德国，大部分被判处刑罚的未成年犯都被法院宣告缓期执行，其中刑期不高于2年的未成年人犯罪案件，只有6%被关押在少年监狱。而在美国的司法实践中，据相关统计，美国适用监狱刑的少年犯还不到1/2，最后打击的只有1%，并且只限于年龄在16岁到18岁之间，所犯案件仅限于暴力重案或者连续3次以上犯罪者。[②] 由此可见，一些国家的未成年人犯罪案件的缓刑适用率较高，通过缓刑适用来教育改造未成年犯是其主流做法。在笔者的统计中，未成年犯适用缓刑的情况一般发生在罪名性质较轻的案件之中，而罪名性质恶劣的如杀人、强奸等案件则极少适用缓刑。并且由于3年以上的未成年犯不得适用缓刑，导致了很大一部分未成年犯被排除在缓刑的适用范围之外。但在美国的司法实践中，某些情况下缓刑已经可以适用到重刑犯之中。"比如美国阿拉巴马州规定，除被判处死刑和15年以上有期徒刑的未成年犯都适用缓刑。"[③] 由此可见，我国的未成年犯的缓刑适用范围过窄。

从实质条件来看，我国缓刑的适用对象仅限于被判处拘役或者3年以下

[①] 单晓华：《未成年人犯罪刑罚适用的有关问题探析》，载《沈阳师范大学学报》2004年第5期。

[②] 胡春莉：《未成年人刑罚制度研究》，武汉大学出版社2012年版，第1页。

[③] 杨光磊：《我国未成年犯缓刑制度的缺陷及对策——以上海市浦东新区社区矫正工作为例》，华东政法大学2011年硕士学位论文。

有期徒刑的犯罪分子，不区分成年人与未成年人，这对于未成年人来说显然过于严苛。比如，我国有很多罪名的起刑点就是3年以上10年以下，如抢劫罪，而缓刑的适用条件是3年以下。① 这就意味着某些未成年人因为一念之差或者受人蛊惑实施了抢劫行为，即使行为人是初犯，并且犯后悔罪态度较好也不能适用缓刑。这一点也可以从笔者本次统计数据中体现出来。被判缓刑的未成年犯中只有极少数触犯的是强奸、抢劫等罪名，其余的因强奸、抢劫等罪被判高于3年有期徒刑的未成年犯则无法适用缓刑。这种严苛的条件显然限制了一部分未成年犯罪人的缓刑适用，在一定程度上不利于未成年犯罪人的教育改造。

二、未成年犯的缓刑适用缺乏相对明确的标准

从我国缓刑适用的总体情况上看适用率偏低，即便是对未成年人犯罪的缓刑适用率也比较低，这在一定程度上是因为我国刑法对缓刑的适用条件规定得过于原则、抽象，难以把握，从而影响了司法实践部门对缓刑的正确使用。

我国《刑法》第72条看似明确具体，其实不然。这种规定虽然体现了法律的概括性与灵活性，但也给司法实践带来了困难。在实践中，未成年犯的缓刑适用也出现了适用不一致的问题。比如，在笔者本次统计的过程中也发现类似问题，在两个未成年人犯罪案件中，他们的刑期都低于3年，犯罪性质与犯罪情节都大体相似，但是最终的结果却是一个适用缓刑，而另一个没有适用缓刑。还有在男性与女性未成年犯中，有些情况相似的案件，法官更倾向于对女性未成年人适用缓刑。

由于没有具体的可操作性的规定，实践中缓刑的适用与否很大程度上要靠法官的自由裁量。正是因为如此，实践中未成年犯的缓刑适用容易出现不一致的情形。比如，有的法官对于不好把握的情况就做出"保险"的决定，不对未成年犯宣告适用缓刑；不同法院会对案情基本相同的案件得出不同的结论，有的适用缓刑，有的则不适用缓刑，即出现"类案不类判"的情况。这些都可能使本可以适用缓刑的未成年犯得不到缓刑适用，不应当适用的反而得到适用，在一定程度上会造成缓刑适用的"无序"状态。② 这就容易导致缓刑适用的随意、不规范，不利于对未成年犯罪人的权益保障。一言以蔽

---

① 左坚卫：《缓刑制度比较研究》，中国人民公安大学出版社2004年版，第120页。
② 赵秉志：《中国刑法案例与学理研究》，法律出版社2001年版，第367页。

之,我国关于未成年犯缓刑适用条件的标准比较概括,缺乏可操作性。

三、未成年犯的缓刑适用缺乏保障性程序

(一) 缺乏较为完善的人格调查机制

在我国的司法实践中,审判人员很少通过实地走访方式,对未成年人的社会情况进行较全面的调查。在笔者的统计中,9%的社会调查率也反映了我国对未成年犯的社会调查不够充分。而在美国,已经建立起了相对完善的社会调查制度。美国有专门的缓刑官,缓刑官在未成年犯适用缓刑的过程中起着很大的作用,他们需要调查未成年犯的生活背景以及人生经历和犯罪经历等,然后做出记录并向法院汇报,这些记录和报告会在法庭审判的时候发挥重要作用。

对未成年犯是否适用缓刑由法官依据刑法的规定,综合分析未成年犯罪人是否符合缓刑适用的条件,而后做出裁判。在对未成年犯罪人是否符合缓刑适用的条件时,其中很重要的一点就是要判断其是否有再犯的可能性,这就要求对未成年犯罪人的人身危险性进行科学调查与评估。但是,由于我国的社会调查机制缺乏法律上的明确规定,分散于司法解释以及其他规定的相关条文之中,并未对社会调查制度的主体、内容、程序等做出明确规定。因此,我国目前并没有建立起规范的未成年人的社会调查制度,并且在实践中,这方面的调查也是极度缺乏的。在笔者的本次统计之中,在判决中体现有社会调查性质的案例只占9%,可谓寥寥无几。并且法院对异地未成年犯更少地适用缓刑,这在一定程度上也是因为庭前调查不够充分,对未成年犯不够了解致使法官无法准确地判断其是否符合缓刑适用的条件。因此,这在一定程度上降低了未成年人缓刑的适用,甚至导致了不当限制适用的情形。

(二) 缺乏未成年人缓刑适用的听证程序

对于未成年犯的缓刑适用,很多国家都规定了相对规范的适用程序。比如,有些大陆法系国家就规定了缓刑适用的前置性保障程序,即缓刑适用的听证程序。这在一定程度上保证了缓刑适用的公正与合理。在我国的现实审判过程中,对未成年犯罪人是否适用缓刑由法院决定。而我国法院对于未成年犯的缓刑适用没有统一的规定,有的需要审委会讨论通过,而有的只需要合议庭讨论通过即可。这种不统一的做法往往导致缓刑适用的不规范。正所谓"绝对的权力必然带来滥用",这种由法院单独决定的做法确实会带来非

规范性适用,甚至在实践中会有"人情缓刑""金钱缓刑"等情形。

四、未成年犯的缓刑考察具有非规范性

(一)考察主体有待完善

法院在判处未成年犯是否适用缓刑时要考虑的一个重要因素就是,看行为人是否具备缓刑适用的条件,而现实中我国的缓刑考察主体就存在很多缺陷。

首先,我国的社区矫正工作将迎来重大发展变化,这既是机遇又是挑战,如何适应新的法律规定,保持工作平稳有序发展,需要我们积极思考应对。由于我国在实施社区矫正之前的相当长时期内都是由公安机关作为缓刑的考察主体,导致司法行政机关作为缓刑考察主体的时间以及经验并不是很充足。再加上历史的原因,我国很多地区的发展并不均衡,在其中一些相对落后的地区尚未建立起完善的社区矫正机构。

其次,社区矫正机构人力紧缺且整体素质不高。在现有的矫正模式下,地方人民政府根据需要设立社区矫正委员会,负责统筹协调和指导本行政区域内的社区矫正工作。然而,就此前的实践情形来看,虽然我国建立起的司法所占全国乡镇、街道的比率已经较高,但是平均在每个司法所从事社区矫正工作的人员却很少。在我国,社区矫正工作复杂,很多负责具体矫正工作的司法所都普遍存在人员不足、待遇较差等问题。

最后,从事社区矫正工作的人员的整体专业能力不高。在很多司法所从事社区矫正工作的人员之中,有一部分是原先的司法行政人员,有些是临时抽调过来的人员,还有一些则是通过社会招聘或者招募的志愿者。他们很少经过较长时间的、系统化的专业培训与专业学习,因而缺乏相应的专业能力。至此,如何将社区矫正委员会落到实处,值得深思。

根据《社区矫正法》的规定,在对未成年犯的社区矫正过程中,有关机关、村(居)民委员会、社区矫正人员所在单位、就读学校、家庭成员等应当配合协助社区矫正机构进行工作;共产主义青年团、妇女联合会、未成年人保护组织应当依法协助社区矫正机构做好未成年人社区矫正工作,此外,国家鼓励其他未成年人相关社会组织参与未成年人社区矫正工作,依法给予政策支持。但是,现实情况是随着时代的发展,很多社区的单位以及学校很难对缓刑犯做到有效的帮扶,甚至有些单位忽视自己的职责,无暇顾及

未成年犯的矫正工作，没有实质性参与对未成年犯的社会帮教。并且社区的单位和居委会里的人员很多都是年龄偏大的妇女，她们同样缺乏专业的知识，与未成年犯之间存在明显的代沟，在帮教过程中无法进行专业的矫正工作，取得的效果相对有限。因此，目前我国的社区矫正执法主体及其参与人员的专业能力有限，很难对未成年缓刑犯起到实质高效的帮教作用。因此，如何在《社区矫正法》的指导下，进一步完善社区矫正工作，还需要进一步探索。

（二）缓刑考察的内容与执行存在缺陷

1. 考察内容缺乏可操作性

我国《刑法》第75条对缓刑犯应当遵守的规定进行了规定，依法被判处缓刑的罪犯应当遵守四项内容①。我国虽然规定了缓刑犯的考察内容，但是其规定过于抽象、原则化，在实践中很难操作。比如，遵守法律法规是每个公民都应当做到的义务，在这里设置此规定的实际意义并未体现出来；报告自己的活动情况没有指明什么性质和程度的活动才需要报告，是否吃饭、睡觉或者走亲戚等都需要报告，还是仅仅报告某些特定的活动并不明确；关于会客的规定，由于电话、即时通讯工具等的普遍适用，现在的电话视频、网上视频聊天现象普遍，这些是否属于会客的范围同样存在模糊性。受制于立法规定内涵的模糊性，以上种种情形都有待在操作层面进一步明确。虽然《社区矫正法》中规定了教育学习、参加公益活动、申请社会救助、参加社会保险、获得法律援助等内容，但是内涵和外延的模糊性仍然客观存在，具体指向的明确性有待增强，在实践中的适用效力有待于进一步提升。

2. 考察方式不科学

按照我国刑罚规定，未成年缓刑犯应当遵守缓刑考察的相关规定。但是在实践中，考察机构较少主动对未成年缓刑犯进行跟踪考察或者上门考察，更多的时候是等待缓刑犯的主动报告。并且在对某些同时被判处禁止令的未成年缓刑犯进行考察时，很难做到面面俱到，难以客观查明矫正对象是否进入了特定的场所以及从事特定的活动等。这种考察方式过于消极，不利于对未成年缓刑犯的考察监督，很难保障考察的效果。在社区矫正机构对未成年

---

① 《刑法》第75条规定："被宣告缓刑的犯罪分子，应当遵守以下规定：（1）遵守法律、行政法规，服从监督；（2）按照考察机关的规定报告自己的活动情况；（3）遵守考察机关关于会客的规定；（4）离开所居住的市、县或者迁居，应当报经考察机关批准。"

缓刑犯进行教育帮扶的过程中，也往往过于笼统甚至是流于形式，通过"广而泛之"的教育而不是有针对性地根据未成年犯的身心特点、犯罪原因等进行特别矫治，这种过于死板和充满命令性的教育方式很难得到未成年缓刑犯的认同，不能从内心深处让他们真正接受教育改造。

综上所述，我国未成年犯的缓刑适用存在较多问题，为了更好地教育、改造未成年犯并帮助其回归社会，应当完善我国未成年人犯罪缓刑适用的具体内容。

第三节　未成年犯缓刑适用的完善

一、拓宽未成年犯缓刑适用的条件

笔者建议，可以进一步扩大未成年犯的缓刑适用，对于被判处拘役、5年以下有期徒刑的未成年犯，若其符合条件则可以适用缓刑。其中符合的条件就是我国《刑法》第72条规定的犯罪情节较轻、有悔罪表现、没有再犯危险、宣告缓刑对所居住社区没有重大不良影响。笔者认为，扩大未成年犯缓刑适用有诸多现实意义：

第一，可以使缓刑适用于更多的未成年人。未成年犯的5年之期比成年犯的3年之期增加了2年，可以使那些比成年人犯罪性质稍重一点的未成年人也能适用缓刑。这样便能进一步提高对未成年犯的缓刑适用率，更好地教育与挽救那些误入歧途的未成年人，减少监禁刑带来的弊端。

第二，更好地与国际社会相接轨。虽然我国没有属于未成年人专有的缓刑制度，但是这一情况应当在立法层面予以改变。如果未成年犯缓刑适用区别于成年犯缓刑适用，就能更好地体现对未成年人的权益保障精神，更好地贯彻保护性刑事政策的宗旨。而且，这种做法有利于促进我国在国际社会中就未成年人犯罪的刑事问题进行交流与探讨。

第三，更加有利于司法实践的适用与操作。在司法实践中我们经常会发现"判三缓五"的缓刑适用案件，若将未成年犯的缓刑适用条件放宽到5年之后，法院就可以根据案件的不同情况做出"判四缓四""判四缓五"以及"判五缓五"等判决。这样展现出来的多样性代表了不同未成年犯的不同犯罪程度以及人身危险性，更好契合刑法中的罪责刑相适应原则，为缓刑适用提供更大的适用空间。

二、明确未成年犯缓刑适用的标准

在如何完善未成年犯的缓刑适用标准上，笔者认为，我国现行刑法对未成年人适用缓刑的实质条件的规定总体上是合理的，但是为了使缓刑的适用条件更加具有可操作性以及规范司法实践中的缓刑适用，我们应当对缓刑适用的实质条件做出相对具体化的规定，等待条件成熟的时候，再用司法解释的形式固定下来。具体来说：

第一，对于犯罪情节的考量，笔者认为应当考虑以下因素：是否为过失犯；犯罪形态是否为中止；在犯罪中的地位是否为从犯或者胁从犯；是否为防卫过当或者避险过当；是否因为一时的愤怒而犯罪；是否因为民事或者邻里间的纠纷而犯罪；受害人是否有过错。对于犯罪的种类，司法实践中也应当予以考虑。不能单看犯罪性质为重罪的就限制缓刑适用，如故意杀人罪或者强奸罪的就不能适用缓刑。只要符合条件的，原则上都可以对未成年犯适用缓刑。

第二，对于悔罪表现的考量，应当考虑犯罪人是否具有自首或者立功的情节，以及是否积极赔偿或者以其他的方式弥补损害、修复关系等。不仅如此，还可以考虑被害人及其近亲属是否对其同意适用缓刑，但这并不是必要条件。[①]

第三，对于有没有再犯的危险性的判断需要综合考量。不仅需要考量未成年犯的犯罪情节和悔罪表现，还需要考量未成年犯的自身情况。对未成年犯的个人情况考量应当考虑这些因素：是否为初犯；家庭环境以及经济状况；受教育程度及在校综合表现；性格特征；生活习惯与交友状况等。偶犯、初犯的未成年人的再犯危险性相对较小，而性格傲慢、生活不规律、交友不正派的未成年犯的再犯可能性相对较高，未成年犯的再犯危险性是一个复杂体系，综合考量以上因素才能得出相对合理的结论。

第四，宣告缓刑对所居住的社区有没有重大的不良影响需要谨慎把握。笔者认为，在对未成年犯宣告缓刑之前可以对社区人员进行走访式或者问卷

---

① 冯全：《中国缓刑制度研究》，中国政法大学出版社2009年版，第162页。

式的调查，充分了解社区人员的意见反馈。或者在审判的过程中，请社区代表参与对未成年犯是否适用缓刑的讨论。总之，要知道宣告缓刑是否对社区有重大不良影响必须要确实了解社区人员的真实感受，不能单凭法官根据现有的卷宗材料作出裁量。

三、完善我国未成年犯的社会调查制度

笔者认为，完善我国的未成年犯的社会调查制度，首先应当明确社会调查制度的法律地位，在法律中明确规定对未成年犯的社会调查制度。只有在法律上予以明确，才能正确地指引实践。其次，确定未成年犯的社会调查主体。从司法解释以及《北京规则》来看，检察院、法院、控辩方以及社会组织都可以对未成年犯进行社会调查。但是检察院作为公诉机关可能基于其诉讼地位而相对忽略对未成年犯的社会调查，因而不宜作为社会调查的主体；辩方也没有专业的社会调查能力，不能胜任社会调查主体的职责要求。正如学者所述，当前的实践情况表明，公诉机关和辩护人对于社会调查工作难以良好实施，由控辩双方完成社会调查工作不尽合理。[①] 法院由于事务繁多，不宜再让法官承担社会调查的责任以免增加审判人员的负担。笔者建议我国可以借鉴国外的做法，将社会调查的主体资格交由社会组织承担，成立专门的对未成年犯进行社会调查的社会调查机构，这样调查结果也更加公正。

另外对未成年犯的社会调查的内容应当明确与具体。对未成年犯的社会调查应当包括未成年犯的性格特点、家庭情况、社会交往、成长经历以及犯罪前后的表现等内容。进行具体调查时应当成立专门的调查小组，调查小组应当采取实地走访、电话交谈等方式与未成年人的监护人、老师、朋友等交流，以此来了解未成年人的具体情况。最后在程序上，对未成年犯的社会调查应当由法院负责组织，由社会调查机构负责具体的调查事宜。对未成年犯的社会调查是完善我国未成年犯缓刑适用的重要举措，保证调查结果的客观与公正能够使缓刑的适用更加规范与合理，这样才能真正保护与挽救未成年犯罪人。

---

① 吴生：《缓刑制度研究——以立法完善为重点》，中国人民公安大学出版社 2007 年版，第 187 页。

四、增设未成年人犯罪的缓刑听证程序

构建并完善我国未成年人犯罪的缓刑听证程序应当注重立法与司法的结合,不仅应当推进缓刑听证程序在立法上的完善,而且在司法实践中也应当进行广泛适用。笔者认为,缓刑听证的时间应当安排在审判庭对定罪量刑的评议之后。"缓刑听证程序与庭审同时进行的做法是有违无罪推定原则的"。① 缓刑听证程序主要应当包括这些内容:首先是听证主体的确定,未成年人犯罪缓刑的听证程序应当由法院负责主持,参与方包括公诉人、公安机关的民警、被害人、犯罪的未成年人及其监护人、辩护人、未成年人所居住社区的社区代表等。其次是缓刑听证的内容,这是缓刑听证程序的核心部分。参与缓刑听证的各方应当就未成年被告人的犯罪情节、悔罪表现、平时一贯表现、再犯可能性以及社区矫正环境等进行广泛地讨论,并对未成年犯是否适用缓刑发表自己的意见。最后是缓刑听证的过程,应当在法官的主持之下有序地进行。各方按照顺序发表自己的观点及看法,也可以在法官的主持之下进行辩论,未成年被告人应当有最后陈述的权利。在缓刑听证结束之后,法官或者合议庭应当及时评议,综合参考各方的意见,决定对未成年犯是否适用缓刑。

全国很多法院先后试行了缓刑听证制度,对未成年人犯罪的缓刑适用,取得了很好的社会效果。② 在构建社会主义法治社会的进程之中,从立法上完善未成年犯的缓刑听证制度是有积极价值的,可以使未成年犯的缓刑适用更加准确与合理。

五、完善未成年犯的缓刑适用考察制度

(一) 完善缓刑考察主体

1. 完善考察机构

综合我国北京、上海、湖北等省市的社区矫正实施情况,并结合《社区矫正法》相关规定来看,合理的社区矫正体系应当是:首先,国务院司法行政部门主管全国的社区矫正工作。县级以上地方人民政府司法行政部门

---

① 左坚卫:《缓刑制度的理论与实务》,中国人民公安大学出版社2012年版,第90页。
② 陈少琛、刘有水:《对未成年人施行缓刑听证可行性调查研究》,载《少年司法》2005年第1期。

主管本行政区域内的社区矫正工作。其次，人民法院、人民检察院、公安机关和其他有关部门依照各自职责，依法做好社区矫正工作。人民检察院依法对社区矫正工作实行法律监督。再次，地方人民政府根据需要设立社区矫正委员会，负责统筹协调和指导本行政区域内的社区矫正工作。最后，县级以上地方人民政府根据需要设置社区矫正机构，负责社区矫正工作的具体实施。社区矫正机构的设置和撤销，由县级以上地方人民政府司法行政部门提出意见，按照规定的权限和程序审批。值得注意的是，司法所将根据社区矫正机构的委托，承担社区矫正的相关工作，并且由社区矫正机构为未成年社区矫正对象确定矫正小组。由于我国长久以来是由公安机关作为缓刑的考察主体，再加上我国地区发展的不平衡，所以公检法部门应当配合并帮助社区矫正机构的建立与完善，并且传授可供推广的实践经验。

2. 完善考察队伍

根据《社区矫正法》第 10 条的规定，社区矫正机构应当配备具有法律等专业知识的专门国家工作人员，履行监督管理、教育帮扶等执法职责。因此，在我国建立起一支专业的缓刑考察队伍对规范未成年犯的缓刑适用是有必要的。首先，推进专业化队伍建设，壮大缓刑考察专业人员。应当以专业考试的形式招聘从事社区矫正的工作人员，并且要求具备一定的学历及专业，可以是高校毕业生也可以是专家、学者或者退休的人员，等等。社区矫正工作繁杂并且具有一定的专业性，所以在考试招聘的时候一定要把好关。其次，提高整体矫正工作人员的专业水平以及职业素养。应当加强对社区矫正工作人员进行职前培训和定期培训等。培训的内容包括相关法律、法规、矫正心理、矫正实务知识的讲解与传授，以及对服刑人员的日常管理、心理矫正、技能培训、规范建档等方面进行具体指导，使社区矫正工作人员对社区矫正工作有相对全面、完整的认识，具备应对矫正工作中复杂情形的知识技能，能够胜任社区矫正的各项工作。最后，加大财力的投入。社区矫正的工作相当繁杂，建立一支完善的矫正队伍必须加大财力的投入，不管是人员的招纳还是专业培训等，都需要专项费用的投入与保障。

3. 强化并规范社会力量的参与

《社区矫正法》第 13 条表明[①]，社区矫正是专业机构与社会力量共同协

---

① 《中华人民共和国社区矫正法》第 13 条规定：国家鼓励、支持企业事业单位、社会组织、志愿者等社会力量依法参与社区矫正工作。

力完成的事项,因此,必须强化并规范这些社会力量的参与。首先,对村委会、居委会、学校以及矫正人员所在单位的相关人员进行与社区矫正有关的培训,主要培训他们的矫正知识与能力,使他们能够意识到自己的职责,并且掌握相对专业的矫正技能,比如如何进行心理沟通,如何进行行为的引导。这样才能够较好的具备协助矫正的实践所需。其次,加强社区矫正机构与村(居)民委员会、社区矫正人员所在单位、就读学校等社会组织的联系。只有加强双方的联系,矫正执法主体才能充分全面地了解未成年缓刑犯在矫正过程中的状态,充分了解前期矫正的效果,形成良性矫正的互动层面,避免矫正项目的机械化与形式化。

(二)完善未成年犯的缓刑考察内容与方式

1. 完善缓刑的考察内容

《刑法》条文中对缓刑犯应当遵守的规定过于原则性,应当作出更加明确的规定。我们应当建立一套成体系的考察内容:首先是基础性规定,包括社区劳动、职业培训、心理辅导等。具体来说,未成年参加社区劳动不得少于每月两天的正常劳动时间,心理辅导每月不得少于一次,法治教育与技能培训每周不少于一次;其次,在此基础上,根据未成年犯的年龄大小、犯罪的原因以及危害程度的大小等设置不同的矫正措施对其进行矫正,即提倡"个案矫正"。"社区矫正组织应当针对某个社区矫正对象的家庭条件、犯罪类型、个性特点、不良心理等个体情况制定个性化矫正方案。"[1] 比如,破坏社会公共秩序的未成年犯应当侧重社区劳动,对于年龄较小或者危害性较小的,应当侧重道德教育及法治方面的教育。总之,不断丰富我国的缓刑矫正内容,通过创设多种实效性强的未成年缓刑犯的矫治项目,提升矫正效益。

2. 完善缓刑的考察方式

我国的缓刑考察方式从总体上来说过于被动,因此,我们应当改善现有的模式。首先,在社区矫正的过程中,考察机关应当改变一味的消极等待未成年缓刑犯主动上门报告的考察方式。考察机关除了定期组织未成年犯进行社区劳动,对其进行职业培训、法治教育、心理辅导等,还应当不定期地走访未成年犯的家庭,向其监护人了解未成年人的近期情况。其次,对未成年

---

[1] 王平:《社区矫正制度研究》,中国政法大学出版社2012年版,第357页。

犯的考察有必要采取一些技术手段。在社区矫正过程中，不仅应当完善考察内容，同时应注意完善监督和矫治工作中的硬件和软件建设。① 在我国经济发达地区，如上海、广东等省份，在对缓刑犯是否遵守规定等进行考察时采用了电子监控的方式，并且取得了不错的实践效果。根据《社区矫正法》第29条的规定，社区矫正机构经县级司法行政部门负责人的批准，可以使用电子定位装置。但是，在此过程中需要注意电子定位监控适用的条件与限度，要注意保护通过电子定位而获悉的个人信息，不能因为该电子定位装置而随意扩大适用范围，不得随意泄露或者不当使用因此而获得的他人信息，更不得以此为理由而不当侵犯未成年缓刑犯的合法权利。最后，对未成年犯的考察教育也应当注重个案考察教育的方式，针对不同的人采取不同的考察教育方式。如有必要，可在某个阶段或者特定情况之下为未成年缓刑犯单独配备项目矫正官，专门对其进行心理上与行为上的指导教育，从而高效地对未成年犯进行教育矫正。

第四节　本章小结

　　未成年人是未来社会职责的履行者与担当者，未成年犯罪的存在必然与当下的社会预期不相一致。我国当下正在全力进行法治中国的构建，未成年人犯罪问题对我国的经济、政治、文化等各方面造成的影响不可估量。为此，我们必须正确认识未成年人犯罪问题，认真对待未成年人犯罪之后的刑罚适用。缓刑作为非监禁刑的一种，它的现实特点决定了对于未成年人犯罪的适用有着无可取代的价值。因此，认识到缓刑对未成年犯罪人刑罚适用的重要性，以及揭示我国未成年犯罪缓刑适用中的立法与司法实践层面的问题，并据此针对性地予以解决就显得意义非常。

　　对未成年罪犯施加刑罚，不仅是为了对其进行惩罚的现实需要，更要注重体现刑罚的教育矫正功能。缓刑作为非监禁刑的一种，是刑罚轻缓化的体现与当下社区矫正的主要适用对象，在对未成年犯的教育改造中具有天然的优势。就现有的立法规定与司法适用来看，缓刑的适用仍然具有相当程度的

---

① 刘强：《社区矫正制度研究》，法律出版社2007年版，第570页。

随意性。在司法机关自由裁量权较大而缓刑适用的规范性不足的前提下，需要规范化地改造并重新焕发缓刑适用的内在价值。尽管《刑法修正案（八）》对未成年犯的缓刑适用作出了一定改进，但是这些改进并不能满足缓刑制度对未成年犯刑罚适用的发展要求，在具体内容层面仍然存在可以进一步完善的现实空间。基于对我国未成年犯缓刑适用的现实考察，分析其中存在的现实问题及其原因，是解决这些问题的基础所在。在此基础上，结合未成年人犯罪的现实特点进行对策构建，需要从实体与程序两个方面进行具体的措施完善。可以说，这不仅是缓刑适用及其价值体现的重要方式，也是未成年犯刑罚适用及其教育改造目标得以实现的现实路径。

第九章
我国触法未成年人处遇之审视与体系完善[*]

2013年11月重庆10岁女童摔婴、2014年6月河北11名未满14岁少年围殴8岁男童致死、2014年12月南昌13岁少年弑母抛尸等事件的发生将我们的视线拉向一群特殊的未成年人——未满刑事责任年龄却实施了严重危害行为的未成年人。有学者将这群未成年人实施的行为称为"触法行为"[①]。基于此,笔者将不满刑事责任年龄却客观实施了符合犯罪构成要件行为的未成年人称为"触法未成年人",与此对应,对该部分未成年人的处遇则为"触法未成年人处遇"。

目前,我国触法未成年人处遇的法律依据是现行《刑法》第17条第4款,作为唯一规制触法未成年人处遇的条款。面对触法未成年人的触法现象,该条款理应承担不可推卸的责任。为使我国触法未成年人处遇切实发挥积极效用,笔者拟在分析触法未成年人处遇必要性的基础上,审视我国触法未成年人的处遇现状,并结合我国当下的现实情形,对我国触法未成年人处遇制度予以理性重构。

---

[*] 本章内容由陈伟、袁红玲共同完成,相关内容已经发表于《时代法学》2015年第6期,在纳入本著述时进行了相应修改与调整。

[①] 姚建龙:《少年刑法与刑法变革》,中国人民公安大学出版社2005年版,第99页。

第一节 触法未成年人处遇之必要性分析

触法未成年人处遇措施的出发点在于有效帮助误入迷途的未成年人尽快复归社会,这无论是从保障未成年人健康成长的角度,还是从维护家庭幸福、秩序和谐的层面来讲均具有重要意义。制定触法未成年人处遇制度不仅是严峻的未成年人触法现象的现实需求,更是基于触法未成年人不同于其他犯罪人员的特殊性所决定的。

一、触法未成年人的触法现状是制度设置的现实原因

(一) 未成年人整体犯罪率居高不下

目前,我国未成年人犯罪整体情况形势严峻。尽管触法未成年人触法行为不能等同于未成年人犯罪,但触法未成年人仍然归属于未成年人群体,因此研究未成年人整体犯罪态势对触法未成年人触法行为形势分析仍具有一定的参考价值。笔者通过对 1998 年至 2012 年全国法院审理青少年犯罪情况进行统计,得出具体情况如表 1:

表1 1998-2012 年全国法院审理青少年犯罪情况统计表

类型 年份	不满18周岁 犯罪人数 (人)	18-25周岁 犯罪人数 (人)	青少年 犯罪人数 (人)	刑事罪犯 总数 (人)	青少年占 罪犯总数 百分比 (%)	不满18周岁 占青少年 百分比 (%)
1998	33612	174464	208076	528301	39.39	16.15
1999	40014	181139	221153	602380	36.71	18.09
2000	41709	179272	220981	639814	34.54	18.87
2001	49883	203582	253465	746328	33.96	19.68
2002	50030	167879	217909	701858	31.05	22.96
2003	58870	172845	231715	742261	31.22	25.41
2004	70144	178984	249128	765659	32.54	28.16
2005	82721	203249	285970	842555	33.94	28.93

续表

年份\类型	不满18周岁犯罪人数（人）	18-25周岁犯罪人数（人）	青少年犯罪人数（人）	刑事罪犯总数（人）	青少年占罪犯总数百分比（%）	不满18周岁占青少年百分比（%）
2006	83697	219934	303631	889042	34.15	27.57
2007	87525	228872	316397	931739	33.96	27.66
2008	88891	233170	322061	1007304	31.97	27.60
2009	77604	224419	302023	996666	30.30	25.69
2010	68193	219785	287978	1006420	28.61	23.68
2011	67280	215149	282429	1050747	26.88	23.82
2012	63782	219208	282990	1173406	24.12	22.54

表1显示，1998年至2008年这十年间，我国不满18周岁的未成年人犯罪数量持续上升，于2008年达到峰值，2008年以后未成年犯罪数量开始稍有回落，但仍然占青少年犯罪总数的25%左右，占整个罪犯数量的6%左右。此外，以上数据仅仅来源于法院的有罪判决，考虑到检察院针对未成年人犯罪的不起诉决定，以及犯罪黑数的存在，未成年人实际犯罪情况应比表1中显示的情形更为严重。

由于触法未成年人即使实施触法行为也不能认定为犯罪，且我国对触法未成年人适用处遇措施无须经过刑事司法程序，故表1统计的经由法院判决的未成年人犯罪并不包括触法未成年人的触法行为。因此，虽然以法院判决的未成年人犯罪情况推断触法未成年人的触法行为有所失当，但是整体严峻的未成年人犯罪形势已从侧面反映出处于同一大环境下的我国触法未成年人情况同样不容乐观。

（二）触法未成年人触法行为高发形势堪忧

近年来，我国未成年人犯罪逐步呈现犯罪年龄低龄化、犯罪手段智能化、犯罪类型多样化、犯罪结果恶质化、犯罪倾向独立化等危险趋势，[1] 触法未成年人触法行为的发生情况同样也不例外。

---

① 张远煌：《犯罪学》，中国人民大学出版社2007年版，第166-167页。

从整体来看，实施触法行为的触法未成年人人数在实施符合犯罪构成要件行为的未成年人整体中所占比重居高不下。以四川省为例，2001 年至 2003 年，客观实施符合犯罪构成要件行为的未成年人虽主要集中于 16 周岁至 17 周岁，但 16 周岁以下乃至 14 周岁以下未成年人实施符合犯罪构成要件行为的情况也颇为严重，所占比例高达 50% 左右，具体可见图 1：①

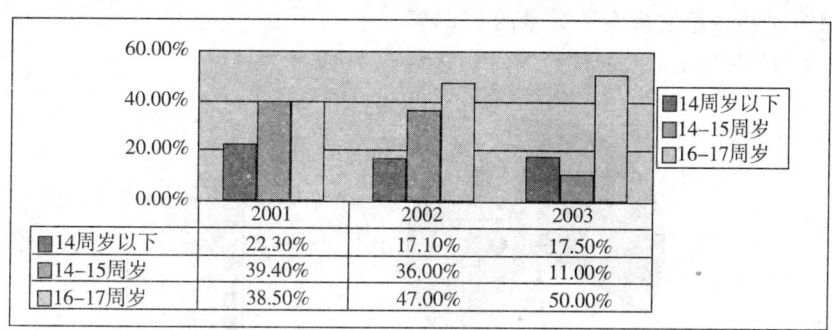

图 1　2001—2003 年四川省未成年人犯罪情况统计

从具体个案来看，触法未成年人触法行为的发生屡屡见报。截至 2014 年 12 月，笔者通过网络检索共发现 2004 年至 2014 年这十年间有媒体报道的触法未成年人实施的触法案件 46 起，共涉及触法未成年人 120 人次。通过对这些案件的整理分析，得出以下结论：

1. 触法未成年人触法行为近年来发生较多

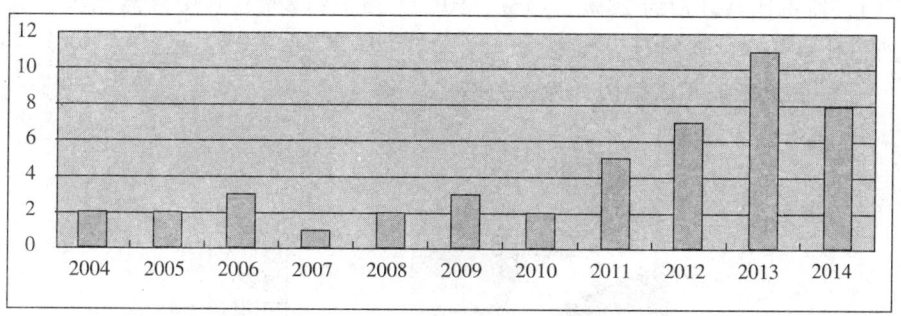

图 2　2004—2014 年十年间触法案件数量统计（单位：件）

---

① 郝银钟：《遏制青少年犯罪新思维：构建国际视野下的中国青少年犯罪预防新体系》，中国法制出版社 2012 年版，第 17 页。

由图 2 可知，2004 年至 2014 年这十年内，触法未成年人触法行为案件的发生主要集中于 2011 年、2012 年、2013 年以及 2014 年这四年。2004 年至 2010 年共检索发现触法未成年人触法案件 15 件，占总发现案件的 32.6%，而 2011 年、2012 年、2013 年以及 2014 年分别发现案件 5 件、7 件、11 件、8 件，分别占总发现案件的 10.87%、15.2%、23.9%、17.4%，共占总发现案件数量的 67.4%。

2. 触法未成年人触法行为种类多样

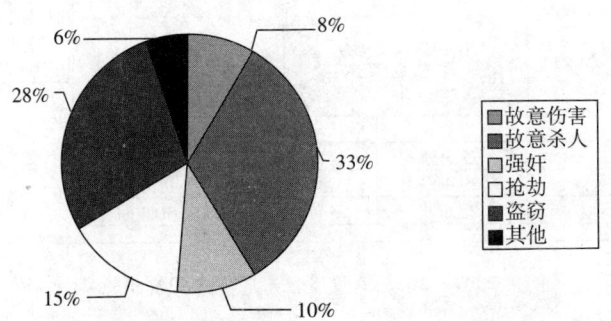

图 3　触法未成年人行为种类及占比

由图 3 可知，触法未成年人的触法行为主要集中于盗窃行为、抢劫行为、强奸行为、故意杀人行为（包括单纯的故意杀人、抢劫杀人、盗窃杀人以及强奸杀人四种情形）和故意伤害行为（包括故意伤害致人死亡的情形），所占比重分别为 28%、15%、10%、33% 和 8%，其中故意杀人行为所占比重最高，盗窃行为次之。

3. 触法未成年人触法行为多为结伴作案

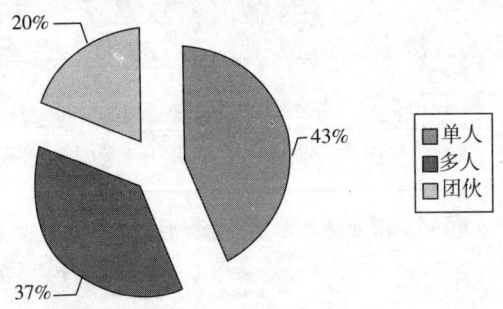

图 4　触法未成年人行为方式及占比

统计数据显示，触法未成年人实施触法行为以结伴实施为主。触法未成年人结伴实施触法行为的案件共占所发现案件的57%，其中多个触法未成年人偶然结合作案占37%，多名触法未成年人结成犯罪团伙或者触法未成年人与其他已满刑事责任年龄的人结成犯罪团伙作案占20%。可见，结伴实施触法行为已成为触法未成年人实施触法行为的主要形式。

任何犯罪行为都具有严重的社会危害性，是对社会安宁的严重破坏，触法未成年人实施的触法行为也不例外。由上述可知，近年来触法未成年人触法行为频发，并逐渐显现出较大的危害性，对家庭与社会带来了诸多现实问题。因此，为预防触法未成年人触法行为的发生，无论是从权益保障还是社会秩序保护的角度出发，以法律的形式对触法未成年人处遇予以规制均有其现实必要。

二、触法未成年人的主体特性是完善制度的基点所在

日益频繁发生的触法未成年人触法现象从现实层面提出了对完善触法未成年人处遇的需求。追本溯源，触法未成年人有别于其他犯罪人员的特性才是完善触法未成年人处遇制度的根本原因。

（一）触法未成年人因欠缺刑事责任能力而需要排除刑罚非难

从客观层面来说，触法未成年人实施的触法行为已经完全符合刑法规定的犯罪构成要件，但追究行为人的刑事责任，"以意志自由为基础的道义责任论和以期待可能性为基础的规范责任论都具有一个共同的前提，即行为人都必须有刑事责任能力，即受到一定的年龄与精神状态的限制"。[1] 刑事责任能力是对行为人追究刑事责任并进行刑罚非难的基础。所谓刑事责任能力即要求行为人行为时在具备能够认识自己行为的内容、性质、结果、社会意义的基础上，具备能够依靠自主意识支配自己实施或者不实施特定行为的能力。这两种能力，前者为辨认能力，后者为控制能力，前者是后者的基础与前提，后者是前者的反映，两者兼备方具备刑法上的责任能力。

人的辨认能力与控制能力并不是与生俱来的，而是往往取决于人的生理与心理的发育程度以及教育和社会实践知识的积累，这显然与年龄有紧密关系。因此，各国法律以刑事责任年龄的形式对行为人的刑事责任能力予以限

---

[1] 黄丁全：《刑事责任能力的构造与判断》，法律出版社2010年版，第69页。

定，即只有行为人达到一定刑事责任年龄，才具备相应的辨认能力和控制能力。正所谓"法律不能强人所难"，对于未达到刑事责任年龄的触法未成年人，由于其尚未发育完全、社会知识不足、尚不具备刑事责任能力，因而不能对其进行刑罚非难。

面对实施了严重社会危害行为的触法未成年人，虽然刑罚不能涉足，但是刑罚的止步目的在于保护而非放任。因此，为有效预防触法未成年人触法现象的发生，保护触法未成年人的健康成长，促进家庭幸福与社会和谐，需要在刑罚之外建立兼顾保障触法未成年人权益与保护社会秩序双重功能的制度，在此之下的触法未成年人特殊处遇制度就显得尤为重要。

(二) 触法未成年人的主体特殊性要求处遇措施上的特殊帮助

调查发现，触法未成年人实施触法行为的年龄集中于十岁至十四岁，而这一阶段的未成年人正处于青春躁动期。"青春期阶段是人类进化的一个阶段，充满了剧变与混乱，导致青少年经历了许多动荡，这是这段时期的家常便饭。"[1] 正确认识触法未成年人的自身特性是解决问题的前提，否则，原本可以妥善处理的矛盾与冲突难免在一定条件和环境的催化下发生恶化，进而影响未成年人今后的人生。正是由于触法未成年人所处年龄阶段的特殊性，导致其在行为方式及教育改造等方面都有独特之处。

一方面，正确看待触法未成年人的触法行为是合理处遇触法未成年人的前提。青春期的不稳定性造就了触法未成年人独特的行事风格，而这些处于特殊年龄阶段的触法未成年人实施触法行为时往往具有以下共性：

(1) 盲目性。由于心智尚未成熟、社会知识经验贫乏、认知能力有限、判断能力差、无法认识自己行为的严重后果，触法未成年人实施触法行为时往往缺乏理性的判断，甚至只为一时的好玩摆酷或获得同伴的认可，从而盲目从事触法行为，不考虑行为后果。

(2) 冲动性。处于青春期的触法未成年人情感强烈、喜欢逞强好胜且自我控制能力不足，因此容易冲动。近几年发生的一些触法未成年人在与人交往过程中因一言不和而拔刀相向的惨案，也恰恰说明了这一点。

(3) 暴力性。调查统计得知，触法未成年人实施的触法行为中超过一半涉及人身伤害，相较于成年人的犯罪行为，触法未成年人的触法行为有其

---

[1] [美] 阿内特：《青少年心理学》，段鑫星等译，中国人民大学出版社2009年版，第4页。

特殊性。尤其是不满十四周岁的触法未成年人实施的故意杀人行为所针对的被害人具有典型特征,其中50%的案件中被害人是行为人的母亲,25%的案件中被害人是行为人的其他亲友,12.5%的案件中被害人是毫无反抗能力的一至三岁幼童。而且在这些案件中,触法未成年人采取的手段残忍血腥,令人震惊。

另一方面,触法未成年人在生理与心理上均处于生长发育阶段,世界观、人生观、价值观均未定型,这导致对触法未成年人的帮助教育也应当有所差异。

(1) 长期性。触法未成年人年龄较小,社会阅历不深,想法多变而缺乏稳定性,因此对其进行帮助教育需要经历一个时好时坏的过程,具有长期性、反复性的特点,往往需要教养人员付出极大的耐心。

(2) 逆反性。实施触法行为的触法未成年人正处于青春叛逆期,而且有相当一大部分的触法未成年人缺乏家庭的关心与温暖,进而对社会、家庭和亲人丧失信任,导致性格孤僻,具有严重的逆反情绪。

(3) 重视精神诉求。调查显示,实施触法行为的触法未成年人多来自于单亲家庭或者缺乏父母关爱的家庭,他们通常内心寂寞,缺乏精神依托。在相当程度上,触法未成年人不仅是触法行为的实施者,同时也是触法行为的受害者,因此对他们的帮助应当重在治愈心灵上的创伤。

触法未成年人自身的特殊性质决定了,应当根据触法未成年人自身特点来制定符合其成长发展需要的特殊处遇措施,从而对他们进行针对性的帮助,使其早日回归社会。

(三) 触法未成年人的家庭情况要求在处遇措施上获得有效帮助

触法行为的发生固然有触法未成年人自身性格的原因,但对其负有教养义务的家庭与社会同样不能免责。作为一种社会现象,触法行为反映的是一种社会疾病,折射出来的是触法未成年人的家庭环境所隐藏的种种问题。

家庭作为未成年人社会化的初始环节,对未成年人尤其是幼年儿童影响巨大。充满关爱的家庭环境能够促进未成年人健康成长,而不良的家庭环境则很有可能导致未成年人走上违法犯罪道路。家庭结构的残缺、父母关系的不睦、经济上的困难等使得家庭中的矛盾会更多呈现出来,并间接影响到未成年人的成长。孩子与父母之间聚少离多,这种缺乏思想交流的非正常亲子关系则会导致父母疏于对孩子的教养,家庭也因此失去其本应具备的教育、引导作用。① 父母对孩子教养方式、教养态度失当也会导致孩子不良性格的养成，父母喜怒不定、反复无常的态度会直接影响孩子为人处世的行为标准，导致孩子根据不同的时间、场合分别采取不同的行为方式。家庭成员品行不端、实施违法犯罪行为，会对正处于好奇心重、模仿力强的孩子产生不良的反面示范作用，并在潜移默化中对未成年人的身心发展造成巨大的负面影响。

考察触法未成年人的家庭成长环境，不难发现，不良的家庭关系与家庭氛围往往是导致触法未成年人触法行为发生的重要原因之一。触法行为发生之后，年幼的触法未成年人往往难以脱离父母的管教，但是，原有的不良家庭环境显然不利于其茁壮成长。因此，在触法行为发生之后，以法律的形式进行补救，通过法律规范的方式来对触法未成年人原有的生长环境予以调整或者净化，同样是保障触法未成年人健康成长的现实需要。

第二节 我国触法未成年人处遇立法的现状审视

在全面依法治国的时代背景下，全新的法律体系不断健全。结合立法及实践应用现状来审视我国触法未成年人的处遇规定，及时发现现有制度的缺陷与不足，从而进行查漏补缺，这为完善我国现有触法未成年人的处遇规定带来了契机。因此，现阶段我国触法未成年人处遇在立法上存在哪些不足，需要我们予以细致化的梳理与较为全面的审视。

一、家长管教的规定过于原则化而形同虚设

家长管教是《刑法》第17条第4款规定的处遇触法未成年人的首要选择，也是实践中相关部门处遇触法未成年人适用最多的手段方式。毫无疑问，家庭教育在未成年人成长过程中具有无可替代的作用，因此将家庭教育置于教养触法未成年人的首要位置意义重大。一方面，正所谓"养不教，父之过"，教育子女历来被认为是家长的首要责任。家庭教育是未成年人教

---

① [日]星野周弘：《少年违法行为低龄化的背景——关于家庭和学校》，张振利译，载《国外法学》1986年第5期，第76页。

育的基础，是儿童进行学习的第一个学校，家长在儿童的成长过程中肩负着重要责任。当触法未成年人行为出现偏差，肩负教育辅导义务的家长理应发挥其基本作用，积极引导未成年人迷途知返。另一方面，从触法未成年人的自身权益出发，家庭是触法未成年人成长的理想的场所，家庭作为子女情感交流的重要场所与初始教育的重要阵地，家长管教被立法者寄予厚望。

然而，我国《刑法》第17条第4款过于原则化的家长管教规定却未能如立法者期待的那样切实发挥效用，粗疏的立法规定导致实践中家长管教流于形式。

（一）现行法条忽视对不良家庭成长环境的调整

良好的家庭教育的确能够促进未成年人的健康成长，但期望形式化的家长管教能够切实发挥对触法未成年人矫正教育的作用，则必须建立于家长自身具备良善的教育方法的基础之上。然而，触法未成年人触法行为的发生，很多情况下是由于家庭环境的不良影响以及家长或其他监护人教育方式失当而导致，因而寄予家长管教来解决这些问题，往往缺乏针对性与有效性。

一方面，丧偶、离异、重新组合或者父母长期不和睦的家庭，往往不能够给触法未成年人良好的成长环境，反而会给其年幼的心灵留下创伤。在未对这种孕育触法行为的家庭环境作调整的情况下，将触法未成年人全然交付于家庭，并期待触法未成年人能够在原有的不良环境之下获得新生，这往往是脱离实际的美好想象而已。

另一方面，合理家庭教育观念的缺乏，教育方法的不当也是导致触法未成年人触法行为发生的原因。研究显示，不恰当的父母教养方式是促使青少年成为反叛、挑衅和持续的攻击者乃至成为犯罪人的主要原因。[1] 溺爱型的家长无原则地满足子女的物质需求，容易使孩子养成骄横任性的不良个性；放任型的家长则对子女不闻不顾，疏于管教，亲情淡薄，这容易导致孩子精神空虚，心理畸形发展；粗暴型的家长动辄打骂体罚孩子，缺乏家庭温暖，容易导致孩子性格孤僻，难以合群。

不良的家庭环境、失当的家长教育方式，容易导致未成年人的触法行为产生，而一旦触法行为发生，家长往往措手不及，要么急于掩盖事实为自己脱罪，要么一味责怪孩子。可见，在家长缺乏合理教育观念的前提下，简单

---

[1] 桑标：《儿童发展心理学》，高等教育出版社2009年版，第354页。

地将触法未成年人交予家长管教根本无益于触法未成年人的健康成长,甚至会导致触法未成年人在畸形的道路上越走越远。因此,不当的家庭教育本身就是导致触法未成年人实施触法行为的原因之一,在缺乏对家庭环境有效改善的基础上,简单地将触法未成年人交付于已经被证明为教育失败者的家长或者监护人,在此情形下,所谓的"责令他的家长或者监护人加以管教"则往往难以取得客观实效。

(二) 现行法条缺乏对不合格监护人监护责任的规制

触法未成年人触法行为的实施,相当部分原因可以归结于监护人监护不当或监护义务的不履行。现行《刑法》第17条第4款简单地规定家长管教,而对家庭中存在的监护人监护不力现象视而不见,并把期望寄托于疏于履行监护职责或者欠缺正确的教育观念的家长或者监护人,不能从根本上解决问题。

我国法律规定监护人应当对被监护人进行管理和教育,"法定代理人之监督,不仅指平常之管教,应兼指具体加害行为之防范。"[①]《未成年人保护法》也明确规定,监护人应当对未成年人的身心发展、行为习惯加以关注,以正确、适当的方式教育引导未成年人健康成长,同时应当注重家庭教育知识的学习,以正确履行监护职责。《民法通则》也明确指出,监护人若不履行监护职责应当承担相应的责任。遗憾的是,这些规定不仅过于原则化,而且缺乏相应配套制度,可操作性差,最终流于形式,难以起到实质性作用。

出于传统家庭自治以及限制国家权力过于扩张的观念,一般认为对未成年子女的教育系属家庭内部事务,国家公权力不宜过多干涉。但是,以法律的形式细化并明确关于家长管教的监护义务规定,并不是无限制地让国家公权力深入家庭内部以干涉家庭自治,而仅仅是出于保护未成年人的意图,有条件地允许国家公权力以法律责任的形式监督或者帮助家长及其他监护人履行管教责任。一方面,在家长或监护人未能履行教养义务时,促使其积极主动地去履行该义务;另一方面,在家长或者监护人不知如何履行其教养义务时,给予家长或者监护人一定的教育辅导,帮助他们正确履行义务。

---

① 王泽鉴:《民法学说与判例研究》(第三册),北京大学出版社2009年版,第109页。

二、收容教养制度规定较为模糊

"收容教养"作为《刑法》第 17 条第 4 款规定的触法未成年人设施内处遇方式,是在必要情形下"国家监护"对"家长管教"的补充与代替。然而,《刑法》第 17 条第 4 款"在必要的时候,也可以由政府收容教养",仅原则性地对收容教养加以概述,由于缺乏对收容教养的细致规定,从而带来不少争议。

(一) 收容教养的性质不清

理论界对于收容教养性质的争论由来已久,学者们各持己见,莫衷一是。主要有以下几种观点:

1. 收容教养是刑事处罚。① 因为收容教养只适用于触犯刑法的未成年人,而非一般违法未成年人,因而收容教养仅仅是实现刑事责任的另一种特殊方式而已。

2. 收容教养是行政强制措施。理由有二:一是收容教养由公安行政机关决定,具有行政性;二是收容教养是强制性地将触法未成年人收容于特定场所进行教育改造的措施,具有限制人身自由的强制性。

3. 收容教养是行政处罚。理由有三:一是尽管收容教养对象是不得适用刑罚的未成年人,但并不能说明触法行为不该处罚,不能否定以其他较轻形式处罚的可能;二是收容教养将被收容教养人员集中于特定场所,强制其劳动并接受教育,事实上带有惩罚的意味;三是收容教养是在查明犯罪事实之后,对行为人进行的实体性处理,而不是一种程序性手段。因此,应当认定为行政处罚而非行政强制措施。②

4. 收容教养是刑事强制措施。这部分学者认为,收容教养并不是处罚,而是公安机关对触法未成年人适用的具有刑事性的强制措施。一方面,收容教养适用于触犯刑法的未成年人,具有刑事性。另一方面,收容教养是对触法未成年人一定期限内人身自由的剥夺与限制,具有强制性。③

5. 收容教养是刑事司法保护措施。理由如下:第一,收容教养具有刑事性,因为其适用于触犯刑法的未成年人;第二,收容教养具有强制性,因

---

① 马克昌:《刑罚通论》,武汉大学出版社 1999 年版,第 784 页。
② 王韶芳:《浅论收容教养》,载《行政法学研究》1996 年第 4 期。
③ 王顺安:《少年收容教养的性质之我见》,载《政法论坛》1992 年第 3 期。

为其强制性地限制未成年人于固定场所,并接受强制性的教育;第三,收容教养具有司法保护性,因为收容教养是在必要情况下对家长管教的代替和补充,是国家代替家长对未成年人予以管教,体现的是国家对未成年人的保护。①

收容教养的性质牵涉到收容教养的本质,对其性质的不同理解,将直接影响现有法律规定的实践应用。作为适用于触法未成年人的设施内处遇措施,收容教养本是出于保护、教育之目的,但是由于对收容教养性质的争论不休,对收容教养的本质未能真正得以清晰认识,因此直接影响到了实践中收容教养的正当适用。

(二) 收容教养的决定机关不明

《刑法》第17条第4款对收容教养决定机关规定不明确,引发了理论界与实务界的争议。当前实践中我国的收容教养由公安机关决定,依据为公安部于1982年印发的《公安部关于少年犯管教所收押、收容范围的通知》。部分学者也赞同将收容教养的决定权交由公安机关,认为刑法的规定收容教养的决定机关应是人民政府,公安机关作为人民政府的政府主管部门,由公安机关实现政府对收容教养的决定并无不妥。② 但是理论界大部分学者认为,收容教养的决定权应当交给法院,理由主要有两点:

其一,由法院决定符合人权保障精神。《中华人民共和国宪法》明确规定,国家尊重和保障公民基本人权,任何公民的人身自由不受侵犯,只有在符合宪法规定的条件下公民才能受到逮捕。收容教养对触法未成年人的人身自由的剥夺长达一年至三年的时间,对人身自由的剥夺程度明显高于逮捕,既然公安机关无权自行决定逮捕,又如何能够决定"收容教养"?因此,由公安机关决定收容教养明显违背《中华人民共和国宪法》的规定,与人权保障精神不符。此外,现行公安机关收容教养审批程序的模糊性和内部审批的封闭性,致使权力行为缺乏有效的监督制约机制,从而容易导致执法的随意性。如果将收容教养的决定权交予法院,既可实现司法权与行政权的相互制约,也更符合法治运行的基本原理。

其二,公安部自我赋权超越立法权限。《中华人民共和国立法法》对法律法规的立法权限作出了明确规定,即限制公民人身自由的强制措施和处罚

---

① 夏宗素、翟中东:《收容教养性质及改革》,载《中国监狱学刊》1996年第3期。
② 王韶芳:《浅论收容教养》,载《行政法学研究》1996年第4期。

只能由"法律"加以规定，即使是"行政法规"也无权涉足。尽管对于收容教养的性质学界争议颇多，但收容教养对人身自由的剥夺是毫无异议的。因此，由部门规范性文件对收容教养的具体内容予以规制，显然违背《立法法》规定，超出了规范性文件的应有权限。

（三）收容教养的适用对象范围不确定

《刑法》第17条第4款对收容教养的规定并列于第17条前3款之后，收容教养的适用对象涉及第17条第4款与前3款（尤其是第17条第2款）的关系问题，由于对法律规定的不同理解，理论界与实务界对于收容教养的适用对象范围有不同认识，可以归纳为狭义说、广义说以及折中说。

其一，狭义说。该观点认为《刑法》第17条第4款规定"因不满十六周岁不予刑事处罚的"是延续第17条第2款的规定而来。既然《刑法》第17条第2款的规定仅适用于已满十四周岁而不满十六周岁的未成年人，那么，《刑法》第17条第4款所指的"不满十六周岁"首先应当满足"已满十四周岁"这一限定条件。因此，收容教养仅适用于已满十四周岁不满十六周岁的触法未成年人。[①] 除此之外，也有持狭义说的学者认为可适当将其年龄界限放宽，认为"也可视需要对接近十四周岁，如十二至十三周岁的人由政府予以行政强制教育教养"。[②]

其二，广义说。该观点将《刑法》第17条第4款与其他条款区分开来独立适用，主张直接从字面上对该条款进行理解和适用，认为对于触法未成年人无须区别对待，凡是不满十六周岁的未成年人，只要故意实施了刑法规定的犯罪行为，都可以适用收容教养。[③]

其三，折中说。该观点认为收容教养属于设施内处遇措施，相对而言强制性较强，有必要对其适用范围加以限制。该观点主张对于未满十四周岁的未成年人，不可轻易决定收容教养，只有实施类似于故意杀人、抢劫等严重罪行的，才可在必要的时候对其适用收容教养。故收容教养的适用对象包括已满十四周岁未满十六周岁的触法未成年人和未满十四周岁的实施故意杀人、抢劫等严重罪行的未成年人。

由于现行《刑法》第17条第4款过于宽泛的规定，致使理论界和实务

[①] 苗有水：《保安处分与中国刑法发展》，中国方正出版社2011年版，第155页。
[②] 严励：《刑法总论——理论·实务·案例》，中国政法大学出版社2011年版，第109页。
[③] 黄华生：《刑法总论》，厦门大学出版社2013年版，第82页。

对此产生了较多争议,故以法律的形式明确收容教养的适用对象,才是解决问题的根本之道。同时,作为限制人身自由的设施内处遇措施,有必要对收容教养适用对象的最低年龄进行限制,避免收容教养适用于过于年幼的触法未成年人身上,但是,如何合理确定收容教养适用对象的年龄下限,则是值得深思的问题。

(四)收容教养的适用条件较为模糊

《刑法》第17条第4款仅仅规定了适用收容教养的原则性条件为"必要的时候",但何谓"必要的时候"法律并未作出明确解释。

目前实践中对收容教养适用条件的判断依据为1995年《公安机关办理未成年人违法犯罪案件的规定》,该文件指出,收容教养适用于不可以由家长负责管教触法未成年人的情况。遗憾的是,该规定并未具体说明不可以由家长负责管教的情况包括哪些,具体的认定仍然依赖于公安审批机关的自我把握,欠缺客观性标准。

模糊不清的适用条件导致了决定机关较为宽泛的权力适用,相同或类似案件则有可能得到类似处理。如果类似的触法未成年人得到迥然相异的处遇,则必将严重制约触法未成年人处遇的合理适用。另外,模棱两可的收容教养适用条件也与罪刑法定原则相违背。尽管收容教养处分不是对触法未成年人的刑事处罚,无须直接遵循罪刑法定原则,但收容教养仍属于国家公权力对触法未成年人的一种国家干预。如果不以明确的法律予以规制,则极有可能因国家公权力的滥用导致收容教养的适用不当,从而给触法未成年人及其家庭带来不利影响。因此,以法律的形式明确规定收容教养的适用条件,应是收容教养规范适用的前提。

(五)收容教养的执行场所有待明确

我国收容教养自由法律规定以来,收容教养的场所一直未得到法律的明确规定。

1979年《刑法》规定收容教养以后,被收容教养的触法未成年人最初被收容于少年犯管教所,与年满十四岁不满十八岁的经法院判决定罪的未成年犯一起接受强制教育改造。1994年新中国第一部《监狱法》颁布实施,为贯彻执行《监狱法》规定,且基于对触法未成年人的特殊性考量,1996年司法部决定将被收容教养的触法未成年人移至劳动教养场所收容教养。

然而,由于劳动教养的种种弊病,2013年12月全国人大常委会通过了废止有关劳动教养法律法规的决定。随着劳动教养制度的废止、被劳教人员劳动教养的解除，原司法部劳动教养管理局现已更名为戒毒管理局，全国大部分地区劳动教养所也变更为强制戒毒隔离所。在此前提下，原隶属劳教所之下的触法未成年人该何去何从，至今未得到相关法律的明确。

实际上，《刑法》第 17 条第 4 款规定的收容教养存在的问题远不止于上述内容，对收容教养的决定程序、适用期限等问题，《刑法》同样没有明确的规定，现行做法是否妥当均有待考证，笔者在此就不一一赘述。收容教养存在的种种问题，无疑是对我国现行触法未成年人处遇缺陷的暴露，也让人质疑存在诸多弊端的收容教养制度何以能够在实践中发挥相应的功能。细致缜密的法律是发挥效用的前提。通过对当前《刑法》第 17 条第 4 款有关触法未成年人处遇规定的审视，不难发现，我国触法未成年人处遇在"家长管教"与"收容教养"的规定上都过于原则化，可操作性不强，在一定程度上影响着触法未成年人处遇的实际运作。因此，为促使我国触法未成年人处遇制度的功能发挥，有必要在现有基础上进行合理化完善。

第三节　完善我国触法未成年人处遇之构想

一、保障触法未成年人处遇程序的正当性

正当程序原则作为重要的法治观念，早已成为现代法治国家共同的价值取向。我国由于受到"重实体轻程序"观念的影响，程序意识相对落后。但随着社会主义法治国家的建设，立法机关已经逐渐认识到程序之重要性，《刑事诉讼法》将尊重保障人权写入总则、辩护律师提前介入等条款，是对程序正义的积极肯定。遗憾的是，尽管《刑事诉讼法》已经将"未成年人刑事案件诉讼程序"作为特别程序予以专门规定，但是当前我国实践中的触法未成年人处遇决定权仍掌握在公安机关手中，具体适用程序仍属于行政内部自决系统，徘徊于司法程序大门之外。为保障触法未成年人的合法权益不受侵害，以法律的形式将触法未成年人处遇适用程序纳入司法程序，明确法官对触法未成年人处遇的决定权、检察官的监督权、相应行政机关、社会组织机构的执行权，方可实现触法未成年人处遇程序的正当性。

由于触法未成年人的特殊性，为避免程序过于诉讼化不利于触法未成年人的教育改善，对于触法未成年人案件可借鉴日本的做法由法官直接受理。尽管我国尚未设立专门的少年法院，但我国法院内部早已设立少年法庭，专门受理未成年人刑事犯罪案件。长期实践已使未成年人案件的经办人员积累了丰富的经验，形成了办理未成年人犯罪案件的特色做法，而触法未成年人触法行为与未成年人刑事犯罪在客观层面并无本质差别，两者均是由未成年人实施的符合犯罪构成客观要件的行为。可见，从具体实践操作而言，将触法未成年人案件纳入我国现有少年法庭审理范围具备现实操作性。

此外，2012年修正的《未成年人保护法》第55条规定，公安机关、人民检察院、人民法院办理未成年人犯罪案件和涉及未成年人权益保护案件，可根据需要设立专门机构或者指定专人办理，将涉及未成年人权益保护的案件纳入行政机关、司法机关设置专门机构或者指定专人办理的未成年人案件的范围。从某种程度上来说，该规定为将触法未成年人触法案件纳入少年法庭审理范围提供了法律依据。

因此，无论是从实践来看还是从法律基础来看，将触法未成年人处遇纳入司法程序在我国具有可行性。具体而言，民警在发现触法未成年人触法事件之后应直接移送法院少年法庭，由少年法庭法官直接受理。法官在审理之前，应委托专业机构对触法未成年人成长经历、触法原因以及家庭教养情况等进行较为全面的社会调查，并通过询问触法未成年人本人与其他相关人员，根据调查结果选择合理的审理方式，决定触法未成年人处遇的具体适用，并接受人民检察院的法律监督。

二、增加社区内处遇并充分利用社会资源

"德国从20世纪70年代开始，针对未成年人犯罪设立了实证研究项目，最后所得出的结论是：谦抑性、教育性的社会内处遇更有利于防止再犯。"① 目前我国《刑法》第17条第4款只规定了"家长管教"和"收容教养"两项触法未成年人处遇措施，较少类型的触法未成年人处遇措施，无法应对复杂多变的触法未成年人触法情形，也无法实现处遇个别化的要求。此外，在处遇措施中直接由"家长管教"跳跃到"政府收容教养"，这不仅会造成社

---

① 刘建利：《日本少年司法制度及其对我国的启示》，载《青少年犯罪问题》2013年第2期。

会资源的浪费，也使得处遇措施之间缺乏连贯性。

近日，刚刚通过的《社区矫正法》专章设置了"未成年人社区矫正特别规定"。我国 2012 年修订的《预防未成年人犯罪法》第 3 条"预防未成年人犯罪，在各级人民政府组织领导下，实行综合治理"以及《未成年人保护法》确立的集家庭保护、学校保护、社会保护、司法保护四位于一体的未成年人保护体系，也都从原则上说明了对触法未成年人的保护教育离不开社会资源的广泛参与。可见，完善我国触法未成年人处遇离不开对社会资源的广泛利用，离不开多样化的社会内处遇措施的完善。而以社会内处遇为主的实践适用，能够针对性地对触法未成年人进行个别化教育与保护，最终建立健全家庭、社会、政府三位一体的触法未成年人保护帮助体系。

笔者认为，构建我国触法未成年人社会内处遇，可以从以下两方面入手：

（一）发挥社区矫正功能，将触法未成年人纳入社区矫正范围

社区矫正作为对传统监狱矫正的补充在国外盛行已久，我国目前社区矫正工作也正如火如荼地进行。目前，我国社区矫正严格适用于管制、缓刑、假释和暂予监外执行，即只有被判处刑罚的犯罪人才能适用社区矫正制度。然而，正如学者所说，"矫正"属于中性词汇并不限于行刑领域。[①] 从"矫正"原本的语词表述来看，其性质既不受矫正场所的限制，也不受矫正对象是否是罪犯的限制，社区矫正完全可以定义为"由专门机构负责，动员社会力量，在社区内对符合非监禁条件的罪犯进行的刑事执法活动以及对出狱人和违法青少年进行的保护性社会工作"。[②] 同时，结合域外司法实践，社区矫正的对象范围并不局限于正在服刑的罪犯。以日本为例，日本社区矫正适用对象除了缓刑、假释、保释出狱、保外就医者之外，还适用于受保护观察处分者以及出狱人，其中受保护观察处分者就包括受保护观察处分的触法未成年人。[③] 因此，无论是从社区矫正的概念出发，还是从社区矫正的具体适用出发，将触法未成年人纳入社区矫正均具备一定的可行性。

当然，姑且不论我国现行社区矫正种类较少、规范运行有待提升的弊端，将触法未成年人纳入社区矫正范围，并不意味着对现行社区矫正措施不

[①] 鲁兰：《中日矫正理念与实务比较研究》，北京大学出版社 2005 年版，第 213 页。
[②] 周国强：《社区矫正制度研究》，中国检察出版社 2006 年版，第 9 页。
[③] 周国强：《社区矫正制度研究》，中国检察出版社 2006 年版，第 256 页。

作任何调整而全盘照搬。触法未成年人由于年龄较小,自身具有区别于其他社区矫正人员的特殊性,因此从其特殊性出发,有必要为其增设类似我国澳门地区的"教育上之跟进"、日本的"保护观察处分"、我国台湾地区的"保护管束"、法国的"监督自由"等相关措施。由专门人员对触法未成年人在一定时间段内进行行为监督和教育辅导,并把其具体情况反馈给执法人员,作为触法未成年人处遇变更之合理依据。

(二) 扩大儿童福利机构服务对象,彰显儿童福利的功能

通过对其他国家和地区触法未成年人处遇立法的考察,笔者发现其他国家和地区的触法未成年人处遇具有浓厚的儿童福利色彩,尤其是对于年幼的触法未成年人,儿童福利机构发挥着举足轻重的作用。

我国现行儿童福利主要包括:(1)儿童福利院服务,由儿童福利院以及其他监护养育部分儿童的社会福利院对孤儿和弃婴进行集中监护养育;(2)流浪儿童救助保护,由流浪儿童救助保护中心或综合性救助管理站儿童救助保护部对流浪儿童实施救助保护;(3)SOS儿童村,是以家庭方式抚养、教育孤儿的国际性民间慈善组织;(4)儿童收养,即由国内外公民根据《中华人民共和国收养法》规定进行收养;(5)家庭寄养,指儿童福利机构所在地经调查了解和审查评估后,将民政部门监护的儿童委托给符合一定条件且自愿申请代养儿童的家庭养育看护。① 可见,我国儿童福利的惠及对象范围较为狭窄,仅包括残疾儿童、孤儿、弃婴和流浪儿童,而将遭受家庭虐待的儿童或者家庭环境不适合其成长的儿童等排除在外。2013年6月南京"女童饿死"事件引发了人们对家长监护不力的声讨,但同时这也是我国儿童福利弊端的显现。

按照我国当前触法未成年人的处遇情形来看,无人管教的触法未成年人均由政府予以封闭式的收容教养,这明显有"一刀切"的现实弊病。笔者建议,对于无父无母或者父母因客观原因无法管教的触法未成年人,可直接交由儿童福利机构进行保护教育;对于家庭环境亟须调整的触法未成年人,可由儿童福利机构对其进行暂时性的保护教育,待家庭环境得到有效改善之后再回归家庭。因此,适当地扩大儿童福利服务对象,将由于家庭环境导致触法的触法未成年人纳入儿童福利保护范围,是从根本上避免触法未成年人

---

① 周良才:《中国社会福利》,北京大学出版社2008年版,第108–117页。

再度触法、帮助其健康成长的重要举措。

三、增加监护监督机制并明确监护人职责

家庭教育在未成年人的成长中具有不可替代的作用，教育未成年人是父母及其他监护人应尽的监护职责。但事实上并不是所有的监护人都能自觉、合理履行对未成年人的监护义务，对于不履行教育职责或者不当履行教育职责，以致未成年人实施触法行为的监护人，则需要国家的监督与辅助。

目前，尽管我国《民法通则》《婚姻法》《未成年人保护法》中的未成年人监护制度已有一定的规定，但我国未成年人监护制度仍缺乏有效的监督机制。《民法通则》第18条第3款及《未成年人保护法》第53条均规定了监护人不履行监护职责应承担法律责任，同时法院可撤销监护人资格、另行指定监护人。遗憾的是，就司法实践的适用来看，撤销监护权、另行指定监护人的情形并不多见。所谓的不履行监护职责需承担法律责任，由于缺乏法律责任的明确规定，因而也往往难以实现。

此外，监护人监护不力的刑事责任追究的缺位，是我国对监护人职责监督不力的又一体现。作为保护未成年人权益的最后一道防线，我国刑法至今未能对监护人监护不力作出有效回应，现有的涉及家庭成员之间的诸如遗弃罪、虐待罪等，均不能全面有效涵盖监护人不履行监护义务的情形。

为有效实现对父母及其他监护人监护职责的监督，可从两方面着手完善：一方面，对于因疏忽管教以致未成年人实施触法行为的父母及其他监护人，可以在触法未成年人处遇规定中同时规定对监护人的处遇。例如，可通过立法规定由法官命令监护人在一定期限内到指定学校或其他家教辅导机构接受一定时限的亲职教育辅导；对于拒不接受亲职教育辅导或者参加亲职教育时间不足者，由法官决定对其处以一定数额的罚款，对于处以罚款之后仍不履行的，法官可根据情况决定对其适用限制自由的处遇。另一方面，在刑法中新增"违背监护或教养义务罪"，监护教养人员严重不履行监护或教养义务，或疏于履行监护教养义务，导致不满十六周岁的未成年人犯重罪的，处管制、拘役或3年以下有期徒刑。

四、细化收容教养制度与完善设施内处遇

尽管收容教养以"教育、保护"为名，但不可否认其相对于社会内处遇措

施而言，作为机构内处遇措施的"收容教养"因其要对人身自由予以限制，所以应作为处遇触法未成年人不得已的最后手段。因此，对收容教养的相关内容有必要进行一定程度的限定。从整体上来说，我国收容教养工作大体可按照司法部《少年教养工作管理办法（试行）》具体执行，但在此基础上需要作适当的调整。

（一）收容教养的适用对象

作为最为严厉的触法未成年人处遇措施，收容教养的强制性、封闭性均说明其不适用于年幼的触法未成年人，因此有必要对适用收容教养的触法未成年人的年龄作必要限制。根据我国触法未成年人触法行为的现状与收容教养的实践经验，结合我国学者的已有认识，可以将我国收容教养的适用对象限制为已满十二周岁不满十六周岁的触法未成年人。其中已满十二周岁不满十四周岁的触法未成年人只有实施故意杀人、故意伤害致人重伤或死亡等严重暴力犯罪的才能适用收容教养。

（二）收容教养的期限

现行收容教养的期限为一年至三年，即执行收容教养最短为一年，最长为三年。作为完全剥夺人身自由的设施内强制性处遇措施，以一年为收容教养的最短执行年限，难免过长。尤其是对未成年人来说，在一个相对较短的时间内进行处遇并获得教养认知与习惯养成，并不是不可能。与之相反，较长时间的收容教养，必将对未成年人复归社会带来不良人格的影响，甚至造成社会化的现实阻滞，此时对未成年人及其家庭、社会等也将是负面性的。因此，应当适当降低收容教养的最低期限，以三个月为起点较为妥当。

（三）收容教养的决定

由上文可知，触法未成年人处遇纳入司法程序之后，触法未成年人的收容教养应由法官决定。在法官适用收容教养的过程中，应根据未成年人的主客观情况进行决定。对于虽然客观造成严重后果，但已经认识到自己错误的触法未成年人可宣布暂缓执行收容教养，在暂缓执行期内，先交由社区处遇，如在规定期限内表现良好则可解除收容教养规定，如违反规定要求，则正式予以收容教养。

（四）收容教养的执行

为有效衡量触法未成年人教育改造工作的进行状态，也为了更好提升实际处遇的效果，在收容教养制度的具体执行中应当加强个别化教养的实践适用。结合触法未成年人的现实情形，收容教养执行机关应当为每个触法未成年人制订不同的个人教育计划,并定期将情况反馈给原审法官。同时,对于收容教养期限内表现良好的触法未成年人,可实施半收容教养制度,即同意其白天在执行场所内活动,晚上可回家正常生活,接受社区监督。[①] 通过此种方式,可以让未成年人与家庭保持一种积极的良好关系,通过家庭参与来共同促进未成年人的改造效果。

(五)收容教养的变更与解除

收容教养执行期限内,法官根据收容教养执行场所反馈的触法未成年人教育情况,认为被收容教养触法未成年人的教育改造工作良好,不需要继续收容教养的,可决定变更收容教养为社区内处遇措施。收容教养执行期限届满,法官应当与触法未成年人进行面谈,同时结合执行机关的反馈意见,认为触法未成年人教育状况良好的,可直接解除收容教养,或者变更为社区处遇;认为收容教养并未收到预想效果的,可决定延长触法未成年人的收容教养期限,但触法未成年人收容教养执行期限总和不得超过三年。

当然,我国触法未成年人处遇由《刑法》第17条第4款规定,受单一法条所限,要在本条款中完善关于触法未成年人处遇的所有程序及实体规定显然是不现实的。由于触法未成年人处遇涉及对触法未成年人的人身自由之限制,根据《立法法》规定只能由全国人民代表大会及人民代表大会常务委员会制定法律,同时根据该法第50条的规定,全国人大常委会的法律解释同法律具有同等效力。因此,对触法未成年人处遇的程序性及实体性具体规定,应当在重构《刑法》第17条第4款之后由全国人大常委会进行法律解释予以完善。当然,通过现有法律规定与法律解释的方式,对触法未成年人处遇程序及实体方面的规定予以完善,仍然仅仅是当下的应时之举,等待将来时机成熟,对包含触法未成年人在内的违法犯罪未成年人制定专门的法律,彻底实现未成年人利益之保护,方乃众望所归。

[①] 贾洛川:《中国未成年人违法犯罪人员矫正制度研究》,中国人民公安大学出版社2005年版,第210页。

第四节　本章小结

　　理性对待未达刑事责任年龄却实施严重危害社会行为的触法未成年人，不仅是少年司法的重要内容，而且也是刑事法治不可偏废的价值所在。虽然对触法未成年人不能以传统的犯罪与刑罚予以对待，但是其实施的严重危害行为仍然需要在整体刑法观的视野下认真对待。何况，在以犯罪与刑罚规范为核心内容的刑法中明确规定触法未成年人的处遇措施，原本就值得我们刑法学人对此予以认真省思。然而，我国《刑法》第17条第4款规定的触法未成年人处遇制度仍然过于抽象，难以在实践中有效地规范化运行。这一现状值得我们关注，也需要我们从法治化层面进行认真解读与完善。

　　因此，从我国现行刑法规定之不足与触法未成年人处遇现状的视角出发，应当从理念更新与实践操作的双向层面对触法未成年人处遇予以更好完善。具体包括通过司法程序保障触法未成年人处遇的正当性，防范脱离司法程序控制带来的权益侵犯；增加社区处遇，充分利用社会资源；增加监护监督机制，明确监护人的监护责任；细化收容教养制度，完善设施内处遇内容，即明确收容教养的对象、收容教养的期限、收容教养的决定、收容教养的执行、收容教养的变更与解除。通过对综合性措施的细化与规范完善，把现有刑法规定的触法未成年人处遇制度真正落到实处，保障触法未成年人处遇价值的真正实现。

第十章
性侵未成年人的现状、原因与对策研究*

　　长久以来,"性"在人类社会中是属于秘而不宣的话题,性欲是人身上留有的动物群体的"胎记",亦是人性中最基本的动物性体现。然而一个人若是彻底的被性欲所俘虏,性欲就有可能将一个人推向性犯罪的不测之渊。近年来,幼儿园、小学教职人员、公职人员、企业主等性侵未成年人案件在我们身边时有发生,如"海南万宁校长开房案""百色助学性侵案""河南永城官员强奸幼女案"等。媒体的广泛报道使得普通公众的敏感神经进一步绷紧,并引起了全社会对未成年人权利保护的普遍担忧。同时,这也暴露出我国在未成年人性侵害问题的预防和保护上存在观念滞后和法律制度不健全等问题。基于此,笔者以性侵未成年人为中心,通过实证分析性侵未成年人的现状、原因,并在考察我国的基本国情与刑事政策基础上,借鉴外国研究成果及相关制度,探寻性侵未成年人的预防、惩治与矫治之路,以期对理论研究与实践应对有所裨益。

---

　　* 本章内容由陈伟、金晓杰、杜娟共同完成,相关内容已经发表于《青少年犯罪问题》2016年第4期和2017年第1期,在纳入本著述时进行了相应修改与调整。

第一节 我国性侵未成年人案件的现状：基于实证视角

犯罪现象是危害社会的反社会现象，是与社会秩序及对社会有助益的事物相对立、相冲突的现象。人们对事物的认识都是由接触事物现象开始的，不接触事物现象就无从对事物进行认识，为了能够探寻预防和治理性侵未成年人的合理对策，必须要先了解性侵未成年人案件的基本现状。

一、性侵未成年人案件的主要类型

笔者根据近些年媒体曝光的性侵未成年人事件及北大法意、裁判文书等网站公布的性侵未成年人案件，梳理出能够直观反映出实际存在的性侵未成年案件的类型并绘制成表1。

表1 性侵未成年人案件类型

实践中案件类型	案例检索来源
家长疏于监护，犯罪人性侵女童	"广州52岁男子猥亵8岁幼女，称是玩游戏"，载《广州日报》2015年9月23日
校长、教师、资助人性侵未成年学生	惩治性侵害未成年人犯罪典型案例，载http://www.court.gov.cn/zixun－xiangqing－14596.html
邻居性侵未成年人	遭狼爷爷性侵，四岁女童一度病危，载《华西都市报》2013年8月11日，A04版。
幼儿园保安性侵未成年人	西安市56岁保安，3年来多次性侵一名幼女，载http://xw.qq.com/news/20150105009741
公职人员性侵女童案	河南李某某强奸、猥亵儿童死刑复核刑事判决，载http://guoqing.china.com.cn/2013－07/03/content_29305001.htm

表1可以直观地反映出在实践中存在的性侵未成年人的类型，其中"家长疏于监护，犯罪人性侵女童"的案件其实还有很多，如惠州市博罗

县,一个59岁在外务工的爷爷辈的老汉,趁一个年仅4岁的幼女父母上班期间,在幼女的出租楼内,两次对其性侵。西安长安区7岁女童凡凡因父母平时工作忙,住在外婆家,独自去舅爷家玩,被其舅爷性侵。校长、教师、资助人性侵未成年学生的案件并不鲜见,比如一些老师利用自己教师的身份,吩咐自己的学生听从于自己,对未成年学生进行性侵害;有的利用让学生交作业时实施性侵害;有的骗学生到自己家里、自己宿舍补课以及校外树林等,利用未成年学生年幼无知、胆小害羞的弱点,对未成年学生进行性侵害。安徽潜山小学校长在长达12年的时间中先后对9名女童实施性侵。

另外,在邻居性侵未成年人的这类案件中,多与父母监护不到位抑或未成年人是留守儿童有关。例如,2014年7月,住在广州北站附近的刘女士发现女儿被邻居长期性侵,并且长期对该女童进行恐吓,女童被邻居性侵3年。保安性侵未成年人案件中,主要是由于有些保安人员和未成年人有机会接触,而且有些保安人员和未成年人平常来往比较亲近,这些人员通常比较了解被害人的情况,并利用这些条件,对未成年人进行性侵害。对于公职官员性侵未成年人的案例较少,但是近些年也出现了一些公职官员性侵女童的案件并引起了公众的普遍关注,可见这种类型的性侵害案件对社会的危害性是不容忽视的。

二、性侵未成年人案件现状的统计数据分析[①]

(一) 对曝光的性侵未成年人案件的定量分析

为了对近年来在全国各地曝光的性侵未成年案件有较为直观的呈现,笔者将近年来媒体曝光的性侵未成年人案件的数据以及平均每天曝光率等绘制成表2:

---

① 由于在我国司法实践中,并无以司法统计为主的性侵未成年人案件的具体数据,因此笔者的数据及类型主要来源于法院公布的关于性侵害未成年人案件的判决书、公益项目的非官方统计及媒体曝光的案件类型的归纳统计等。该数据来源于设立在中国少年儿童文化艺术基金会下属的"女童保护"公益项目发布的2015年性侵儿童案件统计及儿童防性侵教育统计报告。参见《2015年性侵儿童案件统计及儿童防性侵教育统计报告》,载 http://toutiao.com/i6257990061309035010/, 2016年4月20日最后访问。

表 2　2013－2015 年性侵未成年人案件数据统计

单位：件

类型 年份	全年媒体公开曝光性侵案	平均每天曝光性侵儿童案件
2013	125	0.34
2014	503	1.38
2015	340	0.95

通过表 2 可以发现，近年来，恶性性侵未成年人案件在全国各地仍然持续案发。根据"女童保护"公益项目统计，2013 年被媒体公开曝光的案件有 125 件，到 2014 年一年被曝光的案件已达到 503 件，比 2013 年同比增长了 4.06 倍。而 2015 年全年被媒体公开曝光的性侵未成年案例是 340 件，比 2014 年同比下降了 33%。但是，虽说 2015 年被媒体曝光的性侵案件比 2014 年被媒体曝光的案件有所减少，但是公开曝光的案例减少并不代表着实际发生案例也是如此。这 3 年来被媒体曝光的性侵未成年人案例已达到近千起，而且上述统计仅限于公开报道案件。与此同时，由于在实际中性侵未成年人的犯罪受诸多主客观因素的影响导致许多性侵未成年案件不容易被发现，因此公开报道的案件仅是实际发生的一部分。这就说明当前性侵未成年人犯罪的形势依然严峻，因此需要采取多元综合措施，以有效治理此类性犯罪。

（二）被害人年龄分布特征

由于本次研究的是性侵未成年人案件，所以表 2 中的被害人的年龄均是 18 岁以下。同时，从表 4 中可以看出，2015 年全年媒体曝光的性侵未成年案件的受害人的年龄呈现低龄化的趋势，其中受害人年龄最小的为 6 个月大的女婴。并且从表 3 中可以看出，从 6 个月到 18 岁的每个年龄阶段都有未成年人被性侵。此外，值得我们关注的是，在这些被性侵的未成年人当中 7 岁到 14 岁的未成年人居多，而这个年龄段的未成年人又以中小学生居多，12 岁到 14 岁的占 36%，7 岁到 12 岁的占 34%，7 岁以下的占 17%。

表3 被害人的年龄分布情况

年龄段\数量	6个月-7岁	7-12岁	12-14岁	14-18岁
案件（件）	58	115	123	44
百分比（%）	17.0	34.0	36.0	13.0

（三）加害者年龄分布特征

表4表明了作案者的年龄阶段分布情况，其中老年人的作案率达到9%，在老年人性侵未成年人案件中，一般存在两方面原因，一是丧偶及子女的关心程度不够，二是未成年人年幼、容易控制等因素，因此导致老年人经常会把未成年人作为性侵的对象。数据显示14-18岁阶段以及14岁以下的行为人性侵未成年人的概率较小，即使在个案中偶尔存在，这些未成年人性侵未成年人一般也是基于教育问题或者不良生活环境的影响所造成的。从表4中可以看出，18-60岁的作案率较高，而且在这些年龄阶段中不乏有些作案人存在人格障碍，因此对于18-60岁阶段的作案人的犯罪行为控制与预防相对较难些。

表4 加害人的年龄分布情况

年龄段\数量	60岁以上	14-18岁	14岁以下	18-60岁	年龄不详
案件量（件）	31	16	2	119	170
百分比（%）	9.0	5.0	1.0	35.0	50.0

（四）被害人被侵害地分布特征

笔者结合"女童保护"公益项目所发布的统计数据，并就事件发生地在宏观层面进行了数据统计分析。从表5中可以看出事件发生地在农村比例为23%，事件发生地为城市及城镇的比例为65%。

表 5　被害人被侵害地分布情况

数量＼被害地点	受害者为农村地区	受害者为城市及城镇地区	事件发生地址不详
案件量（件）	80	220	40
百分比（%）	23.0	65.0	12.0

就表 5 来说，在公开报道的性侵未成年人案例中，被害人为农村地区的有 80 件，占比 23%，被害人为城市及城镇地区的为 220 件，所占比例为 65%。这可以看出，被害人为农村未成年人的比例比被害人为城市及城镇未成年人的比例要小的多。但这并不能说明农村未成年人被侵害的频率就小于城市及城镇未成年人。原因在于，基于地域上的差异性，所以才会出现大量的城市及城镇性侵未成年人案件被媒体报道，而农村地区的性侵未成年人案件却往往较少得以被曝光。

（五）加害人与被害人的关系特征

从表 6 可以看出，在 247 件案件中被害人与加害人相识，在 93 件案件中被害人与加害人不相识。在比例上，被害人与加害人相识的比例为 73%，不相识的比例为 27%。这一数据说明在性侵未成年人案件当中，熟人作案的比例较高。

表 6　被害人是否与加害人相识

	频数（件）	百分比（%）	有效百分比（%）	累计百分比（%）
相识	247	73.0	73.0	73.0
不相识	93	27.0	27.0	27.0
合计	340	100.0	100.0	100.0

从表 6 可以看出，陌生人作案的有 93 件。此外，就统计来看，公开报道的性侵未成年人案件中，在熟人作案的范围内，未提到具体是何关系的有 76 件。根据表 7，在熟人作案的有效数据中，教师作为加害人的有 71 件（占 41.5%），邻居性侵的有 33 件（占 19.3%）；家庭成员（例如父亲、哥哥、继父等）作为加害人的有 29 件（占 17%）。这说明在未成年人性侵案件当中，加害人不仅包括陌生人、邻居、教师，还包括父母。同时还有网友

作为加害人的有 7 件（占 4.1%），网友作为加害人的比例虽然较小，但在现实生活中，在互联网发达的今天，网络交友仍然存在安全隐患。

表 7 被害人与相识加害人的关系

		频数（件）	百分比（%）	有效百分比（%）	累计百分比（%）
有效	家庭成员	29	11.7	17.0	17.0
	邻居	33	13.4	19.3	36.3
	教师	71	28.7	41.5	77.8
	网友	7	2.8	4.1	81.9
	其他生活接触者	17	6.9	9.9	91.8
	被害人父母朋友	14	5.7	8.2	100.0
	合计	171	69.2	100.0	
缺失	系统	76	30.8		
	总计	247	100.0	100.0	

而且再次给我们提醒的是，在未成年人性侵案件当中，熟人作案的频率较大。而且在已知的有效数据中，家庭成员性侵的比例达到 17%，虽然这一数据比例的绝对值似乎并不大，但是现实的危害性却很大，家庭成员性侵未成年人应引起特别的重视，在法律和政策保障方面应该有所关注。

（六）加害人的加害次数特征

根据"女童保护"项目的统计，2015 年全年媒体公开曝光的 340 件性侵未成年案例中，一人对多名（两人及以上）未成年人实施性侵的案列为 96 件，占 28.2%。从表 8 可以看出，一人性侵 10 名以上未成年人的有 14 件，占 4.1%。同时在 96 件案例中，性侵男童案例为 9 件，占 9.4%，性侵女童案例为 87 件，占 90.6%。这说明在未成年人性侵案件当中，不仅有女童常常受到性侵害，男童也会遭到性侵害，虽然男童所占的比例较小，但这类案件同样不容忽视。

表8 一人性侵多名未成年人特征

数量 \ 类别	一人对多名	一人性侵10名以上	性侵男童	性侵女童
案件量（件）	96	14	9	87
百分比（%）	28.2	4.1	9.4	90.6

（七）被害人的被害地点特征

从表9中可以看出，被害人被害的地点具有多样性，包括了被害人的家中、加害人的家中、酒店或旅馆、学校、野外（如上学途中）。而除去系统缺失的数据之外，在有效数据中，其中发生在被害人家中的有70件，占29.3%；在加害人家中的有53件，占22.2%。值得注意的是，在性侵未成年人案件当中，对于加害人实施性侵的场所，被害人或者加害人住处的占比较高。这说明，家长及学校在对未成年人进行防性侵教育的时候，应着重提醒孩子，对身边人不正常的举动应当有所防范。

表9 遭受加害人侵害的地点

		频数（件）	百分比（%）	有效百分比（%）	累计百分比（%）
有效	被害者家	70	20.6	29.3	29.3
	加害人家	53	15.6	22.2	51.5
	酒店或旅馆	10	2.9	4.2	55.7
	野外	38	11.2	15.9	71.6
	学校	68	20.0	28.4	100.0
	合计	239	70.3	100.0	
缺失	系统	101	29.7		
合计		340	100.0		

（八）性侵未成年案件受关注程度特征

表10反映的是"女童保护"统计项目中家长与小学教师的关注程度。

对于发生的性侵未成年人案件，有43%的家长听说过，有29%的家长表示比较关注这类案件，但是仍有28%的家长对这些性侵未成年人案件并不是十分了解。对于小学教师的关注程度，有74.7%的小学教师很关注这类案件。这些数据表明，性侵未成年案件在小学教师范围内受到的关注度较高，但是小学家长的关注程度并不高，甚至有些家长认为这些犯罪行为离自己的孩子很远而无须关注。

表 10　性侵未成年人案件在小学家长、小学教师中受关注情况

单位：%

关注主体 \ 关注程度	很关注	听说过	不太了解
小学家长	29	43	28
小学教师	74.7	25	0.3

（九）我国关于儿童防性侵教育的特征

表 11　未成年人对隐私部位认识与被侵害时处理方法

单位：%

不能随便碰触部位	比例	拒绝方式	比例
胸部	23	没什么事忍忍就好	3
内裤覆盖的部位	36	很害怕但不敢说	9
大腿	19	对他说"不要碰我"	40
手	4	大声呼喊	21
脸	8	当时忍忍，事后告诉家长	9
嘴巴	7	想办法逃跑	18
头发	3	合计	100
合计	100		

从表11中可以看出，近一半多的儿童对隐私部位的概念认识不清楚，有23%的学生知道胸部是不能随便被碰触的，36%的学生知道内裤覆盖的部位是隐私部位。而对于在调查中，当面对"如果有陌生人摸你，让你感觉到不舒服或不愿意，你会怎么办？"的问题时，竟然有9%的学生称很害

怕不敢说，还有3%的学生选择没什么事，忍一忍就好了。① 这说明我们在开展未成年人性教育方面还很不到位，仍然有部分未成年人在遭遇侵害时不知如何采取有效的拒绝方式。

从表12中可以看出，在未成年人性教育方面，家长对未成年人性教育在三次以上的占32%，从未讲过的占39%。与此同时，部分参与调查的家长未对孩子进行生理方面知识的讲解，原因是有42%的家长认为孩子还小，有29%的认为不知道如何开口等。而参与调查的孩子在选择性教育知识获得渠道时希望通过家长获得的占34%。这说明在未成年人性教育知识方面，不仅学校有全面教育的责任，家长也应该对孩子进行生理知识的教育。

表12 家长对未成年人性教育情况

单位:%

性教育次数	比例	不教育原因	比例	孩子性教育渠道选择	比例
三次以上	32	认为孩子还小	42	希望通过家长	34
三次以下	29	不知如何开口	29	通过学校或老师	30
从未讲过	39	认为学校会教	17	通过画册、书籍	12
		怕教坏孩子	8	通过伙伴	12
		害羞	4	通过网络	12

三、性侵未成年人案件的特点归纳

通过对案件类型、数量、年龄、被害人地区分布、加害人与被害人关系、受关注程度、防性侵害教育情况等方面的考察，并对上述性侵未成年人案件实证统计的分析，可以发现未成年人遭受性侵案件呈现如下特点：

（一）儿童易受性侵害，女性高于男性

这里的儿童是指不满14周岁的未成年人。结合前述数据统计，在受侵害的性别分布上，女性被害占极大比例，达到90%以上，而男性被害较少，

---

① 《女童保护：2015年性侵儿童案件及儿童防性侵教育统计报告》，载 http://www.chinadevelopmentbrief.org.cn/news-18626.html，2016年4月25日最后访问。

在9%左右。也就是说，在调查统计的多次被性侵的96件性侵未成年人案件中，有87件性侵女童的案件，有9件性侵男童的案件。此外在2015年被公开曝光的性侵未成年人案件中，有319件性侵女童的案件和21件性侵男童的案件。但是，男童被性侵事件的多次曝光，说明了男童遭受性侵害的现象也是不容忽视的。甚至有专家指出，男性未成年人遭受到性侵害时，对于其未来成长的负面影响有时会超过女性未成年人。[1] 因此，在对女性未成年人保护教育的同时，也应当坚持男女同等，一方面要让男性未成年人学会如何保护自己，另一方面也要在立法上加强对男性权利的保护。

（二）农村地区仍是防范的薄弱区域

从表5中可以看出，被害者为农村地区的有80件，被害者为城市及城镇地区的为220件，但这并不意味着城镇未成年人被性侵害的频率比农村更高，而是说明了城镇地区未成年人家庭、学校及社会对其的监护显著高于农村地区。农村地区由于大众媒体的覆盖面、活跃程度明显较低，加之农村群体普遍的保守思想，使得性侵未成年事件很难曝光于大众视野之下。[2] 此外，农村地区的熟人社会当中，一般发生这种性侵害案件后许多监护人都会选择默不作声，不愿意将自己孩子被侵害的事情让别人知道，因此很多农村地区性侵害未成年人案件都不会及时报案、及时被发现，这就呈现出了城市及城镇地区性侵未成年人案件高发于农村地区的表象。

（三）熟人作案者的占比较高

从表6、表7可以发现，熟人性侵害未成年人的比例超过七成，而且从未成年被害人与加害人间的亲疏关系来看，熟人作案的性侵害案件共247件，占比达73%，这反映出未成年人对外人尤其是熟人缺乏应有的戒备心。在熟人作案的情形下，加害者通常在案件发生之前就对未成年人有所了解，未成年人通常对加害者也非常熟悉，这样加害者就更容易接近被害者，利用这一特定优势，就很容易实施加害行为。通过对近年来性侵案件的分析可知，熟人犯罪应该引起我们的特别重视，因此在对未成年人进行性侵的预防教育时，要特别重视针对熟人的防范教育。

---

[1] 《女童保护：2015年性侵儿童案件及儿童防性侵教育统计报告》，载http：//www.chinadevelopmentbrief.org.cn/news-18626.html，2016年4月25日最后访问。

[2] 《女童保护：2015年性侵儿童案件及儿童防性侵教育统计报告》，载http：//www.chinadevelopmentbrief.org.cn/news-18626.html，2016年4月25日最后访问。

(四) 全国各地防性侵教育普遍缺失

从表 11、表 12 可以看出，在未成年人防性侵教育方面，家长对未成年人防性侵教育在三次以上的占32%，从未讲过的占39%，而且有近四成的儿童竟然对隐私部位的概念认识不清。这也显示出了我们在防性侵教育上的一系列问题，小学教师、未成年人父母在开展未成年人性教育方面还很不到位。因此为了未成年人的健康成长，目前尚需要在性教育方面进行针对性完善，应当将与性有关的科学知识、防性侵的方法、心理健康调适和道德法律教育作为内容。

第二节　性侵未成年人刑事规制存在的问题

一、特殊主体实施犯罪对刑罚裁量的影响不突出

以上实证考察结果表明，熟人作案在奸淫幼女类案件中占有相当高的比重。特别是教师、与幼女共同生活的监护人等特殊主体，其利用长期和幼女接触的便利，能够更隐蔽地实施侵害行为而不易被发现，而且往往长时间持续实施侵害，严重挑战着社会底线，造成了更为严重的社会危害性。为此，有学者特针对此类现象撰文论述，如谢婧的《论我国刑法对师源性侵害的惩罚与规制》就着重阐述了教师主体实施性侵案件的特点及防治，不仅在理论界引起了重视，也为实务界提供了借鉴。

除了教师主体外，国家公职人员这一主体也应引起重视。个别国家公职人员对幼童实施的奸淫事件，引发了人民群众的怒火，损害了公职机关的形象。与一般公民实施此类行为的案件性质相比，其恶行更加令人难以容忍。笔者认为，对于特殊身份主体的行为人应当从严从重惩处。然而，综观刑法条文及相关司法解释都没有具体明确的规定。就此而言，一些其他国家和地区的有关立法就相对完善，如有的国家法律明确规定特殊主体对儿童实施性侵案件应当从重处罚，有的国家区分了不同的特殊主体身份并设定专门的罪名进行规制。令人欣慰的是，最高人民法院、最高人民检察院、公安部、司法部于2013年10月23日联合下发了《关于依法惩治性侵害未成年人犯罪

的意见》(以下简称《意见》),首次明确了此类行为应当从严惩处。然而,《意见》毕竟只能发挥积极的政策导向意义,其效力层级较低,未来应当在刑事立法层面对该《意见》的精神进行吸收借鉴。

二、未成年人之间发生性关系的处理意见不一致

对未成年人的优先保护是我国一贯遵循的原则,这一点无论是国内法还是国际法上都有相应的规定。就奸淫幼女这一行为而言,无论幼女是否自愿均以强奸罪论处并从重处罚,这也是对未成人特殊保护的体现。但在案件的实证考察过程中,不乏有未成年人之间发生性关系的案件,且在校学生基于恋爱发生性关系的也不在少数。少男幼女性行为的犯罪圈不能过大,这才符合此类行为的特点。① 作为行为实施者的未成年人,与相对方的幼女一样,无论是在生理上、心理上都尚未发育成熟,同是法律特殊保护的对象。在这种情况下,我们应谨慎对待未成年人之间发生的"加害"与"被害"问题,在判断罪与非罪、罪轻与罪重时也应当格外注意彼此的利益衡量。

就其他国家和地区的有关规定来看,对于未成年人之间发生性关系的案件,大多采取的也是相对宽松的政策。比如《意大利的刑法》规定,除了采取暴力、胁迫等强制手段外,未成年人与不满十三周岁的未成年人发生性关系的,如果相互之间的年龄差不超过三岁则不予处罚。台湾地区的"刑法"规定,不满十八周岁的行为人犯与稚童性交罪的案件属于自诉案件,被害人告诉的才处理。之所以这样规定,主要就是考虑到作为行为实施者的未成年人与幼女的年龄相近,相互之间因为恋爱发生性行为的情况经常发生,因而应该同时考虑幼女的意愿及对未成年行为人的特殊保护。

一般来说,未成年人之间自愿发生性关系的,理论和实践都倾向于从宽处理。这一方面是出于挽救和教育未成年行为人的考虑,另一方面也是对刑法调控范围的有意识限制。② 尽量淡化犯罪人的标签效应,避免对未成年犯罪人不适当地动用刑罚手段,以此防止未成年犯罪人变成更严重的犯罪者,是当今刑法规制未成年人犯罪时应当注意贯彻的一条重要原则。③ 根据我国当前的法律规定,已满十四周岁未满十六周岁的人偶尔与幼女发生性行为,

---

① 刘宪权、杨兴培:《刑法学专论》,北京大学出版社2006年版,第497页。
② 鲍雷、刘玉民:《侵害人身犯罪疑难案例精析》,浙江大学出版社2007年版,第195页。
③ 张远煌:《犯罪学原理》,法律出版社2008年版,第191页。

情节轻微、未造成严重后果的,不认为是犯罪。出台的《意见》也重申了该规定,这也充分表明适度介入、慎重干预是我国司法机关在处理未成年人之间发生性关系问题时所要坚持的司法政策。

然而,虽然有以上从宽性政策的规定,但根据笔者所考察的案件来看,这一政策在司法实践的判决中并未得到较好的贯彻。以笔者所考察的案件为例,行为人林某(15岁)与幼女王某(13岁)同为初中在校学生,在校恋爱期间多次发生性关系,后经幼女父亲发现并报案。笔者认为,此二人是基于正常交往过程中自愿发生性关系的,案件情节轻微,并未造成严重后果,因而林某不应以犯罪论处。然而司法机关认为"多次"发生性关系则意味着案件不再属于情节轻微,故对林某判处了2年有期徒刑。针对以上情况,为了更有效地规范司法适用,应对《意见》规定的处理原则予以细化。

三、自杀、怀孕后果是否加重处罚的认定不明确

造成幼女自杀、怀孕后果的案件在奸淫幼女类案件中占有一定的比例,笔者以其中两个案件为例进行分析。案例一:幼女张某遭受两人共同强奸,因无法忍受而选择跳楼自杀,因楼层较低未导致死亡,经鉴定为轻伤。检察院认为该案件中幼女实施了自杀的行为,因而应当属于"其他严重后果",应根据《刑法》第236条第3款之规定加重处罚,而法院认为虽然实施自杀行为但并未造成死亡、重伤等后果的不属于"其他严重后果",因为"其他严重后果"应与致人重伤、死亡的程度相当。故法院一审判决被告人6年6个月有期徒刑。检察院对此进行抗诉,坚持认为只要是奸淫幼女行为导致被害人实施了自杀的行为即应构成"其他严重后果"。二审法院由此改判被告人有期徒刑10年。案例二:幼女张某的继父王某,利用幼女的信任及与幼女共同生活的便利条件,长期、多次对其实施奸淫,导致张某怀孕并流产。法院认为该情节不足以对王某加重处罚,最终判处王某8年有期徒刑。

该两起案件充分表明,我国刑法对于"其他严重后果"的界定不清,且缺乏司法解释的明确规定,由此导致司法实践中受害人自杀与怀孕的后果在认定上存在诸多争议,处理结果相差较大。案例一中的被告人虽然最终被认定构成"其他严重后果"而加重处罚,但是其过程仍然历尽波折,该案经过了检察院抗诉、二审法院改判,一定程度上造成了司法资源的更多投入,降低了司法效率。在案例二中,司法机关将幼女怀孕流产的情节作为酌定从重处罚的情节予以认定,该认定的合理性和合法性也值得我们进一步探讨。

有学者认为，所谓其他严重后果，是指强奸妇女或奸淫幼女引起被害人自杀或者精神失常，或者造成被害人怀孕或堕胎等严重危害妇女或幼女身心健康的严重后果。① 即认为"其他严重后果"应当包括自杀、怀孕的情形，应对其加重处罚。当然也有学者持不同意见，认为受害人的自杀行为与奸淫行为不存在客观的因果关系，行为人对受害人的死亡结果难以预见，因此不应对其死亡结果承担刑事责任。笔者认为，理论上对自杀、怀孕后果的清晰界定，对于指导司法实践朝着有序化、规范化方向运作具有重要意义，因而需要我们对此予以进一步的更好明确。

四、犯罪构成是否以"明知"为前提的争议较大

关于"明知"在奸淫幼女型强奸罪中的作用探讨可谓是由来已久，随着《意见》的出台，对该问题的探讨再次被吹到风口浪尖。其中的一个主要争议点，与《意见》第19条的规定有关。② 争议点有二：其一，将12周岁以下的幼女与12-14周岁的幼女进行区别对待，是否会产生被告人逃脱法律制裁的漏洞，引发不公正；其二，对于12周岁以下的幼女，我国是否已然确立了严格责任制度？

针对《意见》规定是否会引发不公的问题，不同的学者有不同的认识。一部分人认为，《意见》第19条第1款实际上进一步明确了"明知"是奸淫幼女型强奸罪的必要构成要件，与第2款的规定存在本质区别，这实际上体现了法律的不公。另一部分人认为，《意见》之所以做出这种规定具有正当性和科学性，是经过大量的调研、广泛讨论的结果，也是与幼女在不同年龄段的身心特点相适应的，不存在法律的不公。同时他们认为，虽然第1款的规定相对宽松，但是在是否明知的认定把握上是相当严格的，理论上也不会出现被告人逃脱制裁的可能。

另外，针对严格责任是否已然确立的问题，也存在不同的争议。由于性侵幼女时无论幼女自愿与否均可构成强奸罪，在此前提下，结合《意见》

---

① 梁健：《强奸犯罪比较研究》，中国人民公安大学出版社2010年版，第289页。
② 《意见》第19条的具体内容为："知道或者应当知道对方是不满十四周岁的幼女，而实施奸淫等性侵害行为的，应当认定行为人'明知'对方是幼女。对于不满十二周岁的被害人实施奸淫等性侵害行为的，应当认定行为人'明知'对方是幼女。对于已满十二周岁不满十四周岁的被害人，从其身体发育状况、言谈举止、衣着特征、生活作息规律等观察可能是幼女，而实施奸淫等性侵害行为的，应当认定行为人'明知'对方是幼女。"

第19条的规定来看，侵害未满12周岁的幼女对象，"应当认定"行为人明知对方是幼女，这样一来，只要事实上受侵害对象确实未满12周岁而与之发生性关系的，即能够认定为强奸罪。这究竟是否为严格责任在我国刑事司法中的确立，值得我们关注并加以研究。基于此，笔者将在后文中予以分析并提出自己的学术见解。

第三节　性侵未成年人的多维原因剖析

没有严格意义上的天生犯罪人，任何犯罪都是有原因的，研究犯罪原因是为了进一步认识犯罪现象及其形成的机理问题，从而找到真正有效预防、控制和减少犯罪的方略。① 因此，通过对以上性侵未成年人犯罪的现状数据分析可以发现，社会实践中性侵未成年人事件的背后根源，仍然是社会因素与犯罪实施者个体原因等多方面因素结合的产物，具体而言主要有如下内容：

一、社会维度

犯罪是个人和社会环境相互作用的产物。马克思在《〈政治经济学批判〉序言》里提出，社会存在决定社会意识，社会内部的矛盾运动推动社会不断向前发展。这些历史唯物主义的观点对犯罪原因研究具有重要的指导作用。② 任何犯罪人的形成都是由当时特定历史条件下的社会环境所决定的。"犯罪是孤立的个体，生产方式是社会发展的决定力量，生产力决定生产关系，经济基础决定人反对统治关系的斗争，和法一样，也不是随心所欲地产生的。相反的，犯罪和现行统治都产生于相同的条件。"③ 在社会发展、进步的过程中，会伴随着各种各样的问题，其中类型不同的各种犯罪也是这些问题的表现形态。

---

① 宋浩波、靳高风：《犯罪学》，复旦大学出版社2009年版，第9页。
② 吴鹏森：《犯罪社会学》，社会科学文献出版社2008年版，第140页。
③ 《马克思恩格斯全集》（第3卷），人民出版社1995年版，第379页。

(一) 人口因素

社会人口问题是各种社会问题中的重要问题。① 犯罪的人口因素,是指人口作为原因之一,会负面性地导致犯罪的发生。首先,从人口的数量来说,我国是世界人口最多的国家,由于人口数量庞大,社会能够提供的福利和教育措施难以满足所有个体的需要,从而影响个体所能享受到的福利和教育程度。也正是由于受教育程度低,导致个体的法律意识薄弱、道德观念淡薄,因而辨别和控制能力差,再加之其他不良因素的诱导,从而容易促使行为人走上性侵未成年人的犯罪道路。其次,从人口的流动因素来说,二元结构所引起的大规模的人口流动,致使犯罪的控制手段受到限制,抑制了社会治理及其规范制度的有效实施。人口流动不仅导致个体的主观控制力减弱,而且也使得社会控制机制减弱,还使得犯罪主体与犯罪对象之间的交往接触更为紧密,增加了诱发犯罪的因素。②

(二) 文化因素

性侵害是对未成年人性自主权的严重侵犯,这一危害行为的发生仍与性文化有关。社会公众受传统性文化的影响,贞操观仍然根深蒂固,女性的贞操包括未成年女性的贞操在社会中依然受到极大重视。受此影响,基于对个人名节与社会声誉的考虑,部分未成年人受害者及受害者家属会选择默不作声,从而导致某些性犯罪分子在较长时间内侵害未成年人,不能及时报案和保存证据,为刑事责任的追究带来现实障碍。犯罪的发生应从文化因素层面予以理解,因此要针对文化中存在的问题寻求对策,充分发挥文化在维系社会价值体系和规范行为模式方面的功能,从而使性侵害的犯罪得以有效治理。

(三) 学校教育因素

性侵害的对象呈现低龄化趋势,特别是中小学生极易受到侵犯。这主要是由于我国中小学生性教育的缺失、未成年人及其家庭没有接受过相关教育、未成年人特别是儿童不能有效识别性犯罪且不具备相应的防御能力,这些都增加了他们成为受侵犯对象的风险。③ 不重视学生青春期生理卫生知识的教育在我国仍然较为普遍,特别是对性知识采取神秘态度,并不利于他们

---

① 刘铮:《人口理论教程》,中国人民大学出版社1985年版,第9页。
② 宋浩波、靳高风:《犯罪学》,复旦大学出版社2009年版,第265页。
③ 王进鑫:《青春期留守儿童性安全问题调查研究》,载《青年研究》2008年第9期。

的健康成长。此外由于缺乏正确引导，充满好奇心理的他们往往会被社会上不良的行为所诱惑，从而出现一些越轨行为或者自己成为被害人。① 而且，从上述的数据也能发现，我国对未成年人性教育方面的缺失，间接导致了性犯罪的发生，这是学校教育内容未跟上社会发展所带来的现实问题。由于在学校教育中忽视生理教育，忽视性防卫知识，忽视德育与法治教育，从而致使这些中小学生既欠缺事前防范的意识，也没有临时应对与事中化解的有效方式。

二、犯罪人维度

犯罪是一种复杂的社会现象，无论是自然因素、社会因素抑或文化因素，最终都是在犯罪主体的自身观念与心理支配下实施了为法律规范所禁止的行为，该行为被标定为犯罪行为，该主体也会被定义为犯罪人。② 为什么在同样或者大致相同的社会环境中，有的人犯罪，有的人不犯罪，其中重要原因就在于主体因素的不同。因此，要分析性侵未成年人的原因，也必须考虑犯罪人个体方面的影响因素。

（一）犯罪行为人的需要因素

需要是人类一切行为最深层的动力，犯罪行为人心理因素的首要特征仍然源于内心需要。人本主义心理学的奠基者马斯洛的需要层次理论为探讨人类行为的动机做过有力的分析手段。③ 有时犯罪行为人的需要直接体现犯罪行为人的犯罪动机，同时犯罪人的需要往往具有不平衡性抑或是需要层次的相对低级性。满足物质或性的需要，固然是个体得以发展和延续的基础，但这种需要的满足应当以追求更高级的需要为前提，或者在满足程度上受高级需要的调控。然而，在与财产和性密切相关的各类犯罪中，犯罪人身上存在一种较为普遍的不良需要倾向。④ 而犯罪行为人需要结构的不平衡性除了层次的不平衡外，还表现为行为人对某一层次中的某种需要过分强烈，比如说在性侵未成年人案件中行为人对性需要的恶性膨胀。行为人的思维活动往往集中于如何满足自己这种需要上面，而对满足需要的手段的正当性、合法性

---

① 吴鹏森：《犯罪社会学》，社会科学文献出版社 2008 年版，第 191 页。
② 许章润：《犯罪学》，法律出版社 2004 年版，第 246 - 247 页。
③ [美] 弗兰克·G. 哥布尔：《第三思潮：马斯洛心理学》，吕明、陈红雯译，上海译文出版社 2006 年版，第 40 - 50 页。
④ 张远煌：《犯罪学原理》，法律出版社 2008 年版，第 332 - 333 页。

及伦理性缺乏应有的考虑,对行为的后果也缺乏应有的认识。由于性侵未成年人的犯罪嫌疑人对于性需求往往有着不正确的态度,甚至部分人有恋童癖①等变态心理的需求。在此情形下,就导致了行为人为满足这一不良需求而去实施危害他人的行为。

(二)犯罪行为人的人格异常因素

人格异常又称人格障碍、变态人格、病态人格,指一种人格发展的内在不协调,是在没有认识过程偏差或没有智力障碍的背景下,却因道德、情感、动机和意志活动异常而导致的特殊人格表现。② 人格异常者的辨认力和自制力较差,在异于常人的心理支配下,往往会实施危害社会的行为。在性侵未成年人的案件中,可以发现部分犯罪行为人具有恋童癖与心理变态倾向,致使其践踏正常的人伦界限。这些人格异常的犯罪行为人,往往对于正常的伦理关系认识淡漠,把自己的行为建立在单纯满足自己欲望的需求层面,而对该行为是否触犯法律抑或是超出了伦理道德的边界往往在所不问。人格异常犯罪行为人的性欲对象往往是不加区别与筛选的,所以在现实案件中也会出现男童被性侵害的情形。更有甚者,有些犯罪行为人常常会通过非正常的途径和手段来实现性满足,根本无视亲属关系与伦理界限的存在。对于性侵对象毫无选择、严重违反伦理的情形,无疑也是行为人人格异常的典型表现。

三、被害人维度

被害人作为加害人的对立面,被害人因素对加害人的行为实施具有一定的现实影响。无论在犯罪生成还是在犯罪行为的延续阶段,加害人都与被害人有着直接的紧密关系。因此,要探讨性侵未成年人的犯罪原因,就必须对被害人因素进行分析。

(一)被害人的防范意识欠缺

一般情况下,犯罪人是"不打无准备之仗"的,他们大多要对被害人进行侵害前的调查与了解,并对他们看准的目标大胆出手。在性侵未成年人案件中,被侵害的被害人年龄阶段在0-14岁的占据多数,这些年龄阶段大

---

① 恋童癖,或称恋童色情犯,多见于年龄较大的男性,是一种个体对尚未达到性成熟期的同性或异性儿童产生性幻想及活动,并以此作为满足性欲的性变态心理。
② 宋浩波、靳高风:《犯罪学》,复旦大学出版社2009年版,第247页。

多是中小学生,他们对于性侵的行为性质及其危害并不了解。有些未成年人以为犯罪人的这种性侵行为是在和自己做游戏;有的未成年人只要侵害人给吃的或者玩的,就会很听话地跟着侵害人离开,并受到侵害;有些未成年人被性侵以后不知道如何救济,不知道如何向家长陈述。这类被害人由于年幼无知、是非辨别能力差,受害后也不知被害或者受害后不知道如何保护自己等,正是由于被害人的防范意识欠缺,从而使其具有容易被侵害的可能。

(二) 被害人及家属对犯罪行为的容忍

在性侵害案件中,部分被害人及其家属在未成年人被性侵后不愿意向司法机关报案,而是对犯罪人的犯罪行为持容忍态度。被害人及其家属为了保全被害人的名誉,或为了未成年被害人的未来生活着想,对其被侵害的事实、情节不愿为人所知。正是在这种羞于启齿的心理支配下,他们宁愿忍气吞声也不愿诉诸法律途径。而且就实践发生的情形来看,在性侵未成年人的案件中,这类被害人及其家属即使面对司法工作人员的询问时,也往往不愿涉及案件的事实,也不愿向司法工作人员提供相关线索与证据。甚至在犯罪人已经被抓获并作出供述的情况下,部分未成年被害人的家属也不愿意承认自己的子女被侵害的事实,不愿意配合司法机关。由于被害人及其家属对犯罪行为的容忍态度,间接性地助长了犯罪行为人实施性侵行为。

第四节 性侵未成年人的规则完善及其建议

由于性侵害未成年犯罪的重大危害性,我国必须从预防和打击犯罪这两个方面相结合对性侵害未成年人犯罪着手以最大程度地预防和惩治这类性犯罪,以更好地保障未成年人的性权利,以利于其身心健康和其家庭的幸福和谐,以利于社会稳定和国家未来发展。

一、立法中淡化强奸罪的性别限制

从女童保护项目统计的96名受害者中,男童受到性侵害的有9名,因此为了加强对未成年人的全面保护,应当淡化强奸罪中针对女性的性别限制。而且,我国强奸罪立法中的"性别限制",使我国现实生活中存在的女性对男童、男性对男童的奸淫行为徘徊在强奸罪的立法规制之外。从人类的生理需要来看，女性和男性同样具有生理欲望，其多样化需求必然会折射于现实个案之中，何况，从实践发生的案件来看，男性未成年人成为被侵害对象的情形也并不鲜见。

然而，在现行刑法中除了猥亵儿童罪、聚众淫乱罪和引诱未成年人聚众淫乱罪的对象包括男子外，强奸罪的对象仍然具有性别限制，这明显不利于对男性未成年人性权利的保护。因此，为平等保护男女两性的性权利，适应我国当今社会中女性社会地位提高的现实，应淡化强奸罪立法中潜在的"性别限制"，将女性对男性实施的强奸行为和男性对未成年男性实施的奸淫行为纳入强奸罪的调整范围，从而扩大强奸罪的犯罪主体和犯罪对象，改变强奸罪性别单一的状况。① 而且，这一立法建议修改也顺应了世界各国强奸罪的立法趋势。从较多域外国家对强奸罪的规定来看，并没有限制于女性这一特定对象。由于强奸罪的调整范围应当随着社会性文化的变化而随之发生变化，因此当依靠其他罪名不能体现罪责刑相适应的原则时，强奸罪中性别限定的松动就有其现实必要。

二、明确特殊主体为法定从重情节

我国刑法条文并没有对特殊主体实施奸淫幼女的行为予以从重处罚。但是应当认识到，与普通公民相比，教师、国家公职人员以及与幼女有共同生活关系的人员的特殊性，他们在幼女的成长、生活过程中有着更多的责任，应当肩负更多的义务，倘若他们利用其特殊身份产生的便利而对幼女实施性侵行为，必将会对幼女的身心健康产生恶劣影响。根据《意见》的规定，对特殊主体实施性侵行为的应当从严处罚，不仅能够在社会上形成有效的震慑，还能收到良好的社会反响，因此应将其在立法规定中予以明确体现。

对于奸淫幼女行为特殊主体的范围划定，笔者认为应当按照《意见》的规定进行划定，包括对幼女负有特殊职责的人员、与幼女有共同家庭生活关系的人员、国家工作人员等。同时对于"特殊职责的人员"，不仅仅限于监护人、教师、教练等群体，而应当从开放意义上加以理解，着重从"职

---

① 刘芳:《中国性犯罪立法之现实困境及其出路研究》，东北大学出版社2015年版，第127页。

责"一词来合理划定,以适应社会生活的实际需要。① "与幼女有共同家庭生活关系"是指虽不是生父母,但是与幼女形成了相对稳定的家庭生活现实,如单身母亲带着女儿与其男友同居即属此类情况。

对于如何在立法层面予以吸纳,是否应在《刑法》第236条强奸罪第3款加重处罚情节中增加一项规定,即教师、监护人、公务人员等特殊主体奸淫儿童的,适用十年以上有期徒刑的刑罚。笔者认为,该种立法模式虽然能够加大对此类犯罪的惩处力度,但是一刀切似的将所有特殊主体都列为加重处罚的情节,不考虑其他情节而一律判处十年以上有期徒刑,未免会显得有些轻率且过于严苛。以现实中的个案为例:身为教师的李某与13岁的学生小乐交往恋爱,其间发生过一次性关系,小乐监护人发现后起诉到法庭。综观该案全案的情节,虽然李某的行为确实有违道德伦理,但是尚不至于判处十年以上有期徒刑,否则将有违罪责刑相适应的刑法原则。

基于此,笔者认为在立法修订时,为了更好规范量刑实践的操作,应当将特殊主体作为法定从重处罚情节即可,既在现有法定刑幅度范围内予以适当从重处罚,而不是非要提升到最重档的法定刑幅度之中。如此,既能够体现对特殊主体从重处罚的刑法立场,又能有效避免一律提升法定刑幅度可能带来的罪刑不均衡情形。

三、严控未成年人之间的性犯罪化

在对被害幼女权益保护的同时,为了体现对实施侵害的未成年人的保护,司法实践过程中也应当坚持双向保护原则。《意见》第27条对未成年人之间发生性关系的案件确立了处理原则,即"已满十四周岁不满十六周岁的人偶尔与幼女发生性关系、情节轻微、未造成严重后果的,不认为是犯罪。"在此基础上,我们应当慎重全面地把握该规定的内容,并对该《意见》内容尽可能的予以立法细化。

首先,适用该规定的未成年人原则上应为已满14周岁不满16周岁。一方面,根据我国刑法的规定,该年龄段为相对负刑事责任的年龄段,因而将年龄划定在该范围内较为合理。另一方面,对受害幼女的保护仍然应当是第一位的,应当以幼女身心健康为首要考虑,对于彼此自愿发生性关系不构成

---

① 康相鹏:《性侵未成年人犯罪中负有特殊职责的人员之界定》,载《青少年犯罪问题》2014年第1期。

犯罪的圈定范围不宜过宽，应严格掌控，以更加突出对未满14周岁幼女的保护。当然，这并不意味着一旦未成年人已年满16周岁，与幼女发生性关系的就必定以犯罪论处。以一起案件为例：行为实施者黄某在15岁时，与年仅13岁的李某在校交往，其间与李某多次在双方自愿的基础上发生性关系，且一直持续到黄某16岁以后，直至李某父亲发现并报案。通过对全案进行考察，笔者认为该案情节轻微，并未造成严重后果，且取得了李某及其监护人的谅解，因而对黄某不宜以犯罪论处。因而，在司法实践中处理类似案件时，对于行为人不以犯罪论处应当结合案件发生的整体情形予以判断，做到不枉不纵。

其次，适用该规定的未成年人应当与幼女的年龄相当。我国法律并没有对年龄相当的问题做出明确规定，司法实践中主要靠司法人员在办理案件时针对案件情况进行把握，这也往往导致不同司法机关在处理类似案件时做出不一致的处理结果，因而对"年龄相当"予以界定也就显得尤为必要。笔者认为，我们可以借鉴意大利的做法。根据《意大利刑法》规定，双方年龄差在三岁之内即视为年龄相当。具体而言，上文中我们已将行为人的年龄原则上限定为14-16周岁，结合幼女的身心发育特点，我国宜将年龄差界定为四岁左右作为年龄相当的标准。如此一来，未成年人年满14周岁但与10岁以下的幼女发生性关系的、未成年人年满15周岁与11周岁以下的幼女发生性关系的情形，由于不符合"年龄相当"的标准，那么即使是双方基于正常交往过程中自愿发生性关系的也不能适用该规定。

再次，适用该规定不应当简单地以发生性关系的次数来判定"偶尔"要件。"偶尔"是用来限定案件情节轻重的，尽管"偶尔"与次数存在一定的关系，但是，由于追究刑事责任的核心实质在于危害行为的严重程度与行为人的主观恶性较大，因而不能把"偶尔"与"次数"无差别地简单等同。基于此，我们不应认为，行为发生的次数多就不属于情节轻微。原因在于，性关系的发生次数并非案件性质的决定因素，最根本的还是要看行为人是否与年龄相当的幼女在正常交往中基于幼女自愿而发生性关系。在此前提下，这一"偶尔"要件是否有其必要，也值得重新考量。

最后，不能仅因幼女怀孕就一概认定造成了严重后果而不适用该规定。同样以个案为例，未成年人肖某与幼女何某年龄相差一岁，二人在正常恋爱交往的过程中发生性关系并导致何某怀孕，虽然被告人取得了被害人及其监护人的谅解，并要求不追究其刑事责任，但法院却仍对肖某予以判刑。笔认为，这种情形下司法机关没有必要对未成年行为人进行刑罚处罚。我们应当综合全案情形予以分析，而不是单独囿于某一要件而径行启动刑罚权。特别是对待未成年人犯罪案件时，更是应当避免采取简单化、模式化的处理方法。

当然，《意见》第27条的规定虽然为司法实践中办理此类案件提供了一定的规则导向，使未成年人能够免遭刑事上的处罚，但是这并不代表其就可以无视法纪、恣意妄为而不受拘束。即使不作为犯罪处理，对于此类未成年人也应当责令其监护人进行严加管教。因此，笔者认为该规定在具体表述上仍然存在不足之处，应当进一步加以完善。建议修改为"已满十四周岁不满十六周岁的人与年龄相当的幼女自愿发生性关系，情节轻微未造成严重后果的，不认为是犯罪，但应责令他的家长、监护人和学校严加管教。"

四、在矫治方面引入有效的治疗措施

在未成年人保护的法律法规方面已经有不少的制度，但现实情况却是性侵未成年人的案件仍然多发，这说明我国法律法规对性侵未成年人犯罪人仅注重打击的运行模式，难以起到预防或者减少犯罪的良好效果。这是因为许多性侵犯罪的犯罪人，尤其是性侵害未成年的犯罪人，多存在难以矫治的心理问题。面对具有犯罪人格的特殊行为人，仅靠在刑罚上从重或加重处罚来预防行为人再犯，消除其人身危险性乃至维护社会安定，传统性的措施仍然缺乏有效性。如台湾地区的"刑法"设置了"治疗处分"，对性侵害犯，特别是那些常习犯者，明确规定了强制治疗的保安处分措施，具体做法为在徒刑执行期满前对受刑人进行鉴定、评估，如认为有再犯危险的则转入相关处所施以强制治疗，治疗期为三年。① 此外，意大利、日本等国刑法均有强制治疗等保安处分措施的规定，与刑罚相衔接。比如，日本刑法中规定的治疗期为三年，但裁判所认为有必要时，可以每两年予以更新。其中治疗处分的期限一般是不定期的，该期限视被处分治疗改善的状况而定。②

我国现行法律虽然没有正式规定保安处分制度，但相关的法律法规分散

---

① 黄尔梅、周峰、薛淑兰：《性侵害未成年人犯罪司法政策案列指导与理解适用》，人民法院出版社2014年版，第256-257页。

② 黄尔梅、周峰、薛淑兰：《性侵害未成年人犯罪司法政策案列指导与理解适用》，人民法院出版社2014年版，第257页。

规定了多种具有保安处分性质的保安措施,如收容教养、强制医疗、强制戒禁等。因此,对于性侵未成年人犯罪的常习犯或者性侵儿童的性侵害犯罪者,应当在其刑满前进行鉴定、评估,以决定行为人是否转入保安处分程序继续对其进行治疗或者矫正。具体措施可以参照我国台湾地区及国外的相关规定,由专家结合行为人之前的犯罪记录、本次犯罪的具体情况、服刑改造的表现、当前的人格状况等,综合考察并评定其是否仍有性侵未成年人的现实危险性。

同时,由于保安处分具有不定期的特点,其期限是根据被处分人的人身危险性是否消除的实际情况而定,故其适用相对灵活,可以作为刑罚的有益补充,以弥补刑罚单一性及功能不足的缺点,从而实现现代刑法矫正、感化、教育和维护社会稳定的功能。伴随着科学技术的进步,在国外已经出现了对性侵等犯罪人刑满释放后采用佩戴"电子脚镣"以监控罪犯日常行为的保安处分措施。美国、德国、英国、韩国等国通过立法允许对强奸重犯、性侵累犯实施"化学阉割",即对行为人注射一种名为亮丙瑞林的药物,抑制睾丸酮的生成,进而抑制行为人的性冲动以达到预防犯罪的目的。对于性侵犯罪特别是性侵未成年儿童的犯罪,我国是否可以尝试并借鉴国外的做法,用科学技术手段来治理这些犯罪行为,仍然是值得我们深思的问题。

第五节 性侵未成年人司法适用的完善之策

一、细致辨析自杀、怀孕等后果加重处罚情形

怀孕是强奸案件经常产生的后果,针对奸淫幼女的行为,由于幼女在客观上的被动性与个体发育的因素,被害人遭受性侵后同样可以引起怀孕。而在中国这样一个相对较保守的国家,幼女受性侵害后往往被认为不再"清白",身心方面将面临极大的压力,因此实施自杀行为的也不在少数。在此情形下,由于缺乏法律的明文规定,对于怀孕、自杀是否应认定为"其他严重后果"而加重处罚往往存在争议,在司法实践的操作适用中也存在并不一致的做法。

就当前已颁布的司法解释来看,并未对"其他严重后果"有明确的界

定,但是就司法实务的适用情形来看,往往是把自杀行为作为"其他严重后果"予以认定的。对此司法适用,笔者整体上表示认同,但是在具体适用时要注意如下方面:其一,行为人的自杀行为要与强奸行为存在刑法上的因果关系。即自杀行为不是出于其他方面的原因,而是与前期发生的强奸行为有内在紧密的联系。比如,被害人由于强奸所引起的精神负担而自杀,以及被害人被强奸后为离开现场而翻越阳台跌落致死的,都可以认定为死亡与强奸罪之间存在因果关系。[1] 基于行为与后果之间的因果关系存在,因而行为人应当承担因其强奸行为而引起被害人自杀的后果。其二,被害人所遭受的奸淫行为使其受到了极大的侮辱,其在精神上受到了严重的刺激和创伤,而这种创伤是身体上的重伤无法比拟的,其也正是由于无法忍受强奸行为给其造成的精神压力而选择自杀。其三,1979 年《关于当前办理强奸案件中具体应用法律的若干问题的解答》对 1979 年《刑法》第 139 条强奸罪第 3 款规定的"情节特别严重"做出了解释,认为应当包括因强奸妇女或者奸淫幼女引起被害人自杀、精神失常以及其他严重后果的情况。按照该解释性文件确立的精神来看,只要奸淫幼女的行为导致幼女实施了自杀,就应该认定为其他严重后果,而不要求自杀行为必须产生了重伤、死亡的后果。综上而言,只要奸淫幼女的行为致使幼女实施了自杀行为,那么无论是否产生了死亡或重伤的后果,都应认定为"其他严重后果"而进行刑罚处罚。

与自杀后果相比,理论上对奸淫幼女致使幼女怀孕是否属于"其他严重后果"的争议颇大。一种观点认为,幼女怀孕、流产可以说是其成长上的灾难,必然会对幼女身心健康造成严重影响,甚至引发各种社会问题,其危害程度并不亚于重伤、死亡的后果,因而应当属于"其他严重后果"并予以加重处罚。另一种观点则与上述观点截然相反,其认为怀孕是奸淫行为本身就可能产生的后果,如果作为加重处罚之情节不免有重复评价之嫌,且幼女怀孕并不必然会严重损害其身体,因此不应当将怀孕作为加重处罚情节,而只需要在量刑阶段予以适当考虑即可。此外,还有一种折中的观点,认为不应对幼女怀孕的案件予以一刀切的判定,而应区分不同情况来对待。该观点主张,诚然幼女怀孕的后果确实相当严重,但是不同案件的严重性程度可能会有很大的区别,因为怀孕的事实对幼女的伤害大小是有差异的,因此无论是将其一概视为还是一概不视为"其他严重后果"都过于绝对,也

---

[1] 陈兴良、周光权:《刑法学的现代展开》,中国人民大学出版社 2006 年版,第 547 页。

是对罪责刑相适应原则的违反。

笔者赞同第三种观点，认为在怀孕情节的认定上不能过于绝对。司法实践中的案件千差万别，极具复杂性，应当根据具体个案的情节、事实等综合判断幼女怀孕是否应当作为加重处罚情节。具体而言，所考虑的案件要素应当包括犯罪的主体、对象、手段、时间、地点、次数等，并以此判断案件的严重性程度。另外，根据《意见》第25条的规定，以下七种情形为酌定从重处罚情节：特殊的身份主体、特定的犯罪场所、危害性极大的犯罪手段及行为、弱势的犯罪对象、相对严重的犯罪后果、被告人的前科劣迹等。以上情形有的僭越了社会伦理道德的底线，有的造成了恶劣的社会影响，有的极易引起社会恐慌，因而需要予以从严惩处。结合上述规定，虽然幼女怀孕的情形不能一概认定为"其他严重后果"，但倘若案件同时具备以上多种情节的，就应当认定为"其他严重后果"并予以较重的处罚。

二、谨守"明知"作为奸淫型犯罪之必备要件

奸淫幼女型强奸罪在主观方面的构成争议已久，对于是否必须明知对方为不满14周岁的幼女，主要有以下几种观点：该罪成立不要求行为人认识到对方为不满14周岁的幼女，其主要理由是刑法分则条文并未要求行为人明知是幼女。① 同为与14周岁以下的幼女发生性行为，行为人对不足14周岁这一点的知与不知就可能决定他的命运相当甚至完全不同……这实际上是"论心定罪"。② 行为人主观上必须对其为幼女有认识，或者明知对方是幼女，或者明知对方可能是幼女，或者不论对方是否幼女而决意实施奸淫行为。③ 由于行为人主观上不明知是幼女，因此不具有奸淫幼女的故意，不应以强奸罪论处。④ 总的来看，以上前两种观点认为成立此罪不以明知为前提，而后两种观点则认为明知对方为幼女是构成该罪的必要条件。

笔者所持的观点是，不论是对已满12周岁不满14周岁的幼女，还是不满12周岁的幼女，主观明知都是奸淫幼女型强奸罪成立的必要要件。换言

---

① 何秉松：《刑法教科书》（上卷），中国法制出版社2000年版，第312页。
② 苏力：《司法解释、公共政策和最高院——从最高院有关"奸淫幼女"的司法解释切入》，载《法学》2003年第8期。
③ 张明楷：《刑法学》，法律出版社2003年版，第492页。
④ 陈兴良：《奸淫幼女构成犯罪应以明知为前提——为一个司法解释辩护》，载《法律科学》2003年第6期。

之，我国并未确立严格责任，即使是对未满 12 周岁的幼女实施性侵害的，也应当以主观明知为必要。

首先，我国刑法所持的一项基本原则就是主客观相统一原则。主观上有罪过，客观上实施了危害社会的行为，这是刑法对犯罪成立的基本要求，二者缺一不可。就奸淫幼女行为而言，我国刑法总则阐明了主观罪过对于认定犯罪的重要性，刑法分则的条文不容置疑地应当受其约束，因而不要求主观明知对象为幼女，实际上就是对该原则的违背，属于客观归罪。虽然近几年媒体报道了诸多奸淫幼女的案件，在社会上引发了激烈反响，要求加重加大惩处力度的呼声日益高涨，但是这并不能成为无视刑法基本原则的理由。

其次，幼女这一主体的特殊性不能成为确立严格责任的依据。幼女权益应当予以保护固然具有合理性，但是不应该由于这一特殊性保护就确立严格责任。严格责任虽然能对幼女更好地提供法律保护，但是倘若认为只要受害对象具有特殊性就应该确立严格责任，那么以老人、残疾人等所有特殊群体为侵害对象的，也都要以严格责任进行规制吗？这显然是不合理的。因为严格责任不可避免地会对加害人的权益产生不当影响，其实质上是为了保护被害人利益而牺牲加害人利益。其实，我国近年来在针对幼女受性侵害的问题上频频制定新的司法解释，已经能够彰显我国保护幼女权益的力度和决心，我们也应有信心处理好这一问题。因而，《意见》第 19 条的规定并不意味着我国针对 12 周岁以下的幼女确立了严格责任，其仍然应当以明知为前提，只是对明知认定标准把握上相对宽松，是一种推定责任的明知。

再次，严格责任在英美法系国家的生存土壤也呈现了松动迹象。严格责任是源于英美法系的概念，大陆法系并不推崇严格责任，因为在大陆法系国家，不论是理论界还是实务界都认为主观罪过是承担刑事责任的必要条件。更何况，严格责任即使在英美法系国家也面临着争议，原因就在于其过分强调结果刑罚，有冲淡责任主义的最大弊端。当前各国都在积极采取措施来尽可能消解这一弊端，以美国为例，部分州在被告人被控奸淫幼女的案件中，是可以以不明知幼女的年龄为辩护理由的。由此可见，严格责任本身的适用条件、环境发生了较大变化，我国更应看到这种变化，对严格责任的引入应持谨慎的态度。

最后，《意见》第 19 条以 12 周岁为界进行的划分并不是严格责任的体现。毕竟其之所以作出该规定是建立在大量调查、广泛讨论的基础上的。通常来说，12 周岁是幼女从小学升入初中的年龄界限，12 周岁以下的幼女能够更多展现幼女的生理特征,只要对其稍加注意,从其外貌、体态、言谈、举止等各方面都能认定其是否为幼女。而幼女年满12周岁之后,其在身心发育上已相对更显成熟,少女状态显现,客观上可能确实存在无法判断其为幼女的情况,由此才区别了不同年龄段幼女的认定原则。但是,这一原则的把握是相当严格的,只要没有极其特殊的理由存在(如幼女在生理、心理上的发育状态确实更像已满14周岁、被告人确实能够合理证明其不知道被害人未满14周岁等),都应推定行为人明知受害人为幼女。由此可见,这也并不意味着我国刑法中存在严格责任,而实则是推定责任在刑事司法中的具体运用。

三、社会救助方面的管理组织应履行监督职责

按照《未成年人保护法》第43条规定,民政部门救助保护机构对流浪乞讨等生活无着的未成年人进行救助并承担临时监护责任,因此救助保护机构的法定工作对象是脱离监护人有效监护、处于生活无着状态的未成年人,而不仅仅限定为流浪乞讨未成年人。民政部门与相关部门是对于"生活无着"的未成年人的保护,那么我们也可以根据社会的需要,在村委会、居委会下设立救助监督指导委员会,由该委员会具体履行监督职责的事项,通过对家庭、学校的造访及时了解各方面的情况,对不当监护及发生的性侵害事件及时了解并予以采取有效措施。同时,公安机关应该把社区警务作为主要预防性侵害未成年人犯罪的重要内容,由基层公安机关或派出所牵头,建立专业预防队伍,负责管理社区工作,在易发区、道路、边远地区和城乡接合部设置"安全亭""报警亭",并派出治安协警巡逻,重视社区防范机制的建设。应该加强对出租屋的管理,组建私房出租户自治协会,指导房东与租户的自我管理,以防止外来务工人员的子女被侵害。确立重点监察地区,对于边缘区、城乡接合部、乡村地带等要重点管理,彻底扫除治安上的盲点与防范上的死角。[①]

四、加强被害预防措施和被害人救助基金扶助

我国传统的犯罪预防对策往往都只是针对犯罪人和潜在的犯罪人的行为

---

① 王剑:《治理儿童性侵犯的治安防控研究》,载《吉林公安高等专科学校学报》2012年第5期。

进行防范,而对被害人及其被害预防较为忽视,导致了现实的预防效果并不显著。① 因此,对于被害人及其被害预防,应当格外有所重视。性犯罪,特别是奸淫幼女和对未成年人实施的其他性犯罪,是侵犯未成年人人身权利的严重犯罪,对被害未成年人的身心健康的伤害尤为严重。因此在预防此类人身侵害的犯罪时,被害人及家庭需要注意几个方面:第一,注意性侵害的高峰期,以防止在性侵害的发案高峰期内被害。性犯罪被害具有发案高峰期的一定规律,比如,在夏季七八月达到高峰,这个时间阶段的未成年人及其家属应当格外注意,防范性侵害的发生。第二,对于未成年人尤其是幼女,因单独外出、单独活动而遭受性侵害的事件经常发生,因而应当加强防范。对未成年人不宜单独行走的偏僻无人的地方,应当多加提醒,夜间更应加强防范。第三,要防止因不愿报案而遭受重复被害。在性侵未成年人的案件中,有些儿童被性侵长达数年,一是因为性犯罪行为没有被及时发现,二是因为有些家长为了保护孩子的声誉而选择默不作声。遭受性犯罪的未成年人家长不愿报案不仅会助长犯罪分子的心理,还会使被害的未成年人继续遭受侵害和摧残。因此,应当消除被害人及其家属不愿报案的心理障碍,以便及时严惩犯罪分子,减少性犯罪被害的发生。

除了加强未成年人的被害预防外,还应当根据具体的现实情况给其提供一定的救助措施。尤其是性侵犯罪人是被害人的熟人的情况下,应当采取一些必要的措施防止未成年被害人再次接触到犯罪人,如应当禁止被害人熟悉的犯罪人在被释放后居住到被害人周围。此外可以考虑将性侵案件中的未成年被害人心理救助纳入国家救助范围,就像在刑事诉讼中对未成年人提供法律援助一样,由专门的未成年被害人心理辅导机构进行援助,不仅对受害的未成年人进行心理治疗,而且对未成年受害者的家庭人员进行相应的心理辅导,使未成年被害人及其亲属更快地走出生活阴影。此外,司法机关也要起到良好的配合作用,由于司法机关在办案过程中最了解案件的真实情况及未成年被害人的现实缘由,加之从事未成年人司法的工作人员往往也是熟知未成年人心理的专业人员,因此由司法机关承担对刑事未成年被害人的心理创伤的救助工作,具备较好的现实基础,有利于在刑事程序的每一环节过程或刑事诉讼程序完结之后,对性侵案件中的未成年被害人进行有效帮扶,并个别化地进行心理辅导。

---

① 蔡应明:《犯罪预防学》,上海三联书店 2010 年版,第 270 页。

第六节　本章小结

对于近年来频频发生的性侵未成年人案件,刑法往往面临比较尴尬的现实地位,但是公众对刑法的期待却一直热情未减。从公众广泛热议的"嫖宿幼女罪"到《刑法修正案(九)》对该罪名的废除,在相当程度上均肯定了刑法在保护未成年人权益方面所做的立法努力。正如前南非总统曼德拉所言:"没有什么比我们对待孩子的态度更能深刻折射这个社会的核心价值追求了"。[①] 任何犯罪都不仅仅是一个简单的违反法律法规的问题,而是一项复杂的综合性问题。性侵未成年人的犯罪也是如此,它不仅仅涉及法律问题、社会文化问题,同时还涉及伦理问题、教育问题等。

对未成年人合法权益的保护是一个复杂的系统工程,需要在原因梳理的基础上进行细致的防范与应对。对于性侵未成年人的犯罪,我们还缺乏一个在犯罪发生时迅速发现并能及时甄别此类犯罪的畅通信息渠道;在性侵未成年案件发生之后,如何对被害人进行有效的心理疏导与安抚,就现有的救济措施来看还远远不够。有些性侵未成年人的犯罪行为较长时间内未能得到遏止,致使应当追究的刑事责任没有及时兑现,变相纵容了犯罪行为人的恶性行为,加大了对未成年被害人的伤害程度。而且,对于性侵未成年被害人的身心健康受到的严重侵害,缺乏有效的援助机构与制度性紧急救助措施,单纯性的事后惩治仍然有其明显的被动性与滞后性。因此,我们应当重视多元化的方法来预防与应对性侵未成年犯罪的发生,构建社会、学校、家庭等多位一体共同作用的系统机制,从而最大程度保障未成年人的合法权益。

[①] 李春漫:《怎样预防儿童性侵害》,中国青年出版社2014年版,第1页。

第十一章
校园暴力低龄化防控的刑法学省思
——以"恶意补足年龄"规则为切入点[*]

随着校园暴力事件中未成年人犯罪低龄化趋势的加剧,部分学者提出借鉴英美法系国家中普遍适用的"恶意补足年龄"规则(Malice Supplies The Age),将其作为特定未成年人犯罪年龄认定阶段的补充适用规则,以填充校园暴力事件防范的时代价值需求。[①] 时任最高人民检察院未成年人检察工作办公室副主任史卫忠在"未成年人检察工作30年"系列主题新闻发布会上阐述,"针对一系列校园暴力事件的防治,我国是否需要调整刑事责任年龄下限,必须经过大量的实务论证推导和理论研究的双向互动"。[②] 对此,笔者通过知网检索系统(CNKI工程)查阅近些年的理论研究,发现有关专门性、系统性探讨未成年人刑事责任年龄的文献较少。并且通过仔细浏览其

---

[*] 本章内容由陈伟、熊波共同完成,相关内容已经发表于《中国青年社会科学》2017年第5期,后期在纳入本著述时进行了相应修改与调整。

[①] 张文秀:《刑事责任年龄下限问题研究——兼论将"强制教养"纳入刑事诉讼法特别程序》,载《社会科学论坛》2016年第5期;李春漫:《怎样预防儿童性侵害》,中国青年出版社2014年版,第1页。

[②] 戴佳:《努力营造关爱保护未成年人的法治环境》,载《检察日报》2016年5月28日,第2版。

内容，便知大部分文章虽然都基于理论层面的可行性进行过严密论证，但是却缺乏必要的实证分析，仅仅针对"调或不调"的两面性进行分析，采用"一刀切"的形式进行逻辑探究，只有极少的文章以"恶意补足年龄"规则为视角进行研讨。再则，仅有的专门以"恶意补足年龄"规则为主题的三篇文章要么论述不详导致论证周全性不足，要么仅仅停留于理论思索层面而缺乏必要的现实基础分析。① 因此，为改变上述理论研究的弊端，笔者尝试立足于"恶意补足年龄"规则的全面明晰维度之上，结合对我国校园暴力事件低龄化态势的实证研究的基础分析来探讨该规则在我国本土化规范适用的可行性、必要性，以期为国家缓解、遏制校园暴力欺凌事件的频发提供借鉴。

第一节 "恶意补足年龄"规则的发展沿革与理解适用

透视域外"恶意补足年龄"规则的历史发展，对我国进一步进行本土化借鉴有所裨益。从对规则的衍生、发展完善和体系化而形成的一系列机动性历程的周全把握，也能避免规则在借鉴之际因仅停留在概念的表层了解阶段而导致制度引进与创新成为无源之水、无本之木。通过对"恶意补足年龄"规则的发展沿革与理解适用进行阐释，深掘机制内在体系的不足与缺陷，窥探优位设计的价值理念，从而回归刑事立法层面的刑事责任年龄的省思来妥善解决国内校园暴力事件问题才是理性之道。

一、"恶意补足年龄"规则的形成与发展

追本溯源，恶意补足年龄规则从萌芽到发展至今已有 700 余年历史。其理论雏形显现于 5 世纪中叶的盎格鲁-撒克逊时代，虽说当时校园暴力现象并不普遍，但教会法已经规定未成年人刑事责任年龄起点为 14 周岁，而 12 -

---

① 通过全国文献检测系统 CNKI 的搜索查阅，以"未成年人刑事责任"为主题的文章，2012 年有 5 篇，2013 年 3 篇，2014 年 3 篇，2015 年 4 篇，2016 年 3 篇，共计 18 篇。其中包含专门以恶意补足年龄为切入点来探讨刑事责任年龄的文章，2015 年 1 篇，2016 年 1 篇，2017 年 1 篇，共计 3 篇。

14 周岁之间的未成年人的认知能力、控制能力、辨认能力的判断则依据特定案件发生时其自身的行为后的表现予以推定。① 而对于恶意补足年龄规则的模糊性概念的形成，则来源于 1338 年的英国议会所通过的一则法案。此时，随着市民社会的起步，经济发展伊始，校园未成年人暴力事件时有发生。此时，英国议会在前有的基础之上，借鉴盎格鲁-撒克逊时代的教会法部分规定，降低刑事责任年龄认定下限，明确 7 周岁以上年龄段的儿童一律可以被推定为所有犯罪行为类型的罪责承担主体，并且可以依据行为人的恶意与否对该推断予以排除。但是其推定排除儿童的年龄段的上限问题，法律却无明确界定而给予法官较大的自由裁量决断。至此，英国刑事理论学界形成通识，将其概括为"恶意填补年龄"规则，是指特定低龄化儿童在触犯刑事法律时，依据行为时的恶意来推断认定其是否具备刑事责任能力，以弥补对一定区间年龄段的个异化情形的忽视适用。②

随着该理论的渐趋发展，1979 年英国著名法学家布莱克斯通在其一篇主题为"反思现今法制发展"的文章中提到应大力赞许并推崇"恶意补足年龄"规则，并谈论了该制度实属时代的价值折射，其认为面对校园暴力事件的逐渐显露并呈现缓慢上升趋势，如果不当机立断创设"恶意补足年龄"规则，其实在很大范围内是放纵未成年人犯罪的发生。③ 此外，工业革命的演化，未成年人的心智发育程度随之改变，再加上社会交际多元化的因素环绕，因此根据相近年龄段的未成年人所处的环境等客观综合因素的不同，很难定论一名 11 周岁的儿童的理解能力、判断能力低于 14 周岁的儿童。因此，为周全社会影响和个体化差异的考量，根据布莱克斯通学者的观点，此时就应当发挥"恶意补足年龄"规则的实质价值，折中适用罪责承担的年龄推定。

再深入演进，19 世纪末 20 世纪初的美国部分学者认为针对部分特定未成年人在刑事司法处断上理应受到与其他成年人无任何差别的对待，④ 甚至部分法院出现因未成年人犯罪手段残忍、主观的不悔改和消极应对而加重部

---

① Blackstone William, *Commentaries of the Law of England Volume IV of Public Wrongs*（1769）（Chicago: The University of Chicago Press 1979）, p. 36.

② Lafave Wayne R., *Principles of Criminal Law*. (St. Paul: Thomson / West 2010), p. 53.

③ Blackstone William, *Commentaries of the Law of England Volume IV of Public Wrongs*（1769）（Chicago: The University of Chicago Press 1979）, p. 53.

④ 康树华：《预防未成年人犯罪与法制教育全书：下卷》，西苑出版社 1999 年版，第 1023 页。

分少年司法处断的罪责承担的情况。上述趋势的加剧迫使大多数改革者放弃之前一直援用的"恶意补足年龄"规则,并在全国范围内建立起一套少年法庭运作的程序规则,将儿童利益最大化的价值得以在顶峰层面实现。其废除之前确定的"恶意补足年龄"规则,理由在于:该规则恶意的认知极易造成部分法官内心确信的扩张,也诱发司法腐败新类型现象的出现。① 在1922年随着英美国家少年司法制度的深入推进和少年立法改革目标的设定,改革者越发感觉未成年人权益的推崇浪潮已推翻了打击犯罪的立法宗旨。最终,"恶意补足年龄"规则在这年发生的英国上诉法院撤改下级法院判决的12岁儿童"毁车盗窃案"②中被废除。上诉法院认为判决中该案的盗窃罪定性借鉴的是普通法中的"恶意补足年龄"规则,其与议会出台的少年司法宽宥化的精神相违背,从而驳回了该有罪判决。

最后重归本位,在20世纪40年代,少年法庭如雨后春笋般在美国所有邦州予以设立。随着校园暴力事件的恶性趋入,此种问题不再仅仅成为某一个国家的社会焦点,关于校园暴力事件的治理问题同样成为世界性难题。关于未成年人有责性的刑事违法责任能力承担的话题探讨重返立法者的视野之中,针对年龄下限的调整问题也备受改革者关注。1987年,在美国政治联邦的一组议案中,重新借鉴了部分州保留的包括"恶意补足年龄"规则、"年龄最低区间保留"规则在内的未成年刑事责任能力认定的一套体系。③立法者认为少年法庭的设置仅仅为"恢复性"少年司法理念的适用提供了施展空间,但是面对校园暴力事件的惩治与遏制,其仍然无计可施。因此,立法者逐渐采撷部分州沿用的"恶意补足年龄"规则在校园暴力事件适用的现实积极效果,并最终形成共识,也即在校园暴力事件的防范现实中,主张对未成年人犯罪刑事立法应转变政治趋向,侧重点由人文青年关怀的恢复性刑事政策转向惩治和适当责任承担的原则性治理。④

---

① Juvenile Offenders and Victims 2014 National Report Melissa Sicamund and Charles Puzzanchera, Editors Copyright 2014 National center for Juvenile Justice, p. 99.

② 关于本案判决详细情况,参见 C v. Director of public Prosecutions. 512 (1992)。

③ Scott Elizabeth S., "Public Attitudes about the Culpability and Punishment of Young Offender," *Behavioral Sciences & the Law*, 24 (2006), pp. 815–832.

④ Barry C. Feld, "The Juvenile Court Meets the Principle of Offense: Punishment, Treatment, and the Difference It Makes," *Boston University Law Review*, 68 (1988).

二、"恶意补足年龄"规则的理解与认定

从"恶意补足年龄"规则发展潮流来看,其历经"萌芽—兴起—衰亡—回归"的四个阶段的演变。此外,任何制度都不是一帆风顺的高调式推进,而是螺旋式盘旋上升,所以其间必定掺杂着坎坷与激浪。因此,对于"恶意补足年龄"的最新发展理念在目前英美两国的司法裁量中,由于本土化国情的迥异,也未能达成一致共识。针对目前域内外学理界的探讨,我们可以从以下两个方面展开论述:

(一) 恶意的规范认定

综合目前多数学者的大致观点,"恶意"包括违法性认识、错误行为的可谴责性认识、行为危害性的严重性认识、恶性意志能力的强化认识与错误行为的指引性认识等。[①] 美国 Ormerod David 教授对"恶意"最新的表述为"集合各种因素的认定,行为人明知该种行为的严重错误性而为满足内心的冲动及其欲望,而特意促使某种行为、举动的发生"。[②] 虽然说恶意评断的学理标准因人而异、因国而异,但在司法实践中,在目前优越而衔接紧密的配套制度辅佐、未成年人人格技术调查、庭上心理状态活动的评测等合理化运作的一系列技术理念基础上,对恶意认定已经能够作出实质公正的价值评判。一般来说,英国法官在需要结合"恶意补足年龄"规则来遏制未成年人暴力犯罪之前,都会要求控方收集齐全用以验证未成年人行为时的"恶意"主观意志的所有事实材料,并在庭上予以开示。比如未成年人与受害者的特定关系证明、犯罪前后行为表现、受害者受伤征表、经验阅历等,最后综合考量各种因素来认定规则适用的"恶意"性前提。

(二) 规则的适用定性

如果说"恶意"的理解与厘清是规则适用的前提要素,那么规则的适用定性则是规则启用的核心要素。在英美法系国家,为限制"恶意补足年龄"规则的扩大化适用,仅仅将主观恶意作为入罪化启用的依据,而在量

[①] 郭大磊:《未成年人犯罪低龄化问题之应对——以"恶意补足年龄"规则为借鉴》,载《青年研究》2016 年第 6 期。

[②] Ormerod David&Karl Laird, *Smith and Hogan's Criminal Law* (Oxford:Oxford University Press 2015)。

刑阶段并不再次将其作为人身危险性的考量因素之一。上述做法主要出于以下几个理由：其一，是为了践行禁止重复评价的体系化规则适用；其二，是防止肆意的恶意认定从而侵蚀未成年人特殊群体利益的维护。因此，在西方部分国家的刑事立法中，针对校园未成年人暴力事件低龄化的防范，对于 7 周岁以上、14 周岁以下的未成年人犯罪，"恶意"填补一般仅在定罪阶段进行认定。而在 14 周岁以上的未成年人犯罪主观恶性的认定要素既可以作为罪名适用前提因素，也可作为量刑加重的基本因素。定性准确是规则适用范围的依据，也是权衡刑法制定的任务和未成年人"教育为主，惩罚为辅"的刑事政策精神的体现，同时也为校园暴力事件的预防机制体系化的构建提供必要指引。

第二节 校园暴力犯罪低龄化现象的实证分析

"恶意补足年龄"规则能否作为我国刑事责任年龄认定的补充适用规则，应当立足于我国现实化的背景考察，再来看待其时代意义，而不应仅仅停留于理论的学术探讨阶段。对此，陶龙生先生谏言：一个国家刑事立法模式的选择大体应当考虑两方面的因素：其一，便是基于世界范围内某类事件的特殊情势的指引与国际政策精神的考虑；其二，是充分思忖该国刑事立法体例应对本国制度规划的现实需要。① 前者体现出对刑事立法规律的遵循与重视，而后者则体现了从本国实际需求出发的改革原则。正确处理"按刑事立法规律来更新少年立法体系"与"从国内本土化现实分析未成人犯罪低龄化现象"两者之间的关系，确保坚守中国特色的未成年人犯罪特殊预防体制改革之路，是当下治理校园暴力事件必须遵循的基本原则之一。

中国预防青少年犯罪研究会副会长、中国人民公安大学犯罪心理学系教授李玫瑾在上海市举办的"为了明天——预防青少年违法犯罪"主题研讨论坛上表示，我国未成年人暴力行为征表出现的平均年龄为 12.2 周岁，13－14 周岁则为不良行为发生高频区，目前我国未成年人犯罪已然明显呈现出低龄

---

① 陶龙生：《刑法之理论与实际》，三民书局 1980 年版，第 4 页。

化趋势。① 而在上述所指的未成年人暴力犯罪低龄化现象中,则有85%属于校园暴力事件。为了详细了解当前我国校园暴力事件的严峻形势,笔者依据法制网舆情监测中心统计的2013-2016年全国范围内各家媒体报道的120件校园暴力事件(恶性)进行探讨,从暴力成因、暴力形式、年龄段分布、案发地域等多个维度对校园暴力事件进行剖析,并提出应对策略,以期对相关部门有所裨益。

表1 2013-2016年校园暴力事件发生的年龄段

各年龄段\数据	案件数(件)	比例(%)
大学生(18-25岁②)	18	15.00
职校生(11-19岁)	9	7.50
高中生(15-19岁)	39	32.50
初中生(11-16岁)	51	42.50
小学生(5-13岁)	3	2.50
总计	120	100

上述数据说明校园暴力事件的主角以初中生为主,媒体报道的120个案件中就有50余件属于初中生暴力欺凌事件,占据42.5%。根据笔者的分类统计,在11-16岁年龄段中,11-14岁之间的校园暴力事件就有72%的比例,其中还不包括小学生和14周岁以下的职校生所占据的相当一大部分比例。通过媒体报道的案件发生成因来看,这一阶段的青少年已经基本了解行为手段的严重危害性,并且心智已经较为成熟,甚至出现暴力事件之后仍叫嚣"这件事我就是看他不爽才打他的,我已经忍了很久""打他算是便宜了他"等不知悔改的话语。随着人际交往的多元性和社会资源流通的便捷性凸显,上述数据足以表明11-14周岁年龄段的学生已经具备刑事责任承担的意志能力和控制能力,为保障受害者未成年人等弱势群体的权益,用

---

① 党小学:《降低刑事责任年龄应对"熊孩子"》,载《检察日报》2015年7月1日,第1版。
② 需要说明的是,首先,由于各地区教育水平的差异,笔者收集的案例中各行为人在同一年龄下其学历水平可能不一致。譬如,17岁的未成年人有的可能入学早,其正在读大学;有的入学晚,在读高中。其次,职校生中并不包括在读初中和高中阶段的未成年人。

"恶意补足年龄"规则来防范此类事件的再次发生显得极为必要。

表 2　2013 – 2016 年校园暴力手段形式多元化表现

暴力形式 \ 数据	案件数（件）	比例（％）
肢体冲突	84	70.0
械斗	15	12.5
侵犯隐私部位	12	10.0
性侵犯	3	2.5
虐待	3	2.5
其他	3	2.5

表 2 数据显示校园暴力事件已突破传统意义上的徒手斗殴，恶性手段的方式逐渐显现，诸如械斗、侵犯隐私部位等恶性暴力事件也常有发生。通过对每一个案件进行仔细剖析，发现校园暴力手段的表现形式呈现多元化原因主要在于：其一，未成年人生性冲动、好强，遇事往往缺乏理性分析，而校园暴力事件的发生通常出于小事而拌嘴，后渐肢体互碰摩擦来表明自己的不满。其二，行为人接触的基本上属于校园近龄人群，为了维护或凸显少年时期的自尊心和虚荣心，从而诱发其铤而走险去寻求所谓的"尊严和名誉"。再则，目前独生子女的增多，上述做法越发明显，同时也凸显低龄化未成年人的个人功利心和较强的自我感觉。由于以上因素的存在，生活中发生的普通的肢体冲突便极易引发校园恶性暴力事件，还可能为后续长时间的校园欺凌和虐待埋下伏笔。其三，近些年，未成年人性侵犯案件也时有发生，表 2 中的三件性侵犯事件仅为媒体所揭露出来的恶性性侵犯事件，而出于隐私保护和社会秩序稳定却未被媒体报道的校园性侵事件仍然大范围存在，并有逐步上升的趋势。为此，基于上述三点理由，随着 11 – 14 周岁区间段的未成年人心智的成熟和理解力的大幅度提高，要实现校园暴力事件低龄化防范的实质效果，需要民事制度层面与刑事制度层面的双重管控，二者双管齐下、紧密配合来达到有效治理校园暴力事件问题。

第三节 我国未成年人刑事责任承担的立法省思

"宽容不纵容、从严不从重、关爱又严管"作为基本政策指引,纠正了以往司法实践中一味宽容、过度放纵未成年人犯罪的倾向,并为我国引入"恶意补足年龄"规则提供深厚的法治背景。为了更细致地明晰我国目前校园暴力事件频发的根源所在,笔者尝试从社会、理论、制度三大层面所造就刑事责任年龄立法的窘境来加以详细阐述。

一、社会层面:刑事责任年龄立法的社会背景忽视

我国采取意志能力、辨认能力、控制能力作为刑事责任能力承担的三大认定标准,这一套基本体系构建于我国 1979 年《刑法》。当时社会经济处于快速发展的起步时期,社会交际层面较为单一,校园多元化新兴因素入侵现象并不严重,因而校园暴力事件呈现零星化态势,因此并未引起刑法学界的足够重视。但随着 30 余年的嬗变,在经济快速发展的同时物质水平也得到极大提高,制度层面上的固化和守旧必然为目前的社会治理造成了阻碍。因此,校园暴力事件的严峻形势的打压势必然离不开刑事立法层面的积极回应和理性应对。卢建平教授曾概述道:刑法规范的调整的该当性考察,是在秉持着刑事实证学派的现状研析的务实精神基础上,并集合特殊个案的种种因素而予以为之。① 这表明刑事立法的趋向必须与日益更新的社会体系相映衬,同时依据德国著名刑法学家冯·李斯特提出的犯罪原因二元论——社会因素和个人因素的思想,② 刑法规范调整的理性考察也是从社会到个人的不断验证的一个过程。

(一)社会交际多元下低龄化犯罪心理的考察欠缺

个人层面上的因素探究主要基于以下三个方面:

第一,社会交际层面的扩大导致风险信息的随意传播。随着时代多元

---

① 卢建平:《刑事政策与刑法完善》,北京师范大学出版社 2014 年版,第 1 页。
② [德]冯·李斯特:《论犯罪、刑罚与刑事政策》,徐久生译,北京大学出版社 2016 年版,第 72 页。

化、新兴化资源的更新与发展，社会风险因素无处不在，并极易伴随着虚拟空间的异化和扩张输送于校园的细微角落。然而，未成年人在6－7岁、11－14岁的学龄初期阶段，接触知识体系化的传授较为欠缺，此时其意志心理空间正处于空白状态，容易跟随着社会多元化因素的侵入而奠定其空间的基本病态并根深蒂固，无法予以洗涤。并且该阶段的未成年人在发展历程中不确定因素的干扰普遍存在，致使6－7岁、11－14岁年龄段的知识转型期的未成年人的意志能力、控制能力、辨认能力随着社会化的显著提高而得以成熟。① 因此，现如今仍沿用1979年刑事责任年龄标准，将未成年人的入罪标准定为14周岁是不符合时代潮流与发展的。

第二，大脑调节能力随着社会多元交际信息的嵌套而得以提高。依据笔者前文的调研报告，校园暴力事件背后多折射出冲动型肢体冲突征表。为此，有学者表明11－14周岁的未成年人的大脑调节能力不同于20世纪70年代末的调控系统，在多元交际的信息激荡和冲击下，他们大脑调节能力下的肢体外化更具有冲击力，脑力兴奋度更为高涨，从而牵动一系列恶性暴动行为的发生。② 而1979年期间单一化的社会交际无法提供未成年人脑力调节能力提高的必要外因，此时的未成年人的情绪也较为稳定，内分泌的低量生成无法为恶性校园暴力事件的蕴育提供温床。

第三，社会交际多元化因素下暴力行为后的意志顽固。需要注意的是，"恶意补足年龄"规则本土化适用离不开"恶意"的前提化理解，而未成年人"恶意"的评判、调查很大一部分来源于行为后的积极表现，诸如：行为后的耀武扬威、自鸣得意；行为后的强烈逆反心理；行为后的再犯甚至于同类型再犯等，上述行为的外化足以表明未成年人行为时意志能力具备一定的自觉性和果断性。③ 若不启动"恶意补足年龄"规则的补充适用，无异于在和谐校园的创建之际隐藏不定时流动炸弹。

（二）社会极端化现象和不良文化诱导的疏忽

社会层面上的因素研析主要基于以下两个方面：其一，校园孤弱个体效应的扩大化。校园群体的聚集孤弱个体，从而导致社会排斥未成年人的两极化现象存在。刑事责任年龄侧重考虑的是行为外化的直观反映，却忽视了社

---

① 贾宇：《未成年人犯罪的刑事司法制度研究》，知识产权出版社2015年版，第13页。
② 梅传强：《犯罪心理学》，法律出版社2003年版，第176页。
③ 周振想：《青少年犯罪学》，中国青年出版社2004年版，第214页。

会科技转型背景下未成年人的个体极端化举动,这是校园暴力事件频发的根源之一。当前,我国正处于加速转型时期,经济、文化的深化牵引带动社会整体结构的急剧变迁,社会分化凸显,利益的不断重组和格局的不断调整,也促进了社会转型中的极端化现象的形成。而刑事立法由于指引的稳定性和管控的自洽性,其本身存在无法调和的滞后和拖延,但是制度规范层面的特定并不影响理论争鸣、吸收与融合。若刑事立法针对校园个体化极端举动的渐增仍墨守成规,坚持之前的体系一致性而忽视社会转型的个体化差异,则违背刑事立法的先进性、适时性原则。① 其二,低级、庸俗的校园文化缺乏必要管控。不良校园文化的环绕促使未成年人被迫接受颓废、消极、低迷的暴动思想,同时不良思想的抽象性和隐蔽性也极易使得校园管理忽视此类文化的存在,从而为暴力、色情、恐怖等影视资料和电子数据的渲染并鼓吹提供滋生之地。此外,刑事责任年龄的认定常常与校园文化背景因素的考察相脱节,以致"恶意补足年龄"规则在校园暴力低龄化惩治板块无立足之地。

二、理论层面:未成年人刑事立法理念的指导偏差

从概念厘清的角度出发,未成年人可恢复性立法是指我国立法机关通过刑事立法制度规范层面的确定和认知,并结合未成年人犯罪后的悔改心理明显、可改造和可感化的特性,从而为构建系统化的未成年人刑事立法而总结得出的一项指引性原则,并贯穿于刑事司法、刑事执行各个阶段。② 但是,随着《国际儿童公约》《预防未成年人犯罪法》和《未成年人保护法》中规定的"未成年人权益最大化"原则的日趋深入和推崇,导致我国目前对待未成年人犯罪行为一直秉持着极度放纵和最大容忍性的处断原则,以致将目前国内推行的未成年人可恢复性刑事立法、司法理念进行异化、曲解。而这才是校园暴力事件源源不断曝光在公众视野之中的深层次原因,也是校园暴力事件低龄化现象的本质缘由。一般来说,11-14周岁的未成年人具有高度的效仿能力和观摩能力,14周岁以上未成年人为满足内心的刺激感和兴奋度极易促使自身行使校园暴力、欺凌等恶性行为,但是最终却极易因为可恢复性刑事立法理念的过度化扩张而使其无法接受刑事制裁。

---

① 周光权:《转型时期刑法立法的思路与方法》,载《中国社会科学》2016年第3期。
② 陆志谦:《当代中国未成年人违法犯罪问题研究》,中国人民公安大学出版社2005年版,第330页。

从刑法根本任务的角度出发，为遵循并推行"教育为主，惩罚为辅"的未成年人犯罪处断原则和宽厚、优待等特殊保护性政策，目前司法实践将其与刑法的打击犯罪和保障人权的根本任务予以对立，这是对"宽容不纵容"原则的公然违背。两者都是作为指引未成年人低龄化校园暴力、欺凌的防范策略，理应在梳理明晰两者关系的同时，将视角更多地放置于不特定未成年人弱势群体的人权保障和秩序维护上。未成年人刑事司法处断的目标也不单单是单次维度的惩罚或者教育，抑或是单一化的管教或者恢复，而是兼具惩罚和教育；管教和恢复，尤其是针对特定不负刑事责任的低龄化未成年人犯罪，更应坚守上述原则。假使其在校园实施恶性的杀人、抢劫、强奸等严重暴力行为，并在行为实施之际便明知自己的行为属于严重性违法范畴，此时刑法领域若不加以管控则明显有违社会一般性判断。

三、制度层面：未成年人刑责年龄立法类型固化

首先，未成年人矫治制度未能现实化、科学化运作。我国《刑法》第17条规定，因不满16周岁不予刑事处罚的，责令其家长或者监护人加以管教，在必要的时候，也可以由政府收容教养。但是进一步斟酌便会发现："必要时候"作何理解，低龄化未成年人犯罪行为危害必要性程度如何把握。此外，如何把控家长和监护人的实质化管教等一系列问题也有待进一步地制度细化。

其次，校园低龄化暴力事件刑罚配套措施的疲软之窘境。我国《未成年人保护法》和《预防未成年人犯罪法》规定，对于在校实施具有严重社会危害性的行为而未达刑事责任年龄的未成年人，学校与家庭无法对其进行实质性教育和管教的，可以按照有关规定将其送专门学校（即工读学校）接受矫治和教育。但是由于上述"按照有关规定"的模糊性和概括性，导致其具体操作无法进一步展开。并且，该规定并非强制性规定，仅仅明文表示"可以"送至专门学校接受矫正。进一步深究现实困境，其实还存在工读学校配套实施制度的欠缺和构建制度的不足等问题，工读学校早已经名存实亡。因此，实际接受工读学校的管理和再教育的低龄化犯罪未成年人人数极其有限。

再次，固守老一套的传统刑事责任年龄认定框架，已脱离时代之潮流。目前世界各国对待未成年人刑事责任年龄的认定存在着两种运行模式：第一种年龄区间认定法。以俄罗斯和中国为典型代表。1996年《俄罗斯联邦刑

法典》第 20 条规定，14-16 周岁之间的未成年人只对三种类型的犯罪承担刑事责任。我国《刑法》第 17 条第 2 款规定，14 到 16 周岁的未成年人只对 8 种行为类型应当负刑事责任。① 第二种则是被大多数国家所采用的"恶意补足年龄"规则，以英美法系国家为代表。即规定一定年龄区间的未成年人，在行为后如果有关机关依据科学鉴定方案得出其在行为时心智已经相当成熟，能够与成人同等地意识到行为的严重危害后果，就证明其"恶意"充足。概言之，即具备相应的辨认能力与控制能力。② 目前世界各国大部分国家和地区的刑事责任年龄下限一般都比较低，典型的国家如加拿大、荷兰、丹麦等国家是 12 周岁，墨西哥是 9 周岁，美国则是 7 周岁，③ 并且在周全的配套制度的紧密衔接下，域外校园暴力事件管控相当严密，其每年案发率大致只是我国的 20%。因此我国在反思如何防范校园暴力低龄化现象的同时，应借鉴其他国家及地区的成功经验，着手考虑将"恶意补足年龄"规则作为我国刑事责任年龄认定的补充适用。

最后，刑事责任年龄的设定忽视未成年人成长发展的个体化差异。除之前阐述的现如今我国刑事责任年龄脱离时代新潮流之外，还存在"一刀切"的形而上的刑事责任年龄认定，即"14 周岁，14-16 周岁，16 周岁"的区间认定规则，而忽视了我国的客观特殊情况，也即地域广阔，城乡环境差异巨大，再加上各地区经济、文化发展的不平衡，综合造就了未成年人校园暴力低龄化犯罪分布的地域性差异。并且，未成年人犯罪除了《刑法》第 17 条规定的 8 种类型犯罪之外，恶意犯罪行为目前还折射出一些新动向，如寻衅滋事罪、新型网络盗窃、诈骗等新兴犯罪，④ 这极易造成社会秩序严重混

---

① 根据 1996 年《俄罗斯联邦刑法典》第 20 条规定这三类犯罪行为分别为：1. 侵害人身的严重犯罪；2. 大多数财产犯罪；3. 某些破坏公共安全的犯罪。（其详细规定参见 Н. Ф. 库兹涅佐娃、И. М. 佳日科娃：《俄罗斯刑法教程》，黄道秀译，中国法制出版社 2002 年版，第 120 页。）而我国《刑法》第 17 条第 2 款规定，这 8 类犯罪行为分别是：故意杀人、故意伤害致人重伤或者死亡、强奸、抢劫、贩卖毒品、放火、爆炸、投毒罪的行为。

② 赵秉志：《英美刑法学》，中国人民大学出版社 2004 年版，第 121 页。

③ 我国香港地区 7 周岁为刑事责任年龄下限，台湾地区为 14 周岁，澳门地区为 16 周岁。此外，爱尔兰、印度、巴基斯坦、南非、尼日利亚、塞浦路斯等国的刑事责任年龄起点为 7 周岁；斯里兰卡为 8 周岁，菲律宾、墨西哥为 9 周岁；马来西亚为 10 周岁；希腊、荷兰、巴西、匈牙利、苏格兰的刑事责任年龄起点为 12 周岁。参见张鸿巍：《少年司法通论》，人民出版社 2008 年版，第 120 页。

④ 路琦、董泽史、姚东：《2013 年我国未成年犯抽样调查分析报告》，载《青少年犯罪问题》2014 年第 3 期。

乱。而类型化的僵局则在于将上述新兴的危害行为排除入罪化适用，而造成该行为的肆虐或是被隐蔽的幕后人支配、利用以逃避刑事制裁，不利于保障未成年人权益基础上利益平衡。

第四节 "恶意补足年龄"规则本土化规范适用

一、"恶意补足年龄"规则的适用范围

各国文化背景的迥异要求规则适用的区别对待。不同于英美法系部分国家将补足年龄的适用起点规定在7周岁或者10周岁，我国深受社会"恤幼"传统思想的深远影响和家庭伦理道德等文化背景的熏陶，因此将"恶意补足年龄"规则的范围适用起点界定在10周岁以下无法达到社会公众的认同感。当下校园暴力犯罪低龄化的严峻形势已经引起刑事立法者和多数刑法理论学者的深思，关于是否应当降低刑事责任年龄下限这一问题以应对上述趋势的争论仍在热烈的进行。目前在学理界对于这一探讨存在降低论、提高论、不变论和弹性论。① 支持降低论一派学者认为，应当将我国现刑事责任年龄的起点14周岁一律改为11或者12周岁，其一，有利于与其他法律部门达成协调统一；其二，符合未成年人成熟心智的周全评价。而不变论或者提高论者均持同一理由，即应当全面提升儿童价值最大化原则的国际理念，并予以刑事立法上的确立，以提供更大化的未成年人保护。支持弹性论的学者则认为对法定最低刑事责任年龄不予明示，只规定一个幅度如14周岁左右，依据行为轻重可以上下浮动。其实，笔者认为上述四种观点采用的做法要么过于偏激，不适合当下严峻形势的应对；要么过于抽象而无法实现具体的操作，从而致使法官自由裁量权过大而滋生司法腐败。

如果刑事立法改革"一刀切"，则映衬出立法存在一定程度的不严谨。一方面，我们应当立体审视《刑法》第17条刑事责任年龄界定的部分合理性和严密性，对此理应予以肯定；但是，另一方面，各国未成年人的情感心

---

① 张忠斌：《未成年人犯罪的刑事责任》，知识产权出版社2008年版，第25页。

智发展历程的互通性和"恶意补足年龄"规则实践适用的成熟性,为我们合理借鉴、吸收该规则提供了可能。因此,笔者认为,为了司法实践操作的贯通性和未成年人人权保障机能的充分发挥,应当将该规则作为现如今未成年人犯罪年龄认定阶段的补充适用,即允许"恶意"补足"年龄",其在一定程度上也是司法公正的体现。依据第二部分的实证分析,将"恶意补足年龄"规则的范围适用于11-14周岁之间的未成年人,尤其是在防范校园欺凌暴力事件中予以适用,这样更贴切我国现实环境。

二、"恶意补足年龄"规则的司法认定

"恶意补足年龄"适用的总原则是相对科学性、实践操作简易性、程序运转规范性。上述三个标准的设定是依据我国刑事立法的参照因素予以考量的,规则的适用不同于理论的探讨,其必须结合司法运作进行全面的探索。首先,相对科学性要求恶意认定辅助的鉴定技术符合相对先进性、科学性。恶意的认定具有主观抽象性,因此要将主观心态的意识活动予以明确化,必然离不开科学的鉴定设备与经验总结的双重验证,从而防止有误差的判定存在。其次,实践操作简易性则意旨于"恶意补足年龄"规则的适用不能阻碍审判正义的高效性,否则程序的烦琐必将消减该规则的新意性所带来的实体正义。最后,程序运转规范性在于约束恶意认定的随意性所致的肆意增加法官可操作空间的情形,为法官和司法技术人员对恶意的性质认定提供可行的规范性程序模式。

(一)规范未成年人心智的测量操作

采取科学细致的心智测量技术是相对科学性的集中体现。"恶意补足年龄"规则的本土化规范适用的前提是对恶意的认定予以明确,因此,对校园暴力事件中未达刑事责任年龄的未成年人实施刑法所禁止的行为现象的防范和治理,必须依托精良细密的测量仪器来实现具体化、规范化的对恶意的认定。并且在测量结论出来之后,还需要经熟知未成年人犯罪心理的司法工作人员依照其经验而予以具体化的判断。当然,为赋予未成年人辨认、控制、意志能力测量操作的正当性,有必要在刑事立法中对其适用的合法性和证据能力予以明确。

(二)统一"恶意"的司法鉴定标准和条件

"恶意"证据认定标准的明确性是程序运转规范性的直接体现。首先,

开宗明义应当提出来的是，目前我国依据诉讼程序的案件性质和证明难易程度的不同，将诉讼中事实材料的证据规则适用的标准划分以下几种：优势证据标准、排除合理怀疑标准、明确令人信服标准。而厘清"恶意"的证据认定标准是"恶意"司法鉴定标准的前提和规范性指引。因此作为特殊的"恶意"认定标准的模式应当高于其他刑事证据的效力判断，以防止"恶意"的抽象扩大而违背未成年人犯罪"教育为主，惩罚为辅"的刑事政策价值的实现。也正是因为这样，笔者认为应当摒弃证明难度较低的优势证据的认定标准，采取严格并高于排除合理怀疑的"明确令人信服"的证据标准。不采用我国通行的排除合理怀疑的证据标准主要理由在于其无法匹配"恶意"认定的明确性与直接性，因为排除合理怀疑并不代表存留证据内容的具体、明确。

实质正义的高效是遵循实践操作简易性的本质体现。为使对恶意的鉴定做到有法可依、有章可循，我们应当为实质正义的高效运转提供一套审慎、严格的程序要求：其一，是为了契合恶意认定的程序运转规范性要求；其二，是实体规范与程序规范的紧密配合能够体现程序正义与实体正义的完美结合。除此之外，笔者认为设立专门监督机构与未成年人检察机构和社会未成年人保护组织联合承担恶意认定的监督工作，有利于排除任何的人为法外操作以确保鉴定结果的客观公正。

（三）规范未成年人的人格社会调查制度

为增强"恶意补足年龄"规则的刑事立法修订的权威性和说服力，构建专门性、规范性的未成年人人格社会调查制度极为必要。因此，在《刑法》第17条的规范调整中，应当加入人格社会调查制度，这也是对人身危险性作为定罪考量因素的立法确定，可以保证刑罚合目的性的规范适用，也可以配合《刑法》第13条的"情节显著轻微危害不大的，不认为是犯罪"的除罪化实施。同时也鼓励未成年人在"恶意"调查程序结束后积极悔过，对部分造成社会影响较小的、有积极表现的、初犯的、可改造性较强的低龄未成年人提供改过自新的机会。但是，应当对未成年人人格调查制度的内容予以保密，以保护其弱小的心理，维护其合法权益，使其尽早回归校园。

第五节　本章小结

　　随着校园暴力欺凌事件的激增和社会交际多元化因素的掺杂，外在的危害行为凸显一部分心智较为成熟的未成年人，并对此部分未达刑事责任年龄的主体产生了刑事责任何去何从的追问。僵化、单一的刑事责任年龄认定已然不能较好地管控该现象的发生。然而，在英美法系国家应对校园暴力事件中未成年人犯罪低龄化现象之际，"恶意补足年龄"规则发挥着举足轻重的作用，并且已具备完善的体系构造。因此，我国有必要在全面知悉该制度的同时，认清校园暴力低龄化犯罪治理的严峻态势，将"恶意补足年龄"作为未成年人犯罪年龄认定阶段的补充适用，以填充校园暴力低龄化防范的时代价值需求。

　　诚然，"恶意补足年龄"规则作为一个舶来品，必然面临一个本土化的现实问题。该规则如何与现有的成文法传统相契合、如何在实践个案与遵循罪刑法定原则之间进行协调、如何在保障权利与秩序调控之间进行矛盾化解，都是值得我们深思的现实问题。因而上述"恶意补足年龄"规则的借鉴与吸纳原本不是建立于现有刑法规范之上的教义学解读，相当程度上仍然是对刑事政策学或者刑事立法学的未来展望。在当下每每发生未达刑事责任年龄的恶性危害案件之时，保持还是降低刑事犯罪年龄的争论总是又会被提起，这一问题仍然将得以关注并需要予以后期回应。在此情形下，"恶意补足年龄"作为相对合理性的司法制度存在，理当为我们未来的刑事变革提供一种可供选择的可行性路径。

第十二章
网吧管理与未成年人犯罪的实证分析

虚拟网络的存在把众多的未成年人吸纳其中，网吧的随处可见与未成年人的活跃身影证实了该区域场所受他们欢迎的程度。然而，网吧在经济浪潮中提升"生产力"的同时也留下了一些社会隐患，与网吧有关的未成年人犯罪呈大幅度上升趋势就是一个明证。鉴于此，笔者拟通过对网吧管理与未成年人犯罪实证材料的分析，揭示一些现实问题，期许能够对实践策略的完善提供一些有益性见解。

第一节 网络与未成年人双向关系的现象和特点

一、网吧现状与未成年人上网情况的考察

为了解未成年人进入网吧的情况，我们通过现实的调查数据，对网吧运营现状与未成年人上网情况进行概要性的考察（数据来源：重庆康联市场研究公司——《重庆地区网吧未成年人调查报告》）。

表 1　学历分布与网吧上网

数量＼学历	初中生	高中生	大学生
百分比（％）	34.5	36.3	29.2

在电脑已经相当普遍的今天，网吧魅力依然不减当年。调查数据表明，在被调查的学生中，有59%的被调查者将上网地点选择在网吧。而在这些被调查者中，初中生占34.5%、高中生占36.3%，大学生占29.2%。未成年人为何喜欢去网吧？有23.7%的未成年受访者表示：为了免受家人管制、干扰以寻求无人管束的自由。对部分未成年人来说，他们往往在紧张的学习压力中感到厌倦，而网络中的虚拟空间则会给他们以更为宽松的"舒适感"与"愉悦感"。在网吧中，他们可以逃避父母和老师的监视，充分享受网络的娱乐功能，感受无拘无束的"惬意时光"。数据显示，受网络游戏和休闲娱乐引诱而去网吧的约有63.97%，为了聊天交友而去网吧的大约有27.84%，另有8.19%的人是想获得新闻信息或查阅资料。

表 2　上网目的统计

数量＼上网目的	聊天交友	获取资料信息	网络游戏或休闲娱乐
百分比（％）	27.84	8.19	63.97

虽然政府三令五申禁止未成年人进入网吧，但网吧经营者往往并没有严格予以执行。调查显示，53.26%的被访者表示网吧老板对未成年人上网不闻不问，认为只要合理收费且不出事就万事大吉。33.7%的人见过老板对未成年人笑脸相迎，并且还温馨化地提供食宿，让未成年人有足够的上网便利。只有13.04%的人表示，最近曾看见过网吧老板不准未成年人进入。可见，有过半的网吧经营者将行业规定视为一纸空文，在利益的诱导下我行我素，为未成年人进入网吧大开方便之门。

暴力游戏、聊天泛滥、浏览色情网站被公认为是网吧导致未成年人逾法越轨的三大公害。调查显示，41.7%的受访者首推暴力游戏为网吧的三大公害之首，37.2%的人认为淫秽色情是网吧危害所在，21.1%的人认为网上聊天会造成谎言泛滥。有68.4%的被访者表示看见过未成年人在网吧玩暴力游戏。其中，34.2%的人认为暴力游戏的血腥场面会对未成年人的心理健康造成不良影响；42.7%的人觉得暴力游戏会让人上瘾，以致沉迷其中、不能自拔；23.1%的人甚至认为暴力游戏会让人性格异常，从而充满暴力倾向，难以进行正常的人际交往。当未成年人在网吧浏览黄色网站或是看色情电影时，62.5%的受访者表示网吧老板的态度是"放任自流，懒得管"。100%的受访者表示看见过未成年人在网吧聊天，并且假话谎言脱口而出，污言秽语满天飞。

二、网吧诱发未成年人犯罪的主要特点

通过实践情形来看，虽然我们可以看到一些网吧的醒目位置都贴有"禁止未成年人入内"的标识，但是，几乎所有的网吧都或多或少地存在容纳未成年人上网的情况，这说明未成年人沉迷网吧的现象仍然非常严重。此外，一些网吧清洁卫生状况差，环境混乱、嘈杂，人员流动数量大且来源广泛，不少社会上的不良青年混夹其中，并且多数网络上充满了暴力、色情、诈骗等内容，以上种种情形对未成年人生理上和心理上均会产生较大的负面影响，并在一定程度上成为引发未成年人犯罪的现实诱因。近年来，重庆市某中院及其辖区法院的未成年人犯罪案件数比例逐年上升。据统计，2008年上半年，该中院及其辖区法院审理的一审刑事案件中有212件涉及未成年人，其所占刑事案件总数的比例由2006年的33.89%上升到2008年上半年的34.75%；同期，未成年人犯罪人数为312人，其所占犯罪人数总数的比例由2006年的31.81%上升到2008年上半年的34.94%。而在这些未成年人犯罪案件中，有133个直接发生在网吧，由网吧诱发的未成年人犯罪人数约占未成年人犯罪总人数的六成多。就分析来看，目前网吧诱发未成年人犯罪的实际数据如下：

表3 未成年人犯罪及其涉网吧犯罪总体情况统计表

项目 年度（年）	犯罪案件总数（件）	犯罪人数（人）	未成年人犯罪案件总数（件）	未成年人犯罪人数（人）	未成年人犯罪案件总数与案件总数之比（%）	未成年人犯罪人数与犯罪人数之比（%）	直接发生在网吧内的犯罪案件数（件）	直接发生在网吧内的犯罪案件比例（%）
2006	1310	1811	444	576	33.89	31.81	233	52.48

续表

项目＼年度（年）	犯罪案件总数（件）	犯罪人数（人）	未成年人犯罪案件总数（件）	未成年人犯罪人数（人）	未成年人犯罪案件总数与案件总数之比（%）	未成年人犯罪人数与犯罪人数之比（%）	直接发生在网吧内的犯罪案件数（件）	直接发生在网吧内的犯罪案件比例（%）
2007	1368	1966	439	659	32.09	33.52	265	60.36
2008.6	610	893	212	312	34.75	34.94	133	62.74

在实证材料的分析中，笔者发现当前未成年人犯罪的现实特点如下：

1. 犯罪主体呈低龄化趋势。据统计，2008年上半年，某中院及其辖区法院审理的一审刑事案件中，年龄为14周岁以上不满16周岁的未成年人犯罪人数占同期受理未成年人犯罪总人数的25.32%，年龄为16周岁以上不满18周岁的未成年人犯罪人数占同期受理未成年人犯罪总人数的74.68%，以上两组数据与2006年相比分别上升和下降了约2个百分点。

表4　未成年人犯罪年龄情况统计表

犯罪年龄＼年度（年）	14-16岁（人）	所占未成年人总数比例（%）	16-18岁（人）	所占未成年人总数比例（%）
2006	136	23.61	440	76.39
2007	156	23.67	503	76.33
2008.6	79	25.32	233	74.68

2. 团伙犯罪现象突出，结伙作案较为常见。2008年上半年由网吧诱发未成年人犯罪案件中，未成年团伙犯罪有2件，占犯罪团伙总数的12.65%。这些未成年人犯罪团伙成员年龄相当，平时关系密切，好拉帮结伙，成员较为固定，因此成员间的不良习性容易互相感染，邀约之后纠合在一起，容易实施违法犯罪活动。其中也有一部分团伙成员是受团伙中其他人的恶习影响，在其带动或者教唆下，参与抢劫、故意伤害等团伙性犯罪活动。此外，在此类由网吧而诱发的未成年人犯罪案件中，很多犯罪嫌疑人均

系团伙成员,并且平时关系密切,在成员间的不良习性互相熏染下,通过网络联系而迅速结伙作案,并实施较为严重的违法犯罪行为。

表5 未成年人团伙犯罪情况统计表

项目 年度（年）	未成年人团伙犯罪数（个）	与团伙总数之比（%）	未成年人团伙犯罪人数（人）	与团伙总人数之比（%）
2006	3	11.54	13	23.19
2007	5	12.66	22	32.80
2008.6	2	12.65	10	27.21

3. 犯罪类型相对集中,暴力犯罪比重大。2008年上半年,由网吧诱发的未成年人犯罪案件多集中于人身伤害和财产犯罪两类,带暴力因素的案件占绝大多数,其中故意杀人占1.42%、故意伤害占29.25%、抢劫占40.57%、盗窃占25.47%,甚至还包括故意伤害致人伤亡的严重暴力犯罪案件。从中可见,未成年人犯罪仍然以侵犯财产类、人身类犯罪为主导,犯罪的手段方式也比较传统。比如,纪某某、席某某聚众斗殴案,双方仅因网上发生口角,因相互斗狠而引发争执,进而发展到邀约人员并持凶器在大街上相互斗殴,最终造成一人重伤的严重危害结果。

表6 未成年人犯罪案件类型情况统计表

案件类型 年度（年）	故意杀人（件）	所占比例（%）	故意伤害（件）	所占比例（%）	抢劫（件）	所占比例（%）	盗窃（件）	所占比例（%）	其他（件）	所占比例（%）	未成年人犯罪案件总数（件）
2006	6	1.35	93	20.95	198	44.59	110	24.77	37	8.33	444
2007	5	1.14	137	31.21	156	35.54	121	27.56	20	4.56	439
2008.6	3	1.42	62	29.25	86	40.57	54	25.47	7	3.30	212

4. 犯罪起因简单化,手段方式残忍。此类案件中,未成年人纠集同伙将受害人伤害致死或者重伤的占53.4%,而事件起因往往是在网上聊天、游戏中发生口角或者在同一网吧上网因争座位等小事。比如,张某某故意伤

害案:张某某在网吧上网时,只因被害人刘某某进入网吧时无意触碰到他,便开始辱骂刘某某,遭到刘某某责问,此时张某某认为有失面子,便拿出随身携带的匕首朝刘某某扎去,用匕首朝刘某某身上连捅几刀,致刘某某重伤。另如,叶某某故意伤害案:叶某某在 QQ 上交友时,认识了一位"异性"网友,后双方在聊天的过程中得知对方与自己同为男性后,即产生矛盾并在网上互相谩骂,最后打开视频让对方认识自己,并告知了对方自己的真实姓名和联系电话约好"单挑",后双方在"单挑"过程中,叶某某持"板尺"刀将对方砍成重伤。

5. 犯罪地点多集中在网吧内或网吧周围。由于网吧是未成年人进出较多的场所,同时也是社会人口流动量较大的地方,这里不仅环境复杂,而且缺乏社会有关部门的有效监管,存在一定的治安隐患,往往成为犯罪的高发区域。比如,在李某某故意伤害案中,李某某为了泄私愤,伙同其他被告人在某网吧内找到被害人万某某,并持砍刀和木棒将正在该网吧上网的被害人万某某砍为轻伤。另如张某某故意伤害案,被告人张某某与被害人陈某某因交女朋友一事发生口角,双方扬言报复对方。案发当日,被告人张某某得知陈某某在某网吧上网,随即邀约其他被告人,到该网吧找到陈某某并发生争执,导致陈某某及其朋友受伤。

6. 在校学生犯罪现象不容忽视。就统计的 2008 年上半年的情形看,在网吧诱发的刑事案件中,主体身份是在校学生的有 87 人,占未成年犯罪人数的 27.88%,并且这些未成年人主要是中专、职高学生。这主要是因为有的学生暑假期间专门到城区网吧上网,吃住均在网吧,有的连续几天几夜待在网吧,饿了就吃快餐,困了就趴在网吧桌子上就地解决。由于没有固定的经济来源,为了满足自己的日常开支,钱花完之后只好通过违法犯罪的手段予以解决。

表7 未成年学生犯罪总体情况统计表

年度（年）	未成年人犯罪案件总数（件）	未成年人犯罪人数（人）	未成年学生犯罪总案件数（件）	未成年学生犯罪人数（人）	未成年学生犯罪案件数与未成年人犯罪案件总数之比（%）	未成年学生犯罪人数与未成年人犯罪人数之比（%）
2006	444	576	109	176	24.55	30.56
2007	439	659	121	190	27.56	28.83
2008.6	212	312	56	87	26.42	27.88

第二节　网吧诱发未成年人犯罪的成因

网吧这一特定区域为何成了助长未成年人犯罪的因素？笔者认为，主要存在以下几方面的原因：

一、对网吧监管不严格是未成年人犯罪的直接诱因

虽然早在 2002 年 10 月国务院颁布实施的《互联网上网服务营业场所管理条例》（以下简称《条例》）中，就已经提出加强网吧管理的规范运营，如严禁未成年人进入网吧、严禁网吧在零时至上午 8 时经营、严格执行上网实名登记制度等。但是，就实践运行来看，有关部门由于监管不力、执法不严，导致这些规范制度未能真正贯彻下去，所起的效果也并不理想。在上述调查中，有 26.31% 的人认为这是滋生"黑网吧"的重要原因。一些网吧经营者为了赚取最大利润，并未严格执行实名制的上网规定，甚至对限制未成年人到网吧上网的有关规定视而不见，反而为未成年人上网大开方便之门，并采取各种隐蔽方式逃避执法检查，导致未成年人往往能够顺利进入网吧。此外所有的网吧几乎都是 24 小时经营，这使得很多未成年人能够在网吧通宵上网，脱离父母的监管。在重庆市某城区，更是发生了未成年人因通宵上网，清晨卧睡铁轨被火车轧死的惨剧，其原因无不与网吧管理不严格存在内在关系。

二、网络软环境的非健康发展带来较多的负面影响

（一）网络暴力、色情信息污染了未成年人成长的空间环境

一些"黑网吧"的经营者唯利是图，见利忘义，甚或主动提供色情、暴力等游戏来吸引、坑害未成年人，上述调查中就有 44.21% 的被访者认为，"利润驱使"是"黑网吧"越来越多的主要原因。除此之外，网络世界的复杂性也决定了上网的未成年人很容易接触到色情、暴力等内容。就实践情形来看，绝大多数未成年人进入网吧是玩网络游戏，其余则是聊天和浏览

不健康网站。"艳照门"、"裸聊事件"、暴力网络游戏等网络毒瘤层出不穷，肆意挑战人们的道德底线和国家的法律规定，这已经成为未成年人健康成长的极大隐患。未成年人正处于成长发育的重要阶段，对一切事物都有模仿和好奇的天性，甚至会把网络虚拟情景与现实社会予以混同，很容易把网络中的虚拟世界生搬硬套到现实社会与生活之中，遇到需要处理的矛盾时，会不自觉地通过模仿网络中的行事方式予以化解，进而外化为严重的犯罪行为。

(二) 制度性缺乏促成未成年人犯罪在现有网吧环境下的滋生

1. 专业性技术防范措施形同虚设。曾经风靡一时的网络游戏"防沉迷系统"现在已经难寻踪迹，这款被寄予厚望的软件仅仅成了例行公事的"摆设"。从推出伊始时的被寄予厚望，到使用之后"弱不禁风"而效用平平，其间的原因确实发人深省。因而，如何设计真正实用有效的"防沉迷系统"，不仅要注重机制良好运行的开头，而且要伴随社会发展而不断更生出更具实效性的技术设置。

2. 多方原因的掣肘致使网络游戏分级制度难以出台。一般来说，网络游戏分级制度出台并不存在技术层面的难题，但是由于这一政策出台的背后会牵涉他人的多方利益，尤其是网络游戏运营商的利益必将因此而遭受重大损失，受制于此，这一分级制度并没有全面地变为现实。如果分级制度能够得以完善，相关法规能够良好运行，在此前提下，"黑网吧"才能逐渐销声匿迹，良好的网吧运营环境才能逐渐得以形成。

三、不良网吧为未成年人提供了不良交往的场所

目前未成年人犯罪的主要特点是团伙犯罪，而团伙成员大多在网吧结识。有些网吧为防止在网吧内出现打架、闹事等情况，专门聘请有劣迹的青少年担任网吧管理员，在长期的交往过程中，为未成年人接触这些不良人员又提供了更多可能，为未成年人团伙勾结也提供了更多机会。网吧里面的这些网管人员与社会上一些有劣迹的未成年人关系密切，社会关系网络较为复杂，遇到的纠纷与矛盾较多，化解问题的方式较为简单，寻求武力解决是常见情形。甚至有些网吧成为社会不良人员的集结地，有的社会闲杂人员把管制刀具等放在网吧，由网吧管理员代为保管，若遇有特殊情况，他们直接到网吧汇合并提取凶器。由于未成年人的模仿能力强且分辨能力差，他们对网吧中不良青年所表现出来的恶习不仅不能正确对待，耳濡目染之下，不知不

觉就会盲目跟随，这使得他们在潜移默化中往往会沾染上不良社会风气。

四、未成年人的主体特性是网吧犯罪的催化剂

未成年人的不成熟性及法律意识淡漠也是导致违法犯罪频发的重要原因。未成年人接受法律知识教育较少，法律意识淡漠，这导致他们当中的相当一部分人对自己行为的违法性浑然不觉，待到被司法机关追究时才恍然大悟。同时，发生在网吧内的盗窃、抢劫、寻衅滋事类案件较多，其主要原因就在于很多未成年人过度沉迷网络游戏且缺乏足够的自制能力，一旦痴迷其中往往就难以自拔。此外，由于未成年人没有固定的经济来源，无力支付长期的上网费用及相关开支，在此情形下，强烈的上网欲望一旦无法得到满足，便会铤而走险采用偷、抢、骗等非法方式或犯罪手段获取财物，从而逾越法律边界而走上犯罪的道路。

法律把自然人界分为成年人与未成年人，是出于对自然人成长过程中生理与心理因素的不同而作的划分，是基于对主体的认知能力、控制能力等全面判断基础上的界限得出。人的成长表现为阶段性特征，在尚未成年时期由于缺乏完全的认知能力、判断能力以及足够的自制能力，对"真善美"与"假恶丑"的认识模糊，容易被不良文化所吸引，以致对社会的认知产生偏差。在不良文化垃圾毒害下的未成年人，极易形成严重扭曲的金钱观、畸形的消费观、颓废的享乐观，从而容易为满足私欲而诱发实施相应的侵财类犯罪，以及为寻求感观刺激、宣泄颓废情绪而实施的黄赌毒类犯罪。

未成年人本身处于弱势地位，既是易感染人群，也是易被侵犯对象。未成年人的世界观与价值观都不成型，且其各方面的需求都处于旺盛期，网络上的事物对他们而言充满了新奇与诱惑，网络带给他们的刺激感易导致他们沉溺其中。再则，未成年人的自我保护意识差，警觉性不高，反抗能力弱，解决问题能力差，所以网吧里的未成年人也容易成为被侵害的对象。正是基于此，网吧里的未成年人往往成了其他未成年人犯罪的加害者，在网吧里会有年龄稍大的未成年人欺压年龄较小的未成年人，这也是典型的个案体现。

五、学校和家庭对未成年人网络问题的教育存在缺陷

在上述调查中，13.39%的被访者认为，有关主体没有把网吧的危害性说清楚，学校和家庭的教育不到位，致使未成年人的防范意识不足，这些因

素都纵容了"黑网吧"的蔓延。在如何对待与正常利用网络的问题上,学校和家庭往往采取两种较为极端的方式:一种是学校和家庭对此疏于管理,对孩子沉迷网络的不良行为视而不见,采取放任自流的态度;另一种是学校和家长将网络视为洪水猛兽,简单粗暴地禁止孩子接触网络,而忽视对问题出现之后的有效沟通与交流。这两种做法都造成了未成年人主观上对网络的不理性认识,因受好奇心理的诱导,加之欠缺控制能力,反而极大地刺激了他们要去体验与尝试的心理,从而导致客观上无法进行有效的防范与监督,由此引发的违法犯罪行为也时有发生。

第三节 建议和对策:预防网吧未成年人犯罪的思路延伸

网吧作为文化发展现象的伴随物,本身无所谓好坏之分、善恶之别。可以说,对网络的使用得当,将使国家和个人两受其利:不仅为国家创造收益,提供资源共享的顺畅渠道,也为我们的工作和生活带来诸多方便,对丰富人民群众的物质文化生活起到促进作用。与之相反,用之不当,则使国家和个人两受其害:国家的秩序期待无法实现,行为规范的引导效力无从体现,调控社会的权力运行模式因此而遭受质疑;个人的生活将被网络所"统治",在被网络俘获之下的生理与心理失调,个人的不安感与幸福感受到影响,违法犯罪行为频频发生。因此,笔者认为,我们应当从以下方面着重寻求问题的解决:

一、严格审批程序并提升网吧从业人员素质

1. 各级政府部门要依法加大管理力度。《互联网上网服务营业场所管理条例》明文规定:互联网上网服务营业场所经营单位不得接纳未成年人进入该营业场所。这说明国家对网吧给未成年人带来的危害已经有所认识,因此经营网吧的场所要严格执行上述条例的已有规定,坚决杜绝未成年人进入网吧。同时,政府有关管理部门也可以采取一些强硬手段遏制未成年人沉迷于网吧。比如,加大曝光力度,若发现网吧接纳未成年人上网,可责令其限期改正,拒不悔改者可吊销其营业执照,采取严厉的处罚方式进行处罚,以

防范屡禁不止。

2. 对互联网服务营业场所的审批手续严格把关。有关单位应该注重事前预防，作好审批时的规范教育，必要时可以考虑提高网吧设立的门槛，并严禁地方保护主义，严防"黑网吧"扰乱文化市场。设立"准入门槛"，就是有区别和针对性地把不合格者拒之门外，通过前期的资格审查，让合格者进，不合格者退出。并且，笔者认为，准入制度设立以后，还要定期性地实地调查、收集群众意见、问卷反馈等。这样做的目的在于两个方面：其一，可以让以前的"潜水者"现出原形；其二，让前期合格而现在不合格者能够"出列"。

3. 对于已审批的互联网上网服务营业场所要严格监督。监督方式应当有序化的常态进行，最重要的一点即是杜绝以往执法机关对网吧管理的"间歇性"查处方式，而是要建立网站网吧监管的长效机制，发现有违反《条例》规定的要严肃处理和制裁。为了使那些自控力和免疫力较弱的未成年人能够得以健康成长，为了呵护他们健康成长并有一个良好的环境，确立有效的追查与预防机制是应当付出的必要成本。

4. 增强网吧经营者与社会群众的法律规范意识。可以组织网络经营者和周围群众学习《未成年人保护法》《预防未成年人犯罪法》等法律法规，培育他们的法律规范意识。网吧的良好管理是全社会的事情，故不能把眼光局限于网络经营者一方，提高法律意识，引入社会监督机制同样意义重大。比如，加强对网吧场所出租方的规范教育，并签订责任书，要求其不得为黑网吧提供经营场所；对网吧有超时经营和接受未成年人上网行为的要及时向执法部门报告。甚至在时机成熟的时候，可以考虑为每一个网吧配置一名监督员（可向社会公开招聘网吧义务监督员），随时巡查，发现网吧违规行为及时向当地管理部门举报，建立起流动的监管体制。

二、净化网络软环境并完善相关的经营法规

在网络对社会的影响越来越大，网络不文明现象毒害人们尤其是未成年人的情形日益显性化的情形下，公安、文化等部门应当加大治理力度，开展全面整顿，要求各网站及其运营商采取各种措施规范网络信息。比如，搜索引擎服务商可封堵过滤相应的色情内容，电信部门可采取关闭"黑网站"等措施来营造绿色网络环境。

1. 净化网络软环境首先要做好的是"有法可依"。近些年来，网络的发

展和普及程度已经突飞猛进,与此相关的,对网络信息和行业管理方面的法律法规的跟进却相对滞后。许多网络行为,从实质上来说,已经超出了一般人所认识的范畴,但要说该行为究竟是违法还是犯罪,却又找不到直接相关的法律规定。比如,一对一的视频裸聊等网络现象,行为性质的界定仍然未能得到一致性认识。所以说,当务之急,就是加强网络方面的立法,力争让网络管理从法律的虚无进入规范制度中来。

2. 力促网络管理的实效性并构建良性机制。让网站与网管人员首先承担起防止沉迷网络的重任,把净化网络环境的治本之策与"防沉迷"的措施进行紧紧对接。前面提到的网络游戏分级制度迟迟不能出台,相当程度的原因仍是市场利益的刺激,个别网络运营机构和游戏运营商为了自己的业务拓展,对游戏分级制度装聋作哑,不闻不问,置未成年人的身心健康于不顾,反而以各种方式诱导他们陷入网络游戏当中,使他们沉溺于虚拟世界迷失自我,导致了心智尚未完全成熟的未成年人成为恶劣网络环境的牺牲品。所以,关键在于做好源头防范与规范化建设,当良性循环的机制逐渐建立起来之后,对网络环境的正常发展必将大有裨益。

3. 建立长效性监督并保障规范责任的落实到位。应当开发出新的程序和管理系统,实时性地对一些不法网站和发布色情、暴力信息的实体(个人或单位)进行长效性监督,依法采用行政处罚甚至追究刑事责任的手段,对违法者承担应当承担的责任,从而有效预防此类行为的不断发生。要规范网络环境,无论是网络游戏的"防沉迷系统",还是专项行动的"网络扫黄",这些都必须切实有效地得以执行,而不能仅仅停留在"喊口号"的阶段。而且,长效性监督机制的建立是系统的、持续性的,不能单单期望以一两次集中整治就达到净化网络环境的目的。

三、通过齐帮共管使未成年人远离网络毒害

学校、家长也要共同做好未成年人的思想引导工作,若发现未成年人有沉迷于网吧的苗头,应当及时进行干预,通过正面引导使其远离网络毒害。

1. 家庭应承担起教育孩子安全上网的首要职责。未成年人上网的重要渠道之一就是网吧,父母应该正确对待这一问题,既不能听之任之,也不能一味禁止,而应疏堵结合,并且要尽快掌握适应网络时代的教育管理方式,正面引导、教育和帮助孩子做到科学使用电脑和网络。具体做法上,可以从一些生活细节和可操作的电脑使用技术着手,传授孩子基本的网络安全知

识,如不轻易将个人信息在网上发布,正确看待网上交友等;父母可以通过家用电脑让孩子在家上网,远离网吧及其不良氛围,同时也有利于家长合理控制孩子使用电脑的时间和方式;家用电脑内可以安装过滤检测性软件,预先删除含有色情内容的网页、不良信息、垃圾邮件等。

2. 学校应加强对学生的网络应用和健康网站等方面的引导性教育。学校应普及计算机课程,建立适应孩子学习的校园网吧并进行合理引导,通过系统性、趣味性的电脑教学帮助孩子树立正确的网络认知,并培养网络方面的法治安全意识,增强他们的道德判断、违法判断能力,使其在思想上筑起内在的"防火墙"。与此同时,学校可与家长通过网络建立密切联系,对孩子的网络生活进行合理安排和计划,给孩子布置、安排健康有益的网络学习内容,比如网络图书馆、网络同步课堂等。此外,执法部门也应经常与中小学校联系,定期到学校给学生"以案说法"或者"集中讲座",加强思想教育,强化法律意识,引导在校生在合适地点限时、规范地使用网络。

3. 学校和家庭应当注重情感交流并丰富他们的业余生活。当未成年人在现实世界受挫,身边又没有好友来倾诉时,他们通常选择的是上网聊天,发泄自己的情感、释放压力。现实交往中的冷淡将他们推向网络的边缘,让他们被迫从网络中寻求情感与精神寄托。试想一下,如果这时的家长、老师、同学能够及时与他们沟通,平等地与他们对话,聆听他们的真实想法,解去他们心中的枷锁,正确认识网络的虚拟性与潜在危害,他们还会沉溺于网络世界吗?当他们能够在现实生活中得到关心,感受到温暖与爱护,还需要网络上那些虚拟的场景与画面吗?

大多数有网瘾的未成年人往往都是因为父母不关心、老师不关注、同学合不来等原因而导致生活的空虚与无聊,于是当他们一接触到网络,便被这个充满感性与激情的虚幻世界所吸引了,网络屏蔽了现实世界,让他们感受到了新鲜与刺激。如果我们多给这些未成年人提供一些丰富多彩的生活,让他们有更多的机会参与其中,网络所给予的吸引力必将得以大大消减。形式多样的活动能够提升他们的生活品位,丰富他们的业余生活,引导他们积极向上的精神面貌,让他们在多彩的业余活动中尽情地展示自己,获得他人的尊重与认同。当他们所取得的成就被更多的人所欣赏、当他们养成高雅的生活情趣、当他们形成了良好的生活习惯、当他们对暴力与色情不屑一顾时,他们自然会对网吧失去兴趣,因网吧而引发的违法犯罪率自然也会大大降低。

第四节　本章小结

　　网吧作为特定的空间场域，在此之中发生的未成年人犯罪案件值得我们关注。透过未成年人与网吧之间的关系梳理，可以发现未成年人犯罪与网吧不当管理之间存在多项的内在关联。网吧作为一个现实空间的存在，而由网络提供的网络空间却是另一个虚拟世界，由此可见，现实与虚拟并不是绝对化的区分，网吧则是一个融虚拟与现实于一体的综合体。网吧监管中的制度性缺陷与管理手段的松散，致使网吧成为诱发未成年人犯罪相对集中的犯罪场所，虚拟场景的刺激与不良价值的引导又会引发未成年人的行为失范，并促使其最终走上犯罪的道路。未成年人犯罪的发生总是由多种因素造成，在网吧场所发生的未成年人犯罪也是如此，需要我们在细致梳理背后原因的基础上，提出行之有效的多元性措施。因此，为了保护未成年人合法权益且减少未成年人犯罪的发生，集中性地加强网吧管理是必然选择，通过综合性举措而防范此类犯罪的发生是应有解决之策。

第十三章
幼师虐童的生发机理与犯罪防控模式*
——基于互联网媒体报道的 264 个案件样本的分析

第一节 问题的提出

随着互联网科技平台的深入发展,幼师虐童事件在媒体的揭露与剖析下,其衍生过程已然一览无遗。在各类幼师虐童事件的不断曝光后,接踵而至的便是对于幼师"人性恶"与性格扭曲的舆论谴责。从"浙江温岭城幼

---

* 本章内容由陈伟、熊波共同完成,相关内容已经发表于《山东大学学报(哲学社会科学版)》2019 年第 1 期,在纳入本著述时进行了相应修改与调整。

师虐童事件"到"携程亲子园幼师虐童事件",再到"红黄蓝幼儿园事件"① 等一系列典型幼师虐童事件,均表明幼师虐童事件并非属于社会现象的特殊个案报道。在法律规制层面,面对此类行为现象的凸显,理性的法律人应当要求摒弃情绪化的一味谩骂和抨击,立足于客观化、类型化的现象研究,从而牵引制度规范的不断发展完善,以此推动科学立法的未成年人福利善治保障。

面对"群起而攻之"的幼师虐童事件,《刑法修正案(九)》(以下简称"刑修九")及时响应了民众的舆论导向,在《刑法》第 260 条虐待罪的行为罪状后,单独增设一款"虐待被监护人、看护人罪",以弥补此前诸如幼师、保姆等非家庭成员对未成年人虐待行为的刑法管控的空白。然而,虐待被监护人、看护人罪起初的制度设计,仅仅是一种契合现象化立法和功能化立法效应。在脱离社会现象衍生的特定背景下进行的刑事立法,必然无法及时消解或平息因风险行为渗透于客观社会而所致的恐慌与焦虑。在某种程度上,虐待被监护人、看护人罪的罪状设置是为迎合舆论导向而匆忙进行的情绪性立法,行为类型的危害性衔接亦过于宽泛与脱节。"情绪性刑事立法主要来源于易导致非理性结果的舆论,刑事法律的严厉性决定了刑事立法活动必须严谨且理性,刑法的谦抑性要求刑事立法必须杜绝情绪化干扰,刑事立法应力戒情绪性立法具有充分的法理依据。"② 对此,挖掘罪名设置的法理依据,应当从客观、科学的理性结果与状态中探寻现实基础,以符合党的十九大报告中"推进科学立法、民主立法、依法立法,以良法促进发展、保障善治"的基本立法精神与要义。

科学立法的现实基础并非单纯的数据整合抑或客观的行为叙事,幼师虐童事件的行为机制会受到外界一系列繁冗的因素干扰。正是如此,才促使其

---

① 针对媒体报道的"红黄蓝幼儿园事件",虽然事后官方发布消息澄清:幼儿园教师刘某某因部分儿童不按时睡觉,遂采用缝衣针扎的方式进行"管教",已被刑拘;已恢复约 113 小时监控视频,未发现有人对儿童实施侵害;网传涉事幼儿园"群体猥亵幼童"等内容,经查,系刘某、李某某二人编造传播;某电视台报道该园幼儿被喂食药片,幼儿家长苟某承认孩子没有在园内被喂食药片;涉事女童家长赵某某发表的"'爷爷医生、叔叔医生'脱光衣物检查女儿身体"的言论,赵某某承认系其编造,并愿意向社会澄清事实、公开道歉。但基本事实不可否认,仍存在幼师虐童现象。参见中华网:《警方再通报红黄蓝幼儿园事件:幼儿遭侵害真相曝光》,载 http://toutiao.china.com/shsy/sdsh/13000927/20171129/31733503_all.html,2017 年 11 月 29 日最后访问。

② 刘宪权:《刑事立法应力戒情绪——以〈刑法修正案(九)〉为视角》,载《法学评论》2016 年第 1 期。

迈进犯罪学现象的研究视域。因此，首先应当明晰，犯罪学的社会行为应当有别于刑法学的犯罪行为，犯罪与社会生活的基本条件紧密相联，其产生变化取决于社会生活的基本条件，犯罪既是造成社会痛苦的一种客观事实，也是人类社会自身认定的一种既存结果。[①] 由此可知，幼师虐童的客观行为抑或是事实状态，都应当是犯罪学注重的对象来源。鉴于此，媒体报道的幼师虐童案件逐年激增的数量变化折射出了特定的儿童学前教育的社会现象，而这可以成为现阶段虐待被监护人、看护人罪的社会学、犯罪学研究的助益素材。对其进行分门别类地剖析，亦有助于深入研究幼师虐童典型个案的行为发生范式，从而窥探其生发机理并从中类型化出幼师虐童的犯罪特点，在此基础上也对幼师虐童事件的多维度防控模式构建提供参考意见。

至此可知，幼师虐童事件的犯罪学研究向度具有社会整体性、行为层次性与理论开放性等特点。面对纷繁复杂的幼师虐童行为样态，笔者认为，首当其冲应当化解的问题有如下几点：其一，幼师虐童的生发机理中因素导向的结果效应是单一化的，还是多样化的？其二，幼师虐童的犯罪结构的涵盖对象应当以行为类型为主，还是以主体类型为主？其三，在深入解构幼师虐童的生发机理与犯罪特点后，如何针对性地设置该种现象的防控模式？为此，笔者尝试以幼师虐童事件的行为规律为研究对象，以目前尽可能最为真实、贴切地理性反映幼师虐童事件的社会真实原貌为目的，通过对2011年至2017年前11个月各媒体报道的264起幼师虐童典型案件进行深入分析，逐一化解上述研究困境，并以此得出幼师虐童事件的生发机理与犯罪防控模式。

第二节　生发机理：多元且异质因素的综合效应

当代工业化社会中未成年人伤害的"恐惧综合征"（Bogeyman Syndrome）来源于多方面，并集中分布于校园欺凌现象、家庭监管过度失控、家庭虐待行为危害凸显以及幼师虐童行为恶化等情境中，其中幼师虐童事件

[①] 张远煌：《犯罪学原理》，法律出版社2008年版，第149-150页。

逐渐更新并颠覆公众对教师职业的崇高认知。① 据教育部报道，2016 年全国共有幼儿园 23.98 万所，比 2015 年增加 1.61 万所，入园儿童 1922.09 万人，比上年减少 86.76 万人。在园儿童（包括附设班）4413.86 万人，比上年增加 149.03 万人。② 由此得知，幼师虐童潜在的受害对象群体规模较为庞大，在幼儿园的儿童面对教师的伤害与凌辱之际，儿童被害人的危害性更为隐蔽和间接，其不同于前述其他类别的儿童伤害事件。由于行为发生的封闭性、自主性以及行为管控的效力弱化，再加之教育行业的多元背景，幼师虐童事件的产生原因具有异质性、特殊性和多样性特征。因而，在主流媒体能够完整报道案件的详情时，单独研究幼师虐童事件的生发机理，能够挖掘出行为发生的社会环境要素。

一、社会异质因素：惩治手段的错综复杂，弱化社会管控的效能

幼师虐童事件已成为教育学、社会学、法学等诸多学科领域的热点探讨事宜，但无论哪个学科领域对其行为产生的原因进行剖析，始终无法脱离特定的社会环境与时代背景而予以展开。幼师虐童行为危害的程度性，决定社会管控的效力等级运用。虐待被监护人、看护人罪的行为规制作为刑法威慑力的启用，应当是对幼师虐童行为情节恶劣的案件及时发挥其应有的儿童福利保障的最高效力。对于虐童事件涉及轻微扰乱学前教育管理公共秩序的行为，则应当是动用行政法律法规对其进行相应的等级惩戒。在幼师虐童事件中，关于儿童名誉权、身体健康权以及精神保障权等个人法益的轻微侵蚀行为，此时侵权责任法可对相关行为人和教育机构施以民事责任承担。

从图 1 可知，媒体报道的 264 起严重社会危害性的幼师虐童案件，整体呈现出逐年增长的变化模式。函数公式 $y = 5.25x + 16.714$ 表示 2011 - 2017 年前 11 个月媒体报道的幼师虐童案件数的柱状变化趋势，x 表示对应的年份数，在线性指数 R^2 的变化趋势下，y 表示相关年份数理应对应的案件数。从图 1 显示的数据分析来看，仅 2012 年、2016 年对应的案件数低于线性指

---

① [美] 威廉·A. 科萨罗：《童年社会学》，张蓝予译，黑龙江教育出版社 2016 年版，第 278 页。

② 数据来源于教育部：《2016 年全国教育事业发展统计公报》，具体参见 http://www.moe.gov.cn/jyb_sjzl/sjzlfztjgb/201707/t20170710_309042.html，2017 年 7 月 10 日最后访问。

数 R^2 的变化趋势，其余年份均大幅度上涨。综上表明，在缺乏幼师虐童事件中行为、结果等样态的完整分析的现实困境下，对应的幼师虐童犯罪行为只能呈现逐年增长模式。因而，在理性分析幼师虐童事件折射的社会现象后，构建相应的多维度犯罪防控模式极为必要。

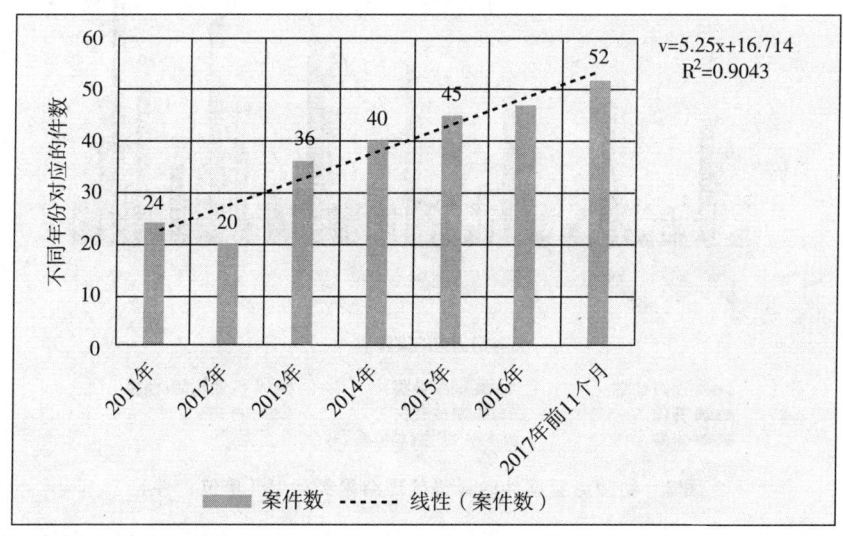

图 1　2011—2017 年前 11 个月媒体报道的幼师虐童案件数①（单位：件）

从民事法域的幼童个体名誉、健康权益的剥夺到行政法规范的学前教育管理秩序的扰乱，最后再到刑法强制管控的幼童个人人身权利的严重侵犯，从制度体例的适用规范评价上，三类行为危害等级的效力评价应当依据具体的客观情节依次进行，而并不存在个人意志的选择空间。目前，从笔者调研的 264 起幼师虐童案件的最终处理结果类型分布情况来看（见图 2），案件不断产生的本质缘由仍在于社会规范评价的效应未能得到有效发挥。概言

---

① 笔者联合课题组成员以及部分学生，通过在百度、谷歌、雅虎等各类搜索引擎和中国裁判文书网、北大法宝以及无讼网中，输入"幼师虐童事件""虐待儿童""儿童伤害""虐待被监护人、被看护人罪"等关键字，共收集到 768 个案件，其中裁判文书共 60 件，主流媒体平台的新闻报道共 708 件，通过课题组成员的针对性筛选，其中与本文关键词有密切关联性的案件共有 264 件，即为本文实证研究的基本素材，下文图表的数据来源亦同。因此，在下文分析中笔者将不再赘述。所有案件信息的网站来源于中国裁判文书网、北大法宝以及无讼网、新华网、中华网、凤凰网、新浪微博、亲贝网、中国各地新闻网等主流新闻媒体的报道。再此，感谢课题组成员的数据收集、分类与整合，并在此特别感谢王文娟助理研究员对本文案件数据的统计与信息分类。

之，现行制度规范的体系层次性和效力等级性，导致惩治手段运用的错杂、混乱，弱化了社会管控的效能。具体存在以下几种情形：

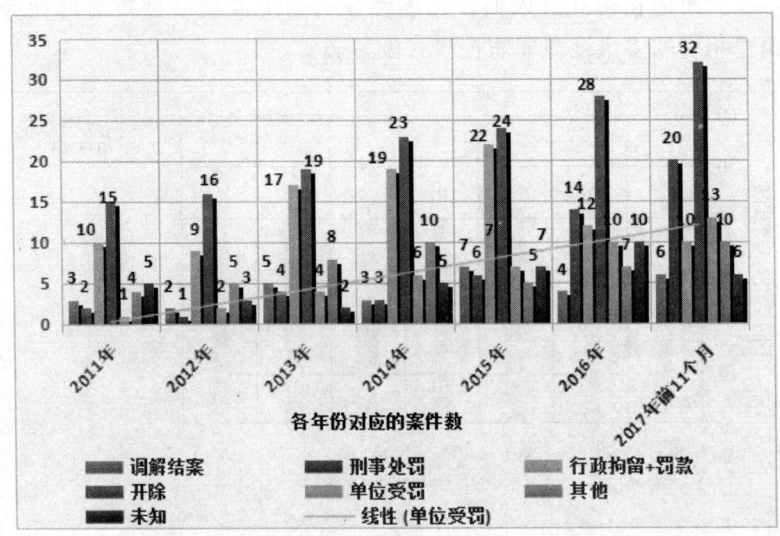

图2　幼师虐童案件的最终处理结果类型①（单位：件）

1. 针对幼师虐童案件的严重社会危害性，刑法规范的介入存在滞后性。静态层面与动态层面上的罪责刑关系作为一个整体，具有辩证统一性，而动态的罪刑关系多以具体实践和运作修缮为基础。② 从图2的幼师虐童行为的社会危害性评价实践中，我们可以得知：幼师虐童事件的罪责适用基础较为薄弱，刑法规范介入存在滞后性和规避性。从案件最终结果的类型分布来看，2011年至2017年前11个月期间，行政拘留+罚款（99件、37.5%）、仅单位受罚（43件、16.29%）以及留园察看、公开检讨、扣除工资等其他微弱的社会管控手段（49件、18.56%）适用的次数为191件，占总的案件数比例为72.35%，而其中刑事处罚责任追究适用件数和比例分别为50件、18.93%。甚言之，开除的适用比例最高，占据157件、59.47%。由此可知，目前，针对媒体报道中的典型幼师虐童事件的严重危害结果的规制类型来看，主要还是以较

---

① 上述图示虐童案件中的各类最终处理结果有可能在同种案件中出现，为针对性凸显图表统计的属性以及下文生发机理的论述，笔者在此并未将其依据单一的案件进行分类。此外，图表中的其他最终处理结果包括：留园察看、公开检讨、扣除工资等。

② 孙道萃：《罪刑关系论》，法律出版社2015年版，第107页。

为轻缓的行政处罚和罚款为主进行社会机制管控，甚至部分案件仅采取开除的形式手段，以缓解舆论的谴责或逃避刑事制裁。

从笔者对危害结果的分类统计来看（见图4、图6），媒体报道的幼师虐童案件通常具备较为严重的社会危害性，抑或是显著恶劣的人身危险性。一般而言，某种特定行为之所以称为犯罪行为，是由犯罪的形式概念和实质概念共同决定的。亦即，犯罪是具备一定的社会危害性、刑事违法性和应受惩罚性的行为。① 而人身危险性在情节程度认定上，还要发挥但书出罪的调节作用。然而，媒体所报道的各类案件的社会危害性其实足以启动刑事法予以规制，却因为考虑诸如司法效率、教育成本以及形式正义等因素，而将刑修九设置的虐待被监护人、看护人罪的管控效能予以忽略，动辄利用威慑力较小的社会规制手段以进行约束。可想而知，幼师虐童事件层出不穷的一个重要原因就在于：社会管控手段的效力层次混乱，导致幼师虐童事件的制度约束最终难以实现预期的制度效果。

2. 对幼师虐童案件的儿童来说存在潜在伤害，并且调解结案削弱了儿童利益的最大化保障。调解结案主要出于司法效率最大化的功效考量，在双方意思自治的基础上，从快从轻、从优地化解社会矛盾，尽可能地立足公平正义与司法效率权衡的视角，恢复受害儿童与父母利益的原始状态。纵然，调解结案作为一种司法处断的手段创新，是一种将司法的法益修复性理念完美融合于案件处理过程中，衔接并丰满和谐社会构建的体系要素。② 但其并不意味着无限度、任意情形下的案件适用。笔者认为，虽然图2中幼师虐童事件最终以"调解结案"类型处理的案件为数不多，7年间共计报道30起案件，占据总案件报道数的11.36%，但其毕竟对于情节严重的幼师虐童案件而言，亦扩充了社会轻微管控手段的范围。

幼师虐童案件归责结果的评判关乎儿童权利本位的理念梳理，而适用调解结案是基于"效率为主，兼顾公平正义"的原则考量，价值体现仍在于司法效率。因此，幼师虐童案件适用调解结案必会在司法判定的效率追求过程中不利于儿童利益的最大化保障，从而间接无视未成年人在心智、生理和

---

① 高铭暄、马克昌：《刑法学》，北京大学出版社、高等教育出版社2016年版，第46－48页。
② 赫然、张荣艳：《中国社会纠纷多元调解机制的新探索》，载《当代法学》2014年第2期。

伤害程度上与成年人区分保护的实质正义。①

3. 对幼师虐童案件的责任承担主体,幼师和教育机构的处罚力度小。在学前教育行业、领域中,学前教育机构或单位承担着幼师人员的入园评选、质量考核与职业培训等资格审定任务,可对幼师个体条件进行实时、动态的更新与把控。因而在幼师虐童案件中出现对儿童显性和隐性的一系列伤害的原因,一方面由幼师个体自身多方面因素所引起的恶化行为(见图2);另一方面在于学前教育机构或单位忽视或者放宽对幼师人员的资格条件或后期任职过程中的动态考核。据图2数据显示:2011年至2017年前11个月单位受罚的比例呈现两阶段的曲线动态增长趋势(见图2中"单位受罚"的线性增长)。一是2015年刑修九公布前5年间内单位受罚案件仅20件,占据案件总数的7.58%;二是刑修九公布后,单位受罚案件仅后2年时间内单位受罚案件就有23件,同比增长187.50%。但总体而言,单位受罚相较于自然人受罚,所占比例仍较悬殊。7年间单位受罚案件总数共计43件,占案件总数的16.29%。由此可知,在幼师虐童案件的主体归责方面,对幼师和教育机构的处罚力度不够。

这一现象产生的主要缘由在于社会法治机制内在体系约束的不协调和不对称。教育部针对近日媒体所报道的一系列幼师虐童案件,强调要严格按照《未成年人保护法》《教育法》《教师法》以及《幼儿园管理条例》《幼儿园工作规程》的明确要求,对一切损害幼儿身心健康行为的幼儿园和教职工都必须进行严肃查处,对情节严重的,必须依法追究刑事责任,切实保障幼儿身心健康成长。② 而《教育法》中,针对学前幼师虐待儿童的行为,仅规定"国家机关、军队、企业事业组织、社会团体及其他社会组织和个人,应当依法为儿童、少年、青年学生的身心健康成长创造良好的社会环境。"而在法律责任章节中却忽视相关对应条款的设置。这一漏洞的存在,一定程度上导致对幼师和教育机构处罚的力度小。

---

① 陈伟、熊波:《校园暴力低龄化防控的刑法学省思——以"恶意补足年龄"规则为切入点》,载《中国青年社会科学》2017年第5期。
② 内容来源于教育部官网于2017年11月24日所公布的《国务院教育督导委员会办公室关于开展幼儿园规范办园行为专项督导检查的紧急通知》(国教督办函〔2017〕91号)文件的第2条。具体参见http://www.moe.gov.cn/jyb_xxgk/moe_1777/moe_307/201711/t20171124_319933.html,2017年11月24日最后访问。

二、心理异质因素：内心欲望的外界表达，强化虐童举动的作出

将社会管控手段的弱化作为幼师虐童事件存在并激增的外界条件，虐童行为在接受便宜的外界环境下，内心欲望的外界表达便有了特定的氛围依存条件。在前述特定情境下，行为心理通过举动的作出，将内在欲望转化为犯罪行为，从而形成意志选择行为模式和反应性行为模式。① 基于此，幼师虐童行为作为对外界环境刺激的一种变异反映，意志选择行为和反应性行为的心理来源因素是多层次的。诸如，寻求心理刺激、释放内心压力、追求业绩考核以及一时无法控制等（见图3），而上述种种心理原因统一可归为影响和制约犯罪行为发生的意志选择反应性行为涵盖的因素。

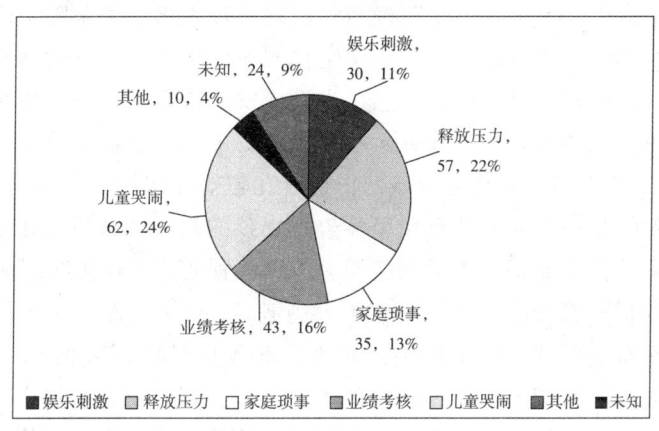

图3　幼师虐童案件中行为动机、目的统计②（单位：件）

1. 意志选择行为模式的心理因素所导向的犯罪动机强烈、具体与明确。虐童事件的意志选择行为，作为虐待被监管人、被看护人罪行为产生的基本、典型方式，是指犯罪行为的发生通常是行为人接受外界消息之后，有目的、有计划地选择性促成某种积极结果的发生，而这一结果的形成正是行为人意志努力的状态表现。结合《刑法》第14条犯罪故意的主观意图界定，

---

① 张保平：《犯罪心理学》，中国人民公安大学出版社2015年版，第86页。
② 上述图示虐童案件中的各种动机、目的有可能在同种案件中出现，为凸显图表统计的属性以及下文生发机理的论述，笔者在此并未将其针对不同案件进行分类。此外，图表中的其他虐童动机、目的具体包括：一时冲动、以为小事或者认为能够瞒天过海等。

幼师虐童的心理历程便是幼师明知自己虐待儿童的行为会产生危害儿童的身心健康等严重结果（类型可见图6），但其为积极促成内在欲望的外界表达，而希望此种结果的发生。由于有目的、有计划地选择性促成幼童伤害结果的发生，因而在意志选择行为模式下，虐待被监护人、看护人罪的主观心态认定应当仅限于直接故意。鉴于此，从图3中可以得知，在笔者统计的264起幼师虐童事件中，意志选择性行为模式的心理因素按照比例高低依次排序，则具体包括：释放压力（57件，占22%）、业绩考核（43件，占16%）、娱乐刺激（30件，占11%）、家庭琐事（35件，占13%）。总体而言，意志选择行为模式的心理因素发生率为63%。这从侧面反映虐待被监护人、看护人罪的现实基础多源于行为人强烈、具体与明确的心理因素。

　　进一步剖析，此类具体、明确与强烈的心理因素产生来源于两方面的原因：一方面在于学前教育单一化、固定化的模式操作。并且幼师群体多为青年，好奇心促使其寻求内在刺激感，进而诱发虐待行为，突破传统学前教育模式的瓶颈，在各式各样的扎针、喂药以及言语侮辱手段中寻求内心的满足感。① 譬如，2012年10月的岭城西街道蓝孔雀幼儿园"幼师虐童照"事件，年轻女幼师颜某在幼儿园活动室里笑着把小孩的两只耳朵拎着往上提，并让另一教师童某拍下此幕。事后其接受警方询问说道："其实我当时感觉这并没什么，就是闹着玩的，为了寻求个人刺激。"另一方面，在于长期积聚的无形压力与有效的疏导机制缺乏，促使其正常心理的后期变异。经济水平、业绩考核以及家庭琐事等原因导致的各类压力，通过工作环境中的外界行为排解得以释放。诸如，2011年10月发生的"西安城东苏王早慧幼儿园虐童事件"，幼师虐童行为的发生就只是因为幼儿园规定工资奖金与考核挂钩，长期的重压导致她每天精神紧绷，心理问题越发严重，进而恶化、变异衍生为一系列暴力行为。

　　2. 反应性行为模式的心理因素映衬出犯罪人主观方面的不良心理素质。反应性行为模式的幼师虐童事件的心理因素不同于意志选择行为模式，其虐童行为的发生主要在于个体对外部诱因刺激下产生的快速应答性反应。因而，此种心理诱导模式也被称为情绪型动机犯罪。② 通常而言，犯罪行为存

---

① 李洁：《青年教师人力资源开发探析——基于人力、社会和心理三项资本角度》，载《理论视野》2016年第1期。

② 罗大华：《犯罪心理学》，中国政法大学出版社2014年版，第145页。

在的客观情景诱发行为人内心欲望的外界表达，进而导致虐童举动的作出。但纵使如此，反应性行为模式的心理因素主要根源仍是犯罪人主观方面的不良心理素质，如行为人情绪不稳定、易怒易暴躁或严重暴力倾向。在笔者统计的264起幼师虐童案件中，儿童哭闹以及一时冲动、以为小事或者认为能够瞒天过海等主观因素，在激化犯罪人的不良心理素质的外界表达中占据主导作用，其案件数及其占据比分别为62件、24%，10件、10%。由此可知，在幼师虐童案件中，反应性行为模式发生的机率远小于意志选择行为模式。在儿童哭闹等复杂、多变的客观情境中，反应性行为模式的幼师，较难把控自身内心虐童暴力或非暴力欲望的外界表达。

而在此过程中，行为人的大脑活动亦往往处于浑沌或亢进状态。因此，在反应性行为模式的心理因素导向下，虐待被监护人、看护人罪的主观心态认定应当仅限于间接故意。亦即，幼师明知自己虐待儿童的行为会产生危害儿童的身心健康等严重结果（类型可见图6），但其为放任行为促成内在欲望的外界表达的这一状态，且放任状态衍生此种结果的发生。综上，在行为防控模式构建之际，理应结合犯罪心理形成的背景因素与个体因素的体系因子（见图4），并基于两种模式的特点分析，针对性地操行幼师虐童行为的预防。

因此，在反应性行为模式下，笔者认为犯罪干预与预防的评估系统应当着重考虑两个问题：其一，幼师虐童的反应性行为举动作出的影响因素是否可控？其二，如何针对性构建应激型幼师虐童犯罪心理矫正机制？

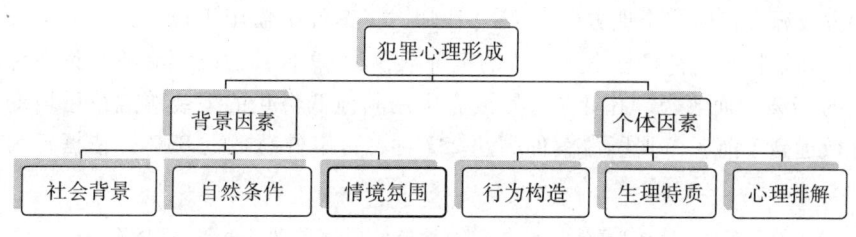

图4　幼师虐童事件行为心理的形成原因系统

三、行为异质因素：手段方式的消极隐蔽，助推虐童事件的激增

有异于思想的抽象存在，人的行为一般是主观见之于客观的行动、举止和言语，其以具体的构造存在于世间并产生相互作用力。"犯罪学中的犯罪

行为亦是如此,它是行为人实施违法犯罪行为、举止和言语的一种客观的外在活动"。① 因而,当行为人积极构思虐待儿童的计划而未将其付诸实践之时,不能将其称为犯罪行为,亦无法对其构思行为(心理活动)的属性和特点进行分析,从而不必探寻防控规范路径。幼师虐童事件的频繁报道以及行为的社会管控规范,正是基于具体虐童手段、方式、状态的严重社会危害性进行操作与建构的。但虐童行为本身属性的潜伏性、隐蔽性和长期性,导致这些事件难以被公众所熟知。

从图 5 中的幼师虐童案件中惯用手段、方式的统计来看,目前行为人常用的虐童行为有暴打、威胁、辱骂、扎针、喂药以及其他低俗化的猥亵等虐待手段。这足以表明,在急剧的社会变迁、社会整合所带来的道德伦理观念的浑沌、家庭结构的变迁、生育理念的调整②以及学校教育体制的变革中,犯罪手段呈现出多样化样态,犯罪形势也存在显著的高峰期。③ 面对幼师虐童事件的错综复杂的行为样态,对其行为特征和表现方式进行详实论述,有助于针对性地展开行为防控。

1. 手段方式与表现状态呈现出消极性与隐蔽性,虐童行为难以得到实质控制。在传统犯罪学的行为形态研究中,侧重关注具体的行为表现以及由此延伸的危害结果,且行为与结果往往要求及时展现。④ 幼师虐童的隐性或是中性行为本应由道德教化或是行政规范予以调整,但面对幼师虐童行为的异质化,犯罪现象的情势研究必然要求"将越来越多的犯罪研究延伸至任何一个地方或源自任何一个地方"。⑤ 结合幼师虐童案件中惯用手段、方式的统计可知,如暴打等诸种显性表现方式的案件数仅为 49 件,占据笔者所统计案件总数的 17%。而喂药、扎针、辱骂或者采用其他低俗化的猥亵等虐待手段的案件数远高于前者,其所占案件高达 232 件,占案件总数的 83%。依据行为与

---

① 李锡海:《人性与犯罪研究》,中国人民公安大学出版社 2013 年版,第 18 页。
② 具体是指 2016 年实行的全面开放二胎。随着工业化、城镇化及现代化进程的推进,人们的生活环境、生活方式及生育观念均发生了重大变化,生活、就业、教育、医疗的成本有了极大的提升,导致人们生育意愿大大降低。全面开放二胎有助于缓解人口老龄化带来的生产力的低迷,以稳步适应科技信息化时代的生产力水平及其需求。
③ 张荆:《冲突、犯罪与秩序建构》,知识产权出版社 2017 年版,第 3 页。
④ 荣月:《犯罪学视野下的犯罪概念初探》,载《吉林师范大学学报(人文社会科学版)》2008 年第 5 期。
⑤ Rober W. Winslow, Sheldon X. Zhang, *Criminology*: *A Global Perspective* (New York: Pearson Education, Inc., 2008), p. 4.

结果的互动衔接理论,从图6的幼师虐童案件的被害人的危害结果类型分析中,亦可验证幼师虐童手段特点与表现方式呈现出消极、隐蔽性等特质。而此类隐蔽、消极的行为方式便成为幼师所惯用的便捷途径。因此,行为方式与危害结果的隐性特质展现促使行为人越发猖獗地实施虐童行为。

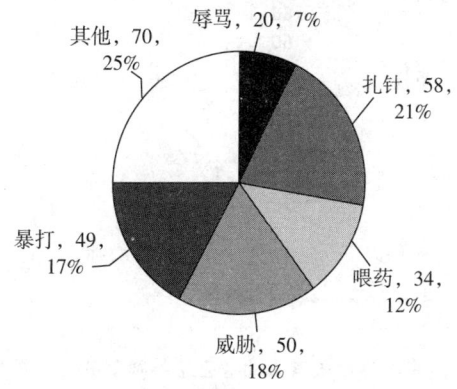

图5 幼师虐童案件中惯用手段、方式统计①(单位:件)

2. 事件结果呈现过程的潜伏期,致使刑事司法难以介入规制虐童行为的抽象结果。幼师虐童事件已成为一种普遍的社会现象,原因一方面在于幼儿园作为一种半封闭式、自主运营的教育机构,行为的发生场合较为闭塞,其发展过程通常并不为人所认知;另一方面在于幼师虐童针对的是受害者的特殊体质。不同于成年人成熟的自主表达和自我控制能力,儿童作为社会集合的弱势群体,面对突如其来的成年人虐待行为,其反抗能力基本为零。此外,面临幼师行为后的威胁行为,其顺从意识较普遍,对行为危害识别能力较差。因此上述综合因素导致事件结果呈现出漫长过程的潜伏期,从图6中可知重伤所致的明显危害结果的案件数仅为49件、占据案件总数的18.56%。而隐性的危害结果,如轻伤以下、排斥教师、心理阴影以及无心学习等情形,案件数为215件,占据案件总数的81.44%。一般而言,重伤结果带给幼童的是心理伤害和身体伤害,譬如,"江苏兴化板桥幼儿园虐童事件"

---

① 上述图示虐童案件中的各类手段有可能在同种案件中出现,为凸显图表统计的属性以及下文生发机理的论述,笔者在此并未将其针对不同案件进行分类。此外,图中的其他虐童手段、方式具体包括:喝尿、吃鼻屎、下体放不明物体等猥亵行为、喂芥末、捆绑于粪盆或座椅上等。

的年轻女幼师,用电熨斗烫伤7名儿童脸部,致使其留下终身疤痕。另外,不仅是身体上的物理伤害,这种重伤结果致使的心灵隐性伤害亦是终身的。

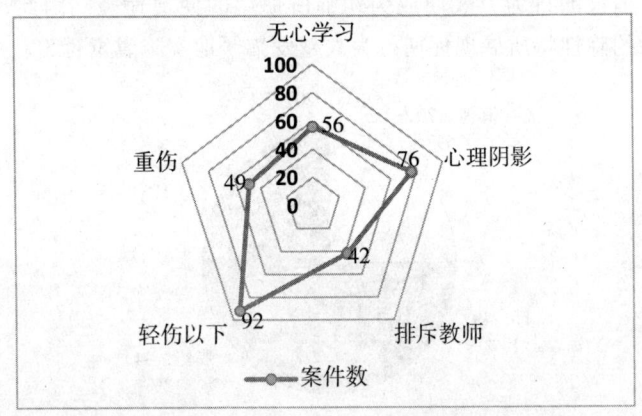

图6 幼师虐童案件中被害人的危害结果类型分析(单位:件)

数据显示,幼师虐童行为所致的危害结果类型无论是显性还是隐性的,对于作为弱势群体的幼童而言,其导致的心理伤害和身体伤害都是终身的。正如詹姆斯·家伯利诺所言:"如果将所有主要的社会问题罗列出来,并将他们当成嵌套在一起的俄罗斯套娃,那么教师虐待儿童问题将会是套在最外层的一个套娃——因为这是成长中儿童身上最严重、持久的创伤。"① 而在当前的刑事立法中,对虐待被监护人、看护人罪的入罪标准限定为"情节恶劣",且这一标准设置采取的是行为时主义。② 这与笔者实证研究后得出的虐童行为的消极性与隐蔽性相冲突,与结果类型的潜伏性和发展性相冲突。再加上故意伤害罪中的轻伤以上认定依据的是《人体损伤程度鉴定标准》,该标准仅从物理标准进行设置,③ 未能针对性细化未成年与未成年人

---

① James Garbarino&Robison, *A. Confronting the challenges of participatory culture*: *Media education for the 21st century* (Cambridge, MA: MIT Press, 2009), p. 65.

② 郎胜:《中华人民共和国刑法释义》,法律出版社2015年版,第435页。

③ 2013年8月30日,最高人民法院、最高人民检察院、公安部、国家安全部与司法部联合发布的《人体损伤程度鉴定标准》(2014年1月1日执行)第3条规定,重伤、轻伤以及轻微伤均是以原发性损伤,以及组织器官结构造成的物理损害或物理性功能障碍为基准。其伤情认定仅鉴定时应以损伤的后果为主,损伤当时伤情为辅,综合鉴定。因而其亦未能全面考虑未成年心理伤害的程度认定标准和发展历程的潜伏性。

主体适用上的区别，因而忽视了未成年人潜在的心理伤害。

四、主体特质分析：不稳定因素客观存在，扩增潜在犯罪的诱因

幼师虐童的责任承担主体为单位和幼师，单位性质与幼师本身的道德水平也在一定程度上决定了幼师虐童事件发生的概率。伯纳德的一体化犯罪冲突理论（integrated crime conflict theory）认为，"个人的行为模式一般是按照与他们的价值认知和利益理解相一致的方式行动的。亦即，通常他们认为是好的、正确的、公平的或者合理的，至少是可以原谅的方式行动的"。① 由此得知，犯罪行为的发生与人的生活阅历、自身体验、知识水平以及客观环境的影响有关。幼师虐童事件的发生亦受到幼师自身资质条件与幼儿园的等级水平的双重影响（见图7）。因而对单位和幼师个人主体的特质分析，亦可窥探幼师虐童事件的生发机理。

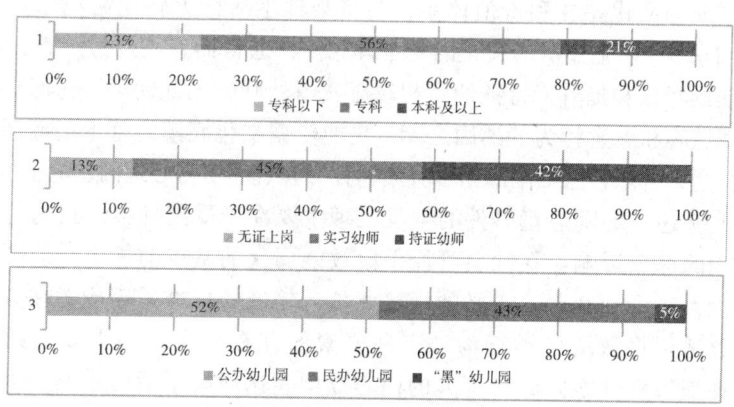

图7　责任主体的类型化分析

从图7幼师的学历水平、资质要求以及单位的性质区分来看，可以分析得出幼师虐童事件发生的个体环境特点：

其一，幼师的学历水平要求普遍较低。从图7中可以得知，媒体报道的264起案件中，幼师队伍的整体学历水平处于专科或专科以下，专科与专科以下水平占据79%，而本科以上学历的幼师人数仅占总案件数的21%。其

---

① George B. Vold & Thomas J. Bernard, *Theoretical Criminology*, 4th ed (New York: Oxford University Press, 1998), pp. 253 – 254.

二，幼师队伍以实习或无证幼师为主。从图 7 中可以得知，媒体报道的 264 起案件中，单位所任用的幼师中，无证幼师与实习幼师所占比为 58%，而持证幼师人数只占总案件数的 42%。其三，幼儿园性质与虐童事件发生无关。从笔者所调研的数据来看，幼师虐童现象在公办幼儿园与民办幼儿园出现的概率相较为平衡，甚至公办幼儿园的幼师虐童事件发生概率略高一等。此外，还有 5% 的事件比例是发生在部分"黑"幼儿园内，致使幼童权益处于随时受侵犯的边缘。因而，幼儿园本身建设的最初属性并不影响幼师虐童事件的发生，其主要仍在于教育机构后期的管理和运行。

一般而言，行为人的自控能力普遍受到行为危害性的认知程度的影响较大。在学识视野具有一定的广度与深度情况下，行为人可以准确识别行为举动的后续危害性，从而理性的从事职业行为。因而，经验水平、学识广度与深度能够成为犯罪从属文化理论的主要成分。亦即，在社会文化的分化过程中，不同质的文化差异和价值体系，会将某种生活行为转化为犯罪行为的副产品。[①] 同理，在犯罪从属文化的基本理念下，通常而言，经过一系列的专业基础素质的考核和提升，持证幼师相较于实习幼师、无证幼师，在面对繁杂的潜在客观风险和虐童行为的诱因之际，更能依据文化底蕴的基本把握理性的选择个体行为，排除自身面临的诸多异质的社会客观环境与心理因素的干扰。

综上所述，幼师虐童事件的生发机理主要在于受到社会、行为与心理等异质因素的综合影响。在社会管控手段效能弱化的基本前提下，幼师虐童现象的发生无法受到客观、正义的规范评价，较低的标准适用或者在责任主体之间区分适用将激增各类行为、心理要素的存在。在行为手段方式渐趋隐蔽、呈现消极特性之际，行为人的内心欲望表达便有了适时进路。继而，幼师虐童事件在多元且异质因素的干扰与引导下相继产生。

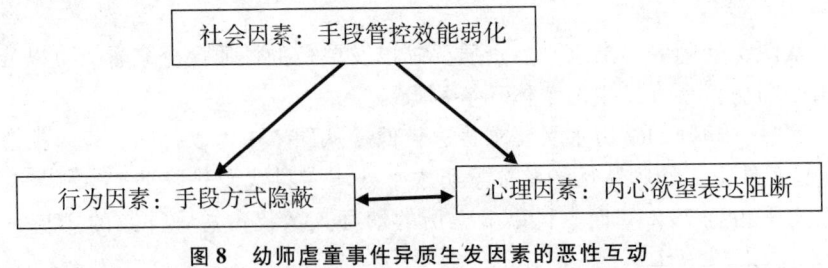

图 8　幼师虐童事件异质生发因素的恶性互动

---

① 吴宗宪：《西方犯罪学》，法律出版社 2006 年版，第 358 页。

第三节　防控模式：从社会基础到制度规范

基于幼师虐童事件这一社会现象的多元生发机理，逐一探究可知预防犯罪应当借助社会、行为、心理等综合理论的指导，使预防犯罪的实践活动符合时代的社会经济潮流。由于未成年人处于身心发展阶段的关键期，其理应获取最大化的社会尊严与基本生活的人格保障。① 幼师虐童事件的频繁发生，主要在于幼童、幼师与幼儿园三方权利与义务的调节失范。"随着经济物质的急速发展，人类依从本能行为逐渐弱化，个人欲求的期望值与社会规范之间冲突，构成人类非规范行为乃至越轨犯罪的客观必然性"。② 据教育部发布的 2016 年全国教育事业发展统计公报："2016 年我国民办幼儿园共 15.42 万所，比上年增加 7827 所；在园儿童 2437.66 万人，比上年增加 135.22 万人。幼儿园园长和教师共 249.88 万人，比上年增加 19.56 万人。学前教育毛入园率③达到 77.4%，比上年提高 2.4 个百分点。"④ 面对日益庞大的学前教育群体，从社会基础到制度规范来构建防控模式，消解幼师虐童事件的增长趋势，便具备现实可行性和社会该当性。

一、防控基准区分模式的设置

防控基准作为犯罪预防手段的正当性价值评价机制，针对幼童、幼师与幼儿园三方主体本身存在的异质性和特殊性，合理设置防控基准区分模式，是在社会有限资源的衔接运作体系中具体落实儿童权利最大化保障以及尊重儿童权利与尊严等一系列基本原则的理性实践。概言之，其一，应当正确认知未成年人与成年人损伤结果的客观差异；其二，侧重考察幼师的综合素

---

① 陈伟、熊波：《未成年人犯罪不应适用从业禁止》，载《人民法院报》2017 年 11 月 18 日，第 2 版。
② 吴鹏森：《犯罪社会学》，社会科学文献出版社 2008 年版，第 149 页。
③ 各项统计数据均未包括我国香港特别行政区、澳门特别行政区和台湾地区。部分数据因四舍五入的原因，存在与分项合计不等的情况。
④ 数据来源于教育部：《2016 年全国教育事业发展统计公报》，载 http：//www.moe.edu.cn/jyb_sjzl_sjzl_fztjgb/201707/t20170710_309042.html，2017 年 7 月 10 日访问。

质,提高准入门槛;其三,具体设置幼儿园等学前教育结构的起步和运行标准。结合现行体制的运行困境,具体可从以下三个方面操作。

1. 伤害标准:设置物理兼顾心理的双重标准。物理伤害的结果类型作为客观的证据材料,易符合诉讼证据证明标准的"证据确实、充分",便于准确定罪量刑。然而,在幼童特殊体质条件下,单一、固定的物理标准往往忽视伤害结果形态的渐变性和伤害程度的隐蔽性。因而,"心理标准"的准确、合理认定,就发挥儿童权利最大化保障与尊重儿童权利与尊严原则而言,无疑是伤害结果区分认定的实质公平正义之体现。对于幼师虐童事件,无论是虐待还是猥亵,幼童的心理损伤往往会比物理伤害更大、更持久、更难愈合。如果社会管控手段将幼童的心理伤害因素边缘化,甚至是完全忽视,则潜藏的心理创伤或者心理问题将在幼童成长后期爆发出来。

因而,笔者认为,应当从结果类型因素和行为影响因素来降低结果评价的标准适用。亦即,采用物理兼顾心理的双重标准,积极筑构多维度的幼童权益维护网。立足结果类型因素考量,适时更新《人体损伤鉴定标准》的情节认定,设置单独的章节、条款,将未成年人的心理伤害因素纳入《人体损伤鉴定标准》之中。譬如,将心理矫正机构的恢复期限或心理伤害鉴定医疗机构的评定意见作为心理伤害的具体情形考察,亦可将其作为社会规范制度防控手段启用的基本情节认定。基于行为影响因素的权衡,将虐待行为场合的公共化与否、行为发生次数与行为习性作为心理伤害标准适用的提升情形,这一理念可运用于《刑法》第260条之一的虐待被监护人、看护人罪中的"情节恶劣"具体情形认定之中,并将"情节恶劣"由原先的基本入罪标准扩充为两档法定刑情节,以期周全幼童的利益维护。

2. 幼师标准:侧重全面考察幼师的心理承受能力。人类发展始终处于实时更新与变幻莫测的自然环境之中,心理承受能力极易受外界环境的多元样态而参差不齐。对此,美国犯罪学家玛格丽特·沃伦运用精神分析学分析得出结论:"犯罪行为作为一种置换性敌意的外在表现,其发生极为可能是获得在其他社会环境中得不到满足的需要和欲望的替代性满足的一种手段"。[①] 幼儿园的学前教育环境不同于义务教育或者高等教育,前者在心智尚未成熟的幼童对象中,展现出极其不稳定的状态,因而,幼师心理活动也较易受其影响。为化解这一现实矛盾,幼师资格标准应不同于其他教师行

---

① Hans Toch, *Psychology of Crime and Criminal Justice* (IL: Wavelsand Press, 1986), p.172.

业,幼师标准的资质条件应当在较高学历的基本保障这一前提下侧重全面考察幼师的心理承受能力,以适应复杂多变的学前教育环境。

笔者认为,在全面开放二胎政策的引领下,扩充幼师队伍具备必要性和现实性。为顺应入园幼童规模渐趋扩大的潮流,应当保持质与量的同步发展。对此,发展师范院校的幼师教育专业的培育规模,可以缓解学历普遍偏低所致的幼师自身自控能力较低的情势。此外,幼师入职前的心理承受能力测试亦应当纳为入园教学资格的必备条件,并模拟极端仿生的嘈杂教育环境,以评测幼师的心理应变能力。

3. 单位标准:公开机构安全防护体系的运行过程。由于学前教育机构的课程并未归为国家义务教育的阶段计划,因而其运行存在着部分商业经营性质以及政府管控的相对空缺等问题。按照个体与集体的关系认同理论,对利益的追逐和竞争促使社会产生了各类组织结构,这些组织结构依据自身的社会分工,逐步演变出自身与社会经济发展趋势相对应的功能。而在其流变历程之中,组织中个体的思维活动及其体系构造自动向组织的结构属性靠拢,从而影响个人的思维方式和行为举止。① 因此,为防止幼儿园等学前教育单位在盲目逐利过程中丧失基本的规则认同感与聘任优良幼师中的责任感,构建一套权衡利益发展与社会责任、认同意识的运行机制是规范学前教育行业的可行进路,亦是学前教育单位标准设置的考量因素。

基于此,笔者认为,幼儿园安全防护体系的公开、透明运行可以从静态安全防护设备置配、动态运行安全报告制度以及群众参与观摩教学等方面实现。具言之,一是静态安全防护设备置配是对幼师越轨行为的外在约束与规范,譬如配置教学全程无死角的监控设备,以消解虐童行为的隐蔽性;二是定期向教育主管部门或社会公开单位动态运行安全报告,并且此报告需经园长、家长、幼师三方的签字认同,进而促使幼儿园等学前教育单位在商业模式经营过程中,维系其基本的规则认同感与聘任优良幼师的责任感;三是突破单位半封闭式的自主经营模式,实行强制性的群众参与观摩教学模式,如设置幼师教学开放日,邀请部分家长或教育督察人员亲身体验并实时掌握幼儿园的学前教育整体过程。以此,从静态的安全防护到动态的教育安全监督的各环节,实现幼童学前教育的权益最大化保障。

---

① 刘辉:《认同理论》,知识产权出版社2017年版,第60页。

二、幼师福利模式的多元构建

在心理调控的双重模式下，幼师作为虐童行为主体，犯罪行为的发生还受到反应性行为模式的显著影响。正如前文所述，反应性行为模式的幼师虐童事件的心理因素不同于意志选择行为模式，其虐童行为的发生主要在于个体对外部诱因刺激下产生的快速应答性反应。因而，在客观化与形式化的现实外部诱因刺激下，强化幼师福利模式的多元构建能够起到必要的心理慰藉作用，并可以收益与效率的经济分析思维来实现犯罪防控的政策塑造。"政策在一个国家或地区发挥效力，并在特定的时间与范围内具有导向作用，在宏观层面上影响着特定人群"。① 在强调儿童权益优位待遇之际，塑造幼师福利模式之理念能够实现学前教育行业的队伍培育与稳定，亦能从侧面强化儿童权利最大化保障与尊重儿童权利与尊严等一系列基本原则。

基于犯罪控制中动态平衡论的见解以及关联犯罪预防的分析方法，犯罪预防应当摆脱专注被害人的司法修复与行为人的责任归咎的双重模式。② 对幼师虐童行为的犯罪防控，应当加入行为人的事前积极预防手段，以消解事后预防的手段被动性。因而，从行为人事前预防角度预测行为人福利模式考虑的因素，以对抗罪后的消极司法修复与责任归咎的一般状态，便得出幼师福利模式的多元构建基础。使用 F 代表幼师虐童犯罪，K 表示对抗事后预防的一般状态所应考虑的因素，Π 代表幼童受害群体，Y 代表幼师行为群体（见图9）。笔者认为，幼师福利模式的包含要素（即 K），可概括为三种：心理健康督导机构、正式编制的制度建立以及明确业绩提升条件。

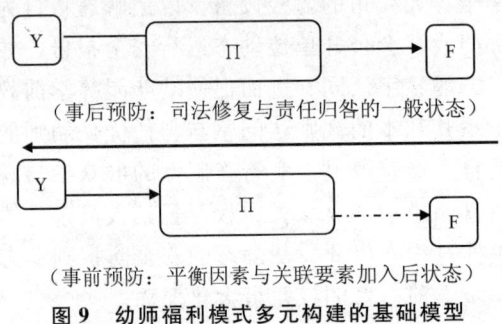

（事后预防：司法修复与责任归咎的一般状态）

（事前预防：平衡因素与关联要素加入后状态）

图9　幼师福利模式多元构建的基础模型

---

① 王雪梅：《儿童福利论》，社会科学文献出版社2014年版，第71页。
② 翟中东：《犯罪控制——动态平衡论的见解》，中国政法大学出版社2004年版，第96页。

具体而言，幼师福利模式的多元构建可以从现象分析中得出的诸多困境方面来考虑，如行为人心理的严重失衡、生活经济压力的多向度发展以及生活目标的行为盲从等。其一，设置幼师心理督导机构。在幼儿园等学前教育结构中，由于年龄段以及知识理解能力的显著差异，再加上幼童的活泼好动的天然性格，致使"儿童—幼师"的单一双向的沟通方式成为一种无意义的交流途径，而这种无意义的交流却成为职业活动的必经流程，久而久之，幼师便充斥着无所谓的消极心理态势。① 因此，幼师心理督导疏通机构不同于其他心理治疗中心，其目标应当是促使幼师等行动者在意义交流的过程中加入幼童思维，并以例行方式积极融入学前教育的日常接触的时间与空间维度之中，而不是通过消极的虐童行为排解心理问题。其二，将幼童喜爱作为业绩提升条件。将儿童对幼师喜爱作为预防虐童行为事件的主要手段，并加入业绩提升条件之中，而并非一味地要求将优秀幼童的学习成绩与技艺竞赛获奖情况作为认定指标。这样一来可以将福利追求的源泉、动力转换至对幼童的无微关爱，二来可以化解经济实力谋求手段与路径的闭塞，以实现幼童与教师关系的良性发展。其三，设置正式编制，提高等级待遇。在幼师管理的运行机制中，可以考虑构建幼师等级制度，设置正式教师编制，以确保幼师行业的合理经济收入，从而防止频繁地师资流动，稳定幼师队伍。

三、责任主体适用条件的界分

坚持"打防结合，预防为主"的理念，是社会治安综合治理的基本原则。② 刑事司法不仅只作为一种罪刑相适应的实现过程，更承担着发挥法治宣传教育的积极功效之重任。通过文本的静态规范以及司法的动态操作，幼师虐童事件的严重社会危害性评价能够完美契合"打防结合，预防为主"的法治教育与宣传理念。在此，刑罚的个别化原则发挥出针对性防控的理念价值，要求刑罚的适用要根据犯罪人的个人情况进行，以有效惩罚和预防犯罪。③ 鉴于此，在刑法适用过程中，我们应当明晰幼师与幼儿园三方责任主体在罪责适用方面的同等性。同时，在此基础上，结合各自本身存在的异质

---

① ［美］安东尼·吉登斯：《社会的构成——结构化理论纲要》，李康、李猛译，中国人民大学出版社2016年版，第27页。
② 李春雷、靳高风：《犯罪预防学》，中国人民大学出版社2016年版，第65页。
③ 于志刚：《犯罪、社会化及其预防论纲》，中国政法大学出版社2014年版，第65页。

性和特殊性，在责任适用的主体认定条件、单位受罚的种类界分以及从业禁止制度的细化适用方面，可使刑事司法有效发挥其犯罪预防功效。

综上所述，笔者认为，首先应强化行为时的双重主体认定规则。责任主体的认定能够发挥出积极的制度规范威慑力，而幼师虐童事件的发生具有特定的社会场合背景，包括职务行使的场合性以及行为发生的场合性。前者在于幼儿园等学前教育机构对单位内部员工的教育行为的疏忽管理，而后者在于行为发生地点在幼儿园这一封闭性场所内，因此单位应当负有及时制止所管辖场域内发生的一切违法犯罪行为的责任。因而，在责任归咎时，应当将单位和幼师同等作为责任适用的对象，以督促单位及时履行监督管理等职责。其次，扩充单位受罚的种类。单位受罚应当疏理多维度的法律治理，亦即将发生幼师虐童事件的单位等级予以降低评价，并依据行为发生的次数和危害结果的程度，设置不同的惩戒标准，将其运用于法律治理的多个环节。此外，还应当注意，《刑法》第261条之一第2款单位刑事责任的条款设置并不排斥前述建议的适用，两者可并合处罚。最后，注重从业禁止等制度的适用。在幼师和所在单位适用从业禁止制度时①，设置宽严相济的复权期限，并公开虐童事件中相关责任人员与单位的适用信息，以发挥实质的社会监督与从业禁止制度的真正实效作用。

第四节　本章小结

由于社会客观情景的复杂样态以及当下统计分析的局限性，对幼师虐童事件的行为生发机理进行探究，就学术性的研讨来看必然无法做到面面俱到。这既是现实基础所决定的，亦是物质决定意识的辩证统一原理的反映。但是提纲挈领、重点分析事件发生的关键原因及内在要素，亦能够起到弥补当下理论探讨中纯主观性猜测带来的客观基础欠缺的遗憾。在共同体面临生存和发展竞争之际，部分组织机构的失范行为是对传统基本规则的突破和变更。因此，分析幼师虐童事件背后的发生机理，整合虐童行为的犯罪结构，

---

① 目前在刑法理论界，尽管单位是否适用从业禁止制度存在较大争议，但是大部分学者仍然支持"单位应适用从业禁止制度"的观点，笔者的认识亦同。

并相应地提出行为预防模式，是新的互动规则构建的必要过程。而这个新的互动规则构建，需要以幼师虐童事件发生的深层次原因为着力点，进而针对性地提出相应的犯罪防控策略。唯有如此，此类颇受社会关注的影响性事件，才能在相当程度上得以有效预防或者减少发生。

第十四章
未成年人刑事庭审实质化的理念与运行*

随着司法体制改革的深入推进,我国的刑事诉讼模式正面临着前所未有的改革浪潮的洗礼。党的十八届四中全会明确提出要求"保障人民群众参与司法""以审判为中心的诉讼体制改革",以保障案件的定罪量刑事实可靠、证据采纳的可信度高,并落实被告人的诉权及证人、鉴定人出庭制度。①《刑事诉讼法》将未成年人刑事诉讼程序单列为一项特别程序,这足以表明立法重视未成年人诉权的特殊化保护。然而,面对审判中心主义之下的庭审实质化的价值推崇,未成年人刑事案件的"特殊保障、权利优先"的司法理念在控辩平等、控审分离的强化下如何具体体现值得关注。为消解目前司法实践中未成年人刑事案件权益保护的抽象性、原则性有余而具体性不足的问题,笔者尝试从庭审实质化的角度出发,审视未成年人刑事案件运行的现实困境。将围绕"以审判为中心"的诉讼理念,使未成年人的利益最大化原则在诉讼程序的运行中得以具体落实,以此为实务部门贯彻未成年人刑

---

* 本章内容由陈伟、熊波共同完成,并且相关内容已经发表于《山西大学学报(哲学社会科学版)》2018年第1期,在纳入本著述时进行了相应修改与调整。

① 刘晓朋:《中共中央关于全面推进依法治国若干重大问题的决定》,载http://news.xinhuanet.com/politics/2017-10/28/c_1113015330.html,2017年10月28日最后访问。

事庭审实质化的"三个在法庭"① 提供现实性、具体性、可行性的操作参照。

第一节 未成年人刑事庭审实质化的标准坚守

未成年人刑事庭审实质化,是指在强调以审判为中心的诉讼改革同时,未成人刑事案件的"三个在法庭"应当始终贯彻"教育为主,惩罚为辅"的司法原则和"教育、感化、挽救"的方针,并将"法与情""法律效果与社会效果"并重的双层构建作为未成年人庭审实质化实现的核心。为防止司法实践中庭审虚化而导致未成年人刑事责任庭前确定、庭前卷宗在庭审环节"走过场"、法官消极判断和量刑质证环节虚置等现象,② 根据前述宗旨,笔者认为应当确立如下三大标准,为后续的未成年人刑事庭审实质化的困境厘清和应然模式之选提供操行指南。

一、最小伤害标准

最小伤害标准是指,在刑事诉讼程序进行中,司法机关采取的任何措施应当固守将伤害降至最低限度这一标尺。③ 详言之,即对未成年人不利的程序"可用可不用的,则不用";对未成年人有利的程序"可用可不用的,则必须要用"。如此做法,一来可以弥补程序法抽象化原则下的漏洞,二来完美契合"教育、感化、挽救"的方针。意大利《未成年人刑事诉讼法》是最早将最小伤害标准(Minimalschaden Standard)予以立法化的国家之一,该法第19条第2款规定,法院在庭审环节对未成年人进行教育的时候,应当将对未成年人的破坏降至最低,并在审判地点、方式、人员等方面进行了具体的规定。④ 结合我国目前未成年人犯罪的特殊形势,对最小伤害的标准应当理性看待,而不能异化为放纵犯罪或者阶段性适用。因此,我们必须作出如下澄清:

---

① 未成年人刑事案件庭审实质化的诉讼改革模式应当始终围绕"三个在法庭"为核心展开探讨,"三个在法庭"具体是指事实证据调查在法庭,定罪量刑辩论在法庭,裁判结果形成于法庭。
② 汪海燕:《论庭审实质化》,载《中国社会科学》2015年第2期。
③ 邹川宁:《少年刑事审判若干程序问题研究》,法律出版社2007年版,第83页。
④ Claudia Mazzucato, *La mediazzione nel sistema penale minorile*, *Minori*, *Giustkia Pencde e Intervento dei Seruizi*(Francoangeli, 2008), p.140.

(一) 最小伤害标准并不等于无伤害标准

刑事诉讼法的根本任务在于惩罚犯罪、保护人民，保证刑法的正确实施。未成年人刑事诉讼在强调惩罚的同时应当注重加强未成年人教育，使其尽早回归社会。因此，《刑事诉讼法》把教育摆在首位的同时，也并未忽视刑法惩罚机能的存在，而是强调出于对未成年人的"特殊保护"将惩罚功效退而求其次，作为辅之效果。在我国校园暴力日渐严重之际，面对被告人、被害人的双重未成年人这一特殊情势，对最小伤害标准应当予以重新定位，否则诉讼的公正价值便荡然无存。具体而言，应划分阶段进行理解：第一个阶段，裁决阶段，最小伤害并不等同于无伤害。即无伤害不是最小伤害标准的最低限度，这也正是为了强调刑罚的防卫消极功效之所在，防止过度的防卫倾向而导致刑法惩罚机制的偏废；第二个阶段，刑罚执行阶段，最小伤害可以等同于无伤害。笔者再次说明一点，刑罚执行的伤害在所难免，这是对第一个阶段实质公正的保障。此处的无伤害强调刑罚变更的无伤害，诸如，假释的适用不应当在未成年人特殊主体上进行严格限制；未成年人社区矫正的适用也应当尽可能地限定刑罚禁止令。①

(二) 最小伤害标准应当贯穿诉讼始终

庭审实质化的最小伤害标准不能仅仅狭隘地认定为规范庭审程序运行的伤害最小，还应当包括侦查阶段的侦查讯问和羁押措施适用的伤害最小、审查起诉阶段的附条件不起诉的扩大适用、执行阶段的隐私严格保护等。未成年人刑事庭审实质化的真正落实，关键在于侦查、起诉、审判、执行四个阶段的完美衔接，以审判为中心，侦查、起诉、执行阶段应当紧紧围绕庭审环节予以展开。详言之，首先，在侦查阶段对于未成年人立案标准予以严格限制，防止因未成年人社会影响的评价降低，而给未成年人的幼小心灵制造创伤。对于移送审查起诉的证据并不需要全面、确凿，以降低公安机关利用刑讯逼供等非法手段收集证据的欲望。其次，在审查起诉阶段，应当严格审查提交法庭的证据，将与案件事实无关的证据材料予以剔除，防止法官审前预断的形成。最后，在执行阶段应当严格区分未成年人和成年人刑事案件，以在名誉侵蚀和交叉感染方面予以严格防控。

---

① 理由在于，社区矫正的适用是行为人主观恶性小、悔罪态度好，并且，适用社区矫正的这些主体是对居住社区无重大不良影响等人身危险性较小的行为人。

二、最大社会化标准

最大社会化标准是考虑到成年人与未成年人改造的现实程度不同而予以确立的。不言而喻,未成年人的再社会化改造效果强于成年人。因而,《刑事诉讼法》增设附条件不起诉、社会工作调查、司法机关互助帮扶等程序有其必要性和可行性。美国社会学家戴维·波诺普(David Popenoe)认为,"个人的社会化是指作为社会单个主体'人'为满足知识、技能、规范,而进行的一系列社会活动,并获取积极融入社会之中的资格"。[①] 未成年人作为社会主体中最为弱小的群体之一,其社会化需求的机会理应是最为宝贵的。法律在神圣光环的运作下从不应失宽容,最大化社会标准的确立有助于"再社会化"综合体系的构建。不可否认,附条件不起诉、心理督导辅助、圆桌审判方式的制度改革都为"再社会化"体系的构建提供充足动力,但考虑到目前上述制度在我国尚处于起步阶段,某些程序的运作会障碍重重。然而,未成年人刑事庭审再社会化标准的确立已然是世界潮流,唯有攻坚克难、恪守未成年人庭审实质化"三个在法庭"的实质解释基准,才能彻底清除侦查阶段未成年人强制性羁押措施程序的启动、起诉阶段附条件不起诉的严苛限制、庭审阶段控辩不平等地位而致未成年人心理压力过大等病灶。

三、"去污名化"标准

"去污名化"标准是为了严格保护未成年人的隐私权、名誉权而单列的一项基本标准。犯罪前科封存制度和不公开审判原则的确立是遵循"去污名化"标准的体现,"去污名化"一方面能够提前预防未成年人因为冲动型犯罪行为的终身恶性影响而自暴自弃,甚至在歧途上越陷越深;另一方面,"去污名化"标准是最小伤害标准和最大社会化标准的深入体现。三者相辅相成,将未成年人庭审实质化的区分适用推至顶峰。诸如,《刑事诉讼法》第282条关于涉罪未成年人犯"附条件不起诉"的程序适用,针对涉嫌侵犯公民人身、民主权利犯罪、财产犯罪和扰乱社会公共秩序犯罪而被判处一年以下有期徒刑的未成年人,虽然符合起诉条件,但出于"去污名化"的考虑,真诚悔过的可以不予以起诉。但是,笔者认为,"去污名化"标准设

---

① [美]戴维·波诺普:《社会学》,李强译,中国人民大学出版社2007年版,第12页。

置，不仅仅要在审查起诉阶段强调"特殊、优先"保护，还应当新设"附条件不立案"的特殊程序来加以推崇，在立案阶段对于符合上述条件的予以前期化预防。同样，对于诸如程序违法、案件事实判定错误等特殊情况而错失"附条件不起诉"程序启用的，可以在庭审阶段设置"附条件不审判"，将其适用于因特定轻微性质的犯罪而被判处一定期限刑罚的涉罪未成年人，以此来弥补因程序的错误而导致申诉、复议程序烦琐带来的二次权利侵蚀这一漏洞。

第二节 未成年人刑事庭审实质化的理念疏理

由于未成年人作为特殊的刑事诉讼被告人，未成年人刑事庭审实质化的理念应当在"三个在法庭"的制度倡导下进行更为深入的阐释，实体法的罪责从宽适用和程序法的特殊诉讼程序建立也应当进行互通衔接。此外，未成年人刑事庭审实质化理念的疏通还应当从未成年人犯罪的现实与规范双向层面、"三个在法庭"价值理论层面进行理解。

一、未成年人庭审实质化下现实与规范的双向疏理

（一）未成年人犯罪的当下特殊形势所需

首先，未成年人庭审实质化具备规范司法实践操作之功效。以审判为中心的刑事诉讼改革要求弱化未成年人刑事案件侦查阶段的逮捕羁押措施的适用，故《刑事诉讼法》第280条规定，对未成年人犯罪嫌疑人、被告人应当严格适用逮捕措施。针对何种情况应当进行严格限制，《人民检察院刑事

诉讼规则（试行）》第488条①，《公安机关办理刑事案件程序规定》第316条对"人身危险性"进行了具体、细致的把握，为规范未成年人逮捕措施的适用提供详实标准。但是在上述具体界定中，我们可以察觉上述标准除有一个仅针对在校学生适用以外，其他均与普通成年人诉讼程序中取保候审、监视居住的适用条件无异。因而，规范层面的诟病必然放纵司法实践的象征性操作，严重折损未成年人诉讼程序的庭审实质性要求。

其次，严格限制羁押措施制度是现实化违背的纠正之需。有调研报告显示，由于条文的重复性规定和严格限制逮捕措施适用的宣示性规定，导致在司法实践运行中，80%的未成年人犯罪行为呈现冲动型、高涨型等特点，在侦查阶段实际羁押措施的适用率一般都在70%上，捕后判重刑率过高。② 虽然2010年至2012年这三年间不捕率一直处于上升趋势，从12.55%提高到了17.7%，不起诉率从3.45%提高到了4.44%。③ 但是，当前的逮捕率仍处于70%以上的较高层次，其明显与《刑事诉讼法》第277条和第280条对未成年人刑事案件特殊司法保护的原则、精神背道而驰。综合现实数据来看，当前程序立法模式的原则性过强、司法模式的交叉重叠现象显著，导致"特殊、优先"保护虚化，严重阻碍未成年人诉讼利益最大化的实现，而未成年人刑事庭审实质化的倡导则首先要求侦查阶段人身限制的立法层面规范化来确保社会化改造的实质效能运转。

---

① 《人民检察院刑事诉讼规则（试行）》第488条列举了七种可不批准逮捕的情形，分别是：1. 初次犯罪、过失犯罪的；2. 犯罪预备、中止、未遂的；3. 有自首或者立功表现的；4. 犯罪后如实交代罪行，真诚悔罪，积极退赃，尽力减少和赔偿损失，被害人谅解的；5. 不属于共同犯罪的主犯或者集团犯罪中的首要分子的；6. 属于已满十四周岁不满十六周岁的未成年人或者系在校学生的；7. 其他可以不批准逮捕的情形。

现该条规定已由《人民检察院刑事诉讼规则》修订为第463条：对于罪行较轻，具备有效监护条件或者社会帮教措施，没有社会危险性或者社会危险性较小的未成年犯罪嫌疑人，应当不批准逮捕。对于罪行比较严重，但主观恶性不大，有悔罪表现，具备有效监护条件或者社会帮教措施，具有下列情形之一，不逮捕不致发生社会危险性的未成年犯罪嫌疑人，可以不批准逮捕：（一）初次犯罪、过失犯罪的；（二）犯罪预备、中止、未遂的；（三）防卫过当、避险过当的；（四）有自首或者立功表现的；（五）犯罪后认罪认罚，或者积极退赃，尽力减少和赔偿损失，被害人谅解的；（六）不属于共同犯罪的主犯或者集团犯罪中的首要分子的；（七）属于已满十四周岁不满十六周岁的未成年人或者系在校学生的；（八）其他可以不批准逮捕的情形。对于没有固定住所、无法提供保证人的未成年犯罪嫌疑人适用取保候审的，可以指定合适的成年人作为保证人。

② 王源：《论对未成年人限制适用逮捕》，西南政法大学2015年硕士学位论文。

③ 卢杰：《涉罪未成年人少捕慎诉率仍可提高》，载 http://www.takungpao.com/sy/201206/01/content_332601.html，2018年6月1日最后访问。

再次，是未成年犯罪可改造性较强的现实情形所需。未成年人犯罪可改造性较强主要是指，绝大多数未成年人犯罪为校园型犯罪和冲动型犯罪，人身危险性较低，初犯、偶犯、罪后积极悔过的现象较为普遍。根据最高人民法院的统计，近几年未成年人犯罪案件持续减少，而校园暴力欺凌事件数量却在逐步上升，2015 年全国人民法院判决生效的未成年被告人 43839 人，同比下降 13.04%，校园暴力事件未成年人再社会化改造率为 83.5%。① 然而，2016 年发生的几起未成年人严重暴力犯罪案件引发了公民对未成年人司法制度的质疑。毋庸置疑，当前宽容的司法制度确实未能较好管控校园严重暴力行为的发生，但是我们并不能一味强加指责司法体制的运行实效，而应当理性评价其作用引领。笔者认为，目前未成年人司法制度改革总体导向是正确的，只是其没有发挥出淋漓尽致的状态。庭审实质化要求未成年人刑事庭审环节利用好"审判"这一核心阶段，发挥其再改造、再社会化的功效，并辅之于侦查、起诉环节的心理督导、社会调查材料的全面收集，以便未成年人庭审实质化的顺利展开。

最后，"法与情并重""法律效果与社会效果"的双层构建是核心。笔者通过对 2016 年最高人民法院公布的 67 起未成年人刑事案件进行的分类、整合、归纳，发现未成年人刑事案件的犯罪类型依次为故意伤害、聚众斗殴、寻衅滋事、抢劫、强制猥亵妇女等，并且其犯罪诱因单一，多为网络异化、新型化风险。② 聚焦未成年人犯罪主体的特殊化、行为方式的简单化，未成年人刑事庭审实质化的展开应当始终坚持"特殊、优先"保护的司法理念，在制度规范层面加入更多的区分因素，拓展心理服务和教育、引导路径。"以审判为中心"，发挥法官独特的中立地位。在考察现实基础和制度规范调整的"双向互动"衔接理念的疏通下，创新出"法与情""法律效果与社会效果"兼顾的未成年人刑事审判之路，这才是未成年人刑事庭审实质化的精义所在。③

（二）未成年人庭审实质化的规范引领

随着未成年人犯罪逐渐呈现低龄化、暴力化、情绪化倾向，我们应当革

---

① 参见最高人民法院网，《2015 年全国法院审判执行情况》，载 http://www.court.gov.cn/fabu-xiangqing-18362.html，2018 年 9 月 18 日最后访问。
② 案件数据来源于中国裁判文书网、北大法宝等检索系统。
③ 马守敏：《少年审判：人性审判唤浪子回头》，载《人民法院报》2016 年 3 月 17 日，第 4 版。

新当前未成年人的刑事案件审理模式,将未成年人教育帮扶的可改造性置于突出位置。《刑事诉讼法》确立了未成年人刑事案件办理的方针与原则,①并将其与成年人普通刑事案件进行了区分对待。具体表现在以下几个方面:(1) 在法律辩护程序方面,要求"公检法"机关应当为未成年人指定辩护,在某种程序上考虑到未成年人的弱势群体的地位。(2) 在羁押措施的适用方面,严格限制逮捕措施的适用,确有必要进行拘留和逮捕的,应当对未成年人实行区分对待,分别进行关押、管理、教育,以此避免未成年人的"交叉感染"。(3) 在未成年人讯问和审判方面,加入法定代理人到场和合适成年人参与制度,加强未成年人人身安全保障。(4) 设立附条件不起诉程序,明确虽符合起诉条件,但有悔罪表现的可以作出不起诉决定,适度深化了未成年人刑罚的改造和教育功能。(5) 确立犯罪记录封存制度,对于犯罪时不满 18 周岁的人,被判处 5 年有期徒刑以下刑罚的,将犯罪记录予以封存,以推进未成年人刑罚改造的最大社会性、恢复性的实效发挥。

从法律辩护阶段到刑罚执行阶段,未成年人这一特殊主体其实已然被囊括在程序的适用之中。未成年人特殊主体的诉权最大化体现不单单只需要强调"教育为主,惩罚为辅"的司法原则和"教育、感化、挽救"的方针,还应当借助庭审实质化的诉讼体制改革的新常态趋势,将"三个在法庭"的理念灌输在未成年人刑事案件的审理过程之中。不可否认,犯罪记录封存制度、指定辩护制度、合适成年人参与制度、附条件不起诉制度、全面调查制度是在上述司法原则和方针的指引下确立的,在未成年人心智的呵护和健全方面发挥着功不可没的实质性作用,有助于当前未成年人罪后的积极社会化改造。另外我们应当注意到,原则和方针本身的抽象性和概括性,再加上上述四种制度的程序规范化缺失,极易将未成年人刑事案件庭审实质化的理念束之高阁。因此,我们应当重视未成年人刑事案件庭审实质化理念的推崇和细化,在刑事审判程序适用方面同成年人普通程序的实质化强调予以区分。

二、庭审实质化"三个在法庭"的效果疏理

为恪守庭审实质化的"法与情""法律效果和社会效果"的精髓,笔者

---

① 《刑事诉讼法》第 277 条第 1 款规定,对犯罪的未成年人实行教育、感化、挽救的方针,坚持教育为主,惩罚为辅的原则。

认为，未成年人刑事庭审实质化的标准设立乃至模式构建必须在"三个在法庭"的基础上，疏理"教育为主，惩罚为辅"的司法原则和"教育、感化、挽救"的方针，并以此为宗旨，进一步思量庭审模式、审判机构、庭审程序的顶层设计，来实现庭审实质化下审判阶段的未成年人最大化重塑和恢复。详言之，未成年人庭审实质化的模式建构应当全面考虑未成年人较成年人更具备重塑性、社会化改造性、心智薄弱性等先天特性。因而，庭审实质化"三个在法庭"的效果疏理大致可以从以下几个方面予以展开：

（一）事实证据调查在法庭

首先应当明确，庭审实质化的证据庭审调查的范围应当与成年人的案件事实证据有所区分。考虑到未成年人犯罪倾向多呈现"低龄化、暴力化、情绪化"特点，案件事实以冲动型、激将型、肢体型的行为掺杂为主。[①] 因此，事实证据调查必须结合未成年犯罪人情况的全面调查制度，其应当包括所有体现其人身危险性的事实证据，并加以庭审质证，而不仅仅是"可以、酌情"予以参考。行为人社会人格的酌情参考必将削弱未成年人庭审实质化的证据调查效力，凸显不利证据的刑罚惩罚功能的预示。其次，证人、鉴定人出庭制度的规范化也应当渗透未成年人弱势群体的"特殊、优先"维护思维。一方面，为确保证人、鉴定人出庭率，在庭前、庭后的信息保护和合理的支出费用补助上进一步规范化操作极为必要；另一方面，由于证人、鉴定人的出庭对未成年人的全面调查起到举足轻重的作用。因而，证人、鉴定人到庭后的言词证据的效力认定，应当进行阶段化裁决，晓之以情，动之以理，以阻碍法官庭前预断的意识形成。最后，可以强化未成年人刑事庭审证人、鉴定人的言词证据效力，明确证言证明力从优的原则，该证据规则的确立有助于消除书证的可篡改性、质证性较弱等弊端。[②] 鉴于此，证言证明力从优原则的确立可以引入未成年人犯罪情况的全面调查制度之中，以确保调查报告的可信度。

（二）定罪量刑辩论在法庭

该规则强调排斥法官庭前预断，将自由心证的适度发挥全部集中于庭审过程之中。与成年人普通刑事案件不同，由于全面调查规则的确立，未成年

---

① 关颖：《未成年人犯罪特征十年比较——基于两次全国未成年犯调查》，载《中国青年研究》2012年第6期。

② 龙宗智：《庭审实质化的路径和方法》，载《法学研究》2015年第5期。

人刑事案件中人格调查情况可以作为量刑的参考因素。然而，人格调查情况作为书面证据的一部分，必将会在庭前被检察院提前移送至法院。而法院的庭前审查由于人格调查内容的全面移送，对未成年人不利的社会调查内容必然也会在庭前摄入，这必将影响到法官庭审环节的中立裁决，与定罪量刑辩论在法庭的实质精神背道而驰。因此，未成年人刑事案件的定罪量刑辩论在法庭表明定罪量刑的依据事实必须是法庭经过控辩双方公开认证、质证之后的事实。由于目前未成年人人格调查报告的所有内容均可作为未成年人量刑的参考依据，为加强特殊主体的庭审实质化与"教育为主，惩罚为辅"的未成年人司法原则的紧密联结，我们应依靠证据的重要性进行顺序划分，并依次进行认证、质证：首先将未成年人的社会调查内容的证据予以优先认定，其次对从宽量刑情节的证据进行认定，最后对犯罪客观事实的证据进行质证，以确保未成年人刑事案件"特殊、保护"优先的价值实现。

（三）裁判结果形成于法庭

庭审实质化的关键在于审判环节，审判环节的最终结果是裁判的形成，裁判结果是未成年人承担刑事责任的唯一依据。对裁判结果形成于法庭的内涵进行理解应当从以下三个方面展开：其一，裁判结果形成于法庭不是要求裁判结果的制作在法庭，而是要求裁判结果的形成过程在法庭，裁判结果的依据在法庭上经过公开质证。其实，裁判结果形成于法庭是事实证据调查在法庭和定罪量刑辩论在法庭的必然结果，裁判的定罪量刑说理机制的依据应当来源于法庭，法官出于中立地位而最终得出结论。其二，目前，庭审实质化的大力推行必将促进我国裁判文书的量刑说理机制之构建。在未成年人刑事庭审中，量刑对于未成年人的再社会化改造极为重要，量刑形成过程的公开透明有助于司法权威的树立和未成年人真诚接受法律制裁并虚心接受心灵的疏导和恢复。其三，裁判文书是裁判结果的载体，为强化未成年人庭审实质化与"特殊、保护"优先司法理念的紧密配合，笔者认为裁判文书中的裁判结果内容不应仅仅包括定罪量刑的明确，还应当划定未成年人心灵净化和恢复的进程，明确再改造职责，督促相关部门对未成年人进行周全的心理辅助，防止"罪后感染"。

第三节　未成年人刑事庭审实质化的价值偏离

从未成年人庭审实质化的理念疏理到其标准的设立，是一个循序渐进的过程。我们在明晰未成年人庭审实质化精义之际，应当结合"最小伤害标准""最大社会化标准""去污名化标准"的深层次指引，以此梳理我国刑诉法在实现未成年人刑事案件的"特殊、优先"保护司法理念的疏漏与不足，以便为后续未成年人庭审实质化的完美体系之塑造提供警醒。

一、专门机构的设置偏离未成年人庭审实质化

根据前文所述，未成年人庭审实质化的精义在于"三个在法庭"的适用过程中融入"法与情""法律效果与社会效果"兼顾之诉讼理念，两者不可偏废，以此赋予庭审实质化在未成年人刑事案件办理的"特殊、优先"之司法精神。其实，最高人民法院早在1991年就制定并下发了《关于办理未成年人刑事案件的若干规定》，其中就要求有条件的法院建立未成年人刑事审判庭。① 然而，考虑到部分法院承办未成年人案件数量不多，如果未成年人审判庭在全国范围设置将会浪费司法资源，增加司法成本。2012年《刑事诉讼法》及其解释仍未有所进步，对未成年人专门审判组织的情况也是规定"具备条件的"可以设置少年法庭，这一专门法庭处理未成年人案件，与成年人普通案件予以分案分审的实施效果并不十分理想。②

然而，尚不具备条件的具体认定依据较为模糊，《刑事诉讼法》未进一步予以明确。目前少年法庭的建立情况仍不显著，建立后缺乏必要管理的机制也极易导致少年法庭运行的虚置。最高人民法院院长周强在全国法院少年

---

① 中级人民法院和基层人民法院可以建立未成年人刑事审判庭。条件尚不具备的地方，应当在刑事审判庭内设立未成年人刑事案件合议庭或者由专人负责办理未成年人刑事案件。高级人民法院可以在刑事审判庭内设立未成年人刑事案件合议庭。未成年人刑事审判庭和未成年人刑事案件合议庭统称少年法庭。最高人民法院和高级人民法院设立少年法庭指导小组，指导少年法庭的工作，总结和推广未成年人刑事审判工作的经验。少年法庭指导小组应当有专人或者设立办公室负责具体指导工作。

② 叶磊：《我国未成年人案件审判工作现状分析》，甘肃政法学院2014年硕士学位论文。

法庭三十年座谈会暨第三届少年审判论坛上提及：截至 2014 年，全国共设立少年法庭 2253 个，合议庭 1246 个，少年刑事审判庭 405 个，① 但这一组数据相对于日前激增的未成年人校园暴力犯罪数量来说是相差甚远的。未成年人专门机构全面设立的缺乏，使得未成年人刑事庭审实质化"特殊、优先"保护的改革效果大打折扣。

二、未成年人刑事案件不公开审理原则的模糊化

未成年人刑事案件的不公开审理原则遵循了未成年人庭审实质化的"三个标准"的实质公正之精神。为确保涉罪未成年人能够受到最小限度的伤害、最大程度的再社会化、最全面的隐私权保护，《刑事诉讼法》第 285 条规定的不公开审理原则值得深入思考。诚然，该法条本身作为原则性的理论宣示，我们不该对其施加过于苛刻的要求。但是由于该法条本身"但书"的存在就极大地折损了未成年人刑事案件不公开审理原则的实质意义，"经未成年被告人及其法定代理人的同意，相关人员②可以派代表到场"。此外，到场的有关单位是否应当不公开报道，以及公开报道的程度如何法律也并未予以明确。上述做法都会在一定程度上导致与不公开审理原则的未成年人隐私、尊严的保护宗旨南辕北辙。

三、标准的模糊性导致庭审实质化功效的稀释

《刑事诉讼法》第 277 条第 2 款及其解释第 461 条第 2 款均明确规定"公检法"三机关在办理未成年人刑事案件时，由熟悉未成年人身心特点的司法人员承办。这在一定程度上考虑到未成年人接受诉讼程序的心理承受能力极其有限，故而需要能够为未成年人心理恢复起到必要帮助的司法人员参与其中。然而，目前这一制度的体系化建立仍障碍重重：首先，审判人员的素质要求未能明确。基于固有的审判模式，再加上目前专业人员考核标准的缺乏和少年法庭的审判制度未能全面建立，导致各个基层法院参与未成年人案件的审判人员素质参差不齐。其次，地区差异明显，制度实施阻力较大。

---

① 邢世伟：《最高法：各地都要建少年法庭》，载 http://epaper.bjnews.com.cn/html/2014-11/26/content_549040.htm? div = -1，2018 年 7 月 26 日最后访问。

② 《刑事诉讼法》第 285 条规定的"相关人员"是指未成年被告人所在学校和未成年人保护组织。但是，对其性质和级别未作进一步的细化。

由于每个地方的未成年人案件数量相对于成年人数量较少,又或者各个地方的未成年人刑事案件数量差异较大,导致全国统一的考核标准和模式迟迟未能建立。① 最后,法官选拔程序没有予以明确区分。按照庭审实质化的法官专业水准要求,承办未成年人刑事案件的法官入额标准本应高于普通刑事案件的承办法官,其掌握的技能不光是审判技巧,还应当包括未成年人心理的辅导技巧。然而,目前大部分未成年人审判庭或者合议庭的法官兼任数职,既承办普通刑事案件,也承办未成年人刑事案件。再加上承办的普通刑事案件次数远远多于未成年人刑事案件,这极易导致法官将承办普通刑事案件的审理思维带入未成年人刑事案件的审判程序之中,继而严重侵蚀未成年人刑事庭审实质化的"特殊、优先"保护之价值。

第四节 未成年人刑事庭审实质化的应然之选

深刻认识到上述问题的客观存在,才能对症下药,并将未成年人庭审实质化下审判环节的操作予以区分、细化。笔者认为,我们具体可以从以下几个方面予以展开:

一、审判福利模式的再构建

目前,综合各国未成年人刑事案件审判特点,可以发现存在两种审判模式:司法模式和福利模式。其一,司法模式过分突出刑罚的惩罚功效,将未成年人犯罪行为的罪责承担置之首位。其认为未成年人也是社会成员一分子,对于社会秩序的稳定职责感应当从小培育,从而将未成年人犯罪的惩治和处罚运用在刑事审判阶段,对校园暴力的犯罪预防发挥必要的威慑力。但该刑事政策过于严苛,将未成年人特殊群体的差异化予以忽视,导致再社会化的价值改造在审判阶段就已夭折。② 其二,福利型模式强调未成年人的最小伤害标准和国家监护职责的严格履行,将未成年人最大的再社会化改造和教育置之首位。该模式认为法院应当以轻松的审判模式来实现未成年人的刑

---

① 宋英辉、甄贞:《未成年人犯罪诉讼程序研究》,北京师范大学出版社 2011 年版,第 123 页。
② 刘强:《美国犯罪未成年人的矫正制度概要》,中国人民公安大学出版社 2005 年版,第 19 页。

罚苛责，规定宽松的诉讼程序和最大化的社会参与来监督未成年人刑事审判模式最小伤害标准的落实，较为轻缓的态度有利于未成年人早日回归社会。但其弊端也较为凸显，过于宽松的审判模式实现再社会化和最小伤害标准的至高无上，而忽视再教育、再改造效果的积极发挥，导致校园暴力事件层出不穷。①

审视两种审判模式，各有利弊，各国目前对本国的未成年人刑事庭审模式的最终定局的探索，仍徘徊于司法模式与福利模式之间。② 笔者认为，当下我国未成年人刑事庭审实质化的审判模式的实现切不可徘徊不前，应当以综合治理为宗旨，将福利模式运用于审判环节作为最佳之选。但应当明晰一点：福利模式的引入仅仅在审判环节能够起到积极功效，切不可操之过急，将其运作扩展至整个诉讼运转之中，从而造成刑事诉讼模式的整体崩盘。因而，"教育与挽救""法与情""法律效果和社会效果"的权衡统一才是未成年人庭审实质化的精髓之所在。

二、庭审设置家事化的提倡

庭审设置家事化的最大特点就是突出程序适用的宽松和"教育、感化"的极致推崇，庭审家事化是庭审职权主义的反向革新，要求法官中立地位和未成年人"特殊、优先"保护地位的至高性。

（一）寓教于审的原则确立

庭审形式的宽松与变革和庭审用语的亲切感提升是寓教于审的两大提升路径。从庭审形式上看，试点法院创建圆桌会议等新型少年审判模式，以便为涉罪未成年人的心灵净化提供更周全保障。虽然各国探寻切合本国实际需求的未成年人庭审模式之路径层出不穷，但都极大地促进未成年人刑事庭审方式的改进和效果提升。譬如，圆桌会议审判消解法官职权主义的威严形象，为未成年人庭审实质化提供宽松、平和的教育氛围。然而从庭审用语上看，圆桌会议审判固然有其实质性价值，但在审判用语操作方面却从未予以涉足，只是仅仅依靠圆桌会议等形式化布置得到初步改善，导致停滞不前，从而无法实现未成年人罪后最大化的教化和改造。因而，笔者认为审判用词

---

① 温小洁：《我国未成年人刑事案件诉讼程序研究》，中国人民公安大学出版社2003年版，第13页。

② 姚建龙：《中国少年司法研究综述》，中国检察出版社2009年版，第123页。

的亲和感有助于未成年人庭审实质化下"以审判为中心"的事实查明和准确定罪量刑。具言之，规范未成年人庭审程序的用语，切勿将"犯罪嫌疑人""犯罪行为""主观恶性大，难以改造"等污名化标签、用语附加于涉罪未成年人，即态度要正经中带有和蔼，用词要严谨中带着通俗，而不是一味地严肃、斥责。

（二）庭审家庭现场化的创新

为更加促进未成年人刑事庭审实质化的进程，可以考虑试点推行庭审家庭现场模式（Trials Family Pattern）。它是指将庭审地点移至未成年人被告人熟知的居住环境，以便彻底消除刑事庭审的压迫性，防止给涉世未深的青少年营造高压的刑罚制裁氛围。为最大化保护涉罪未成年人的隐私权，我们在构建庭审家庭现场化过程中，应当严格排除其他无关人员的庭审观摩，祛除《刑事诉讼法》第285条"但书"的"经未成年人及其法定代理人同意，可以派员到场接受青少年法治教育"的途径。转变现行实施的未成年人刑事庭审现场普法制度，为确保遵循未成年人犯罪记录封存制度，可以尝试对录音录像等真人信息识别进行模糊化播放方式，来实现青少年的普法教育，以此确立未成年人刑事庭审的绝对不公开原则，而并非相对不公开。庭审家庭现场化制度在目前来看是一项首创制度，其运行必然会遇各种阻力，但随之制度的构建及其完善势必会将未成年人权益的最优保护落到实处。

三、全面建立审判专门机构

鉴于最高人民检察院已经成立未成年人检察专门机构，目前部分学者呼吁最高人民法院也应当尽快成立未成年人审判专门机构，并且建议将其主要职责予以明确：一是指导并监督下级法院审判参与人员的心理辅导技能的培训及其考核，并对每年的未成年人刑事案件接受申诉及其再审；二是该机构应具备相应专业化的审判职能，与成年人普通刑事案件审判实现分流分审，在庭审审判程序操作上予以优化优待。[1] 除上述学者阐述的两点以外，笔者认为还应当将审判用语规范、庭审现场布置更新纳入专门审判机构的制度内容。正如上文所言，以此消解庭审现场严肃、紧张的氛围，以便为后续涉罪

---

[1] 卞建林：《对未成年人保护应建立独立的评价体系》，载《人民法院报》2016年1月6日，第6版；宋英辉：《应设立未成年人审判专门机构》，载《人民法院报》2016年1月6日，第6版。

未成年人的教育、改造奠定基础。关于专门机构审判人员配置的问题也是未成年人刑事庭审化的核心要义，审判人员的心理疏通技能以及专门化未成年人审判素质应当是未成年人刑事案件审判法官的考核主要内容。① 因此应当借助庭审实质化"以审判为中心"的诉讼改革机制的探索，逐步建立起一套专业化、规范化的技能考核指标和制度，作为法官综合能力的测评规范依据。

审判专门机构的全面建立还应当重视未成年人人格调查程序，将其纳入强制性调查程序并予以规范化。《刑事诉讼法》第 279 条确立了未成年人情况调查制度，也即未成年人全面调查制度或者社会调查制度。然而，由于社会调查制度的酌定性参考和调查内容程序的规范性缺乏，导致未成年人刑事审判未能做到准确地定罪量刑。② 未成年人刑事庭审实质化的最大社会化、去污名化、最小伤害标准都要求庭审事实调查的实质性和科学性，将"定罪量刑在法庭"的内容操作予以立法性保障，便是"以审判为中心"的诉讼改革的强化与推进。鉴于此，笔者认为，首先，将未成年人社会调查报告（人格调查报告）作为"公检法"三机关的法定定罪量刑之依据；其次，社会调查报告的调查内容应当予以具体明确，将未成年被告人的成长经历、犯罪原因、监护教育情况的情形予以扩充，将其罪后悔罪表现纳入其中，并以此作为法定从宽量刑情节；再次，设立社会调查内容核实机构，防止程序操作的恣意，防止误导法官的中立裁决；最后，规范社会调查内容的证据效力。在庭审环节，将社会调查报告的所有内容予以公开质证，并赋予其证据从优的原则，有助于未成年人假释、缓刑制度适用的社会危害性考察。

四、庭审社会观护团的完善

庭审社会观护团制度（Trial View Guard Regiment）最初由浙江省宁波市中院推行，其从全市各机关工委的"五老"人员、社区干部、团委干部、司法机关工作人员和律师等五类人员中进行遴选，并经过组织推荐，法院实地走访调查，政治审查等选拔程序，层层筛选，最终确定 122 人为首批社会观护团成员。其后，还组织培训、考核，并以颁发聘书的形式予以正式任命。③ 宁波中院首创庭审观护团制度，强化了未成年人刑事庭审实质化监督

---

① 卢琦：《中外少年司法制度研究》，中国检察出版社 2008 年版，第 187 页。
② 宋英辉等：《未成年人刑事司法改革研究》，北京大学出版社 2013 年版，第 156 页。
③ 蒋明：《少年观护制度的发展及借鉴》，载《中国少年司法》2014 年第 1 期。

机制的运行。公众力量的参与固然能够进一步提升"以审判为中心"的实效,但应当协调未成年人刑事审判不公开原则,两造兼顾,从而将社会观护团的机能予以充分发挥。

基于此,笔者认为,一方面在庭审社会观护团的制度构建中可以考虑加入刑事庭审案件保密协议,将案件的信息保密义务作为观护团的法定义务进行强调。另一方面,庭审社会观护团的成员应当进行定期考核和更新,对于不符合未成年人庭审观护资格的成员及时予以剔除。除此之外,未成年人的心理承受能力不同于成年人,因而庭审观护团制度的推行还应当考虑到后续未成年人的心理辅助,毕竟过多陌生人员的参与势必会给被告人增添过重的心理负担。因此,对庭审观护团人数的合理限制或是采取远程视频监控的方式进行监督未尝不是合适之举。

第五节 本章小结

庭审实质化是为了应对庭审虚置的现实弊端,同时也是为了解决公检法机关协作有余而制约不足、法官庭前预断突出、被告人部分诉讼权利被剥夺、直接言词原则被搁置等司法弊病。庭审实质化本是司法的应有之义,也是通过此而输出公正化法律产品的有力路径,是树立法治权威与司法公信力的重要渠道。但是,受之于惯常性的传统司法理念与实践做法,庭审的实质性要求并没有得到良好的贯彻与遵循。随着司法体制改革的步伐跟进,作为审判中心主义改革重要内容的庭审实质化需要在理念提倡的同时,从制度层面予以细化与落实,把庭审实质化的具体要求体现于现实个案的司法运行之中。

未成年人作为特殊的被告人主体,庭审实质化的落实理应把未成年人与普通成年人的刑事案件差异化对待,并在未成年刑事案件的审理中大力彰显庭审实质化的要求。在强调以审判为中心的庭审实质化诉讼制改革的过程中,未成人刑事案件审理中的事实证据调查在法庭、定罪量刑辩论在法庭、裁判结果形成在法庭的"三个在法庭"原则,应当始终贯彻"教育为主,惩罚为辅"的司法原则和"教育、感化、挽救"的方针,并在未成年人刑事案件的审理中融政策性理念与实质性操作于一体。在具体性的制度构建方面，应当分别从庭审福利模式的构建、专门审判机构的设立、庭审家事化的延伸、社会观护团的提倡等方面着手，助推审判阶段未成年犯罪案件庭审实质化的价值实现。

后 记

　　书稿的完成可以让人暂时忘记之前的身心煎熬，行文至此也算是一个短暂性的歇息。零零碎碎的时光沉淀出了上述文字，无论好与坏，她都是这个样子了……以理性标签加诸于身的学者，本身也避免不了主观因素的影响。

　　相关研究都是彼时彼地主观感知的呈现，事后的审视与阅读总是会有不尽如人意之处。如果过于考究或者追求完美，相关的研究可能永远无法完成，书稿也就永远无法顺利推出。"暂且如此"的告一段落，虽然算不上"完美落幕"，但是能够给自己一个交代也算"差强人意"。本文的著述也是如此，相关的内容或多或少都有缺憾，但是一路走来的点点滴滴，留下的串串脚印，将它拾掇起来，仍然倍感温馨。

　　这里先要说说自己所在的西南政法大学青少年犯罪研究中心。该研究中心成立于二十世纪八十年代，作为一个专门致力于青少年犯罪这一特殊群体的研究机构，研究中心前期历经多位前辈学者的心血付出与辛勤耕耘，已经在法学理论与实践适用层面产出了不少优秀的研究成果，取得了良好的法律效果与社会效果。至2013年以来，基于自己前期的专业研究方向与学术研究兴趣所在，以及自己手头上主持的课题研究内容的关联性，加之学校与学院领导的信任与安排，本人荣幸地得以担任该研究中心的主任，并正式加入青少年犯罪研究中心的阵营中来。这是一份荣誉，也是一份责任与担当。

作为青年学者来说，如何继承老一辈学长们的优良传统，如何把西南政法大学青少年犯罪研究中心的精神品格更好地传承与发扬下去，内心多多少少有一份忐忑。但是，我唯一可以努力做好的事情，仍然是依托中心这一优良平台，投入更多的时间与精力到青少年犯罪的学术研究中来。如果能够产出一定质量与数量的学术研究成果，则在某种程度上也是"不辱使命"，算是完成了自己的"分内之事"，可以交一份差不多的答卷。秉承这一宗旨，近年来本人以该中心为平台，参与了一系列的学术讲座与普法宣讲，之后又主持了相关的学术研究课题，而且也以未成年犯罪和刑罚适用的罪刑问题为主题进行了持续性的学术思考与论文写作。

本专著就是这些学术思考的成果呈现，部分性地反映了作者近年来对未成年人犯罪和刑罚适用的一些认识。另则因为自己成功申报的国家社科基金项目，本著述也是其阶段性研究成果的具体体现。需要指出的是，研究成果的形成时间存在先后之分，其中的部分研究成果完成时间稍早，本次基于著作出版的便利则一起收编其中。因而，从整体上来说，相关研究并不是一气呵成而完成的。但是为了保持著述体系上的条理性与完整性，在本次编章排序的安排时，我又前前后后地多次对全部文字进行了统筹校稿，并对部分性的内容进行了相应调整，乃至其中部分章节的变动性颇大，有些章节甚至完全是重新撰写的，有些章节则只是作了一定幅度的删改。尤其需要指出的是，由于其中部分章节的论述是采用实证研究方法进行的，基于当时研究素材的选择范围、抽取的时间段落、统计分析样本的选取等特定因素，我本次并没有对此进行数据上的更改与补充。这既是为了保持学术研究的严谨性，也是为了让大家更好看到自己曾经的心路历程，当然在此背后也有本人无法胜任的一份慵懒与无奈。

未成年人作为特殊的主体类群，受之于特殊的保护性刑事政策，无论在刑事立法还是刑事司法方面，都体现了与常规性法律规制的差异性。未成年犯罪与未成年犯罪人作为社会生活中的客观现象，让研究者们往往夹杂着"爱恨交加"的复杂情感，在具体的研究过程中甚至会出现"左右徘徊"的煎熬，或者短暂性逃逸自己前期既定思路的跳越。尤其是在观照当下刑事立法的已有规定与司法适用的同时，学者们还有更好引导立法修订与司法完善的现实职责，因而，理性的评价并提出自己的个人之见，无论其结论得出是否一定是"主流性"或者逻辑层面是否"严丝合缝"，都应是允许其客观存在的现象，这也是法学研究开放性思维的价值所在。

  文字的汇集与表达是以学术思想为中心线索的，观念性的学术反思必然依赖于自己主观所承载的价值观念与个人前期的知识积累。尽管学术研究是充满辛酸的一件苦差事，但是，学术研究又不是完全孤寂和沉闷的，因为有学术共同体的伴随，仍然总是会有诸多与同行们对话与交流的机会，通过与他们的交往，我获得了许多温暖与前行的动力。上至这些学术大咖们，拜读他们的大作、聆听他们的讲座、醉心于他们的学术观点，一路走来，作为他们的粉丝，我边采撷，边收获，边成长。下至我所带的研究生们，作为最小的学术研究团队，与学生们的读书研讨与观点激辩，同样时刻给我灵感与学术创造力。包括收录于本著述中的部分章节，其中就有我与学生们共同完成并发表的内容，他们有熊波、袁红玲、汪铁柱、杜娟、谢可君、王昌立、金晓杰等，我也在著述章节的脚注中进行了明确标示，后期还有郑自飞、冯思柳、张学文、刘天颖、宋坤鹏等与我一起不厌其烦地反复校订。同时，还要感谢前期的期刊编辑与中国检察出版社的责任编辑，他们敬业奉献精神令我难以忘怀，提出的修改意见和细致的修订工作均为著述的最终完成增色添彩。这些辛勤付出，凝聚着心思与汗水，也有相扶相助的真诚感动。任何人都是彼此生命中不可或缺的一部分，在真心实意的沟通交流之中，情意点亮彼此，犹如阳光所至，照耀你我，温暖我心，赐我力量，更是在协力完成之后留下了无限感动与绵绵友谊。

在整体性的著述写作过程中，我也时时能够感受到自己对某些认识发生的潜在变化，这也算是写作过程中的另一种感悟。对其中部分性的写作观点进行的一些微调整，我已经在文章内容之中进行了直接说明，如果还有一些未能直接指明之处，也尚请学界同仁予以包容与理解。这只是一个曾经"如此思考"的思想呈现，尽管不完美、有欠缺、可改进，但是，它很真实、很率真、存善意。从中可见，人作为思想性动物本身也充满了复杂性，不仅自己会随着阅历变化而主动接受一些新事物，其间的价值评判与主观理解也会发生一定程度的改变。正所谓，唯一不变的是变化，从严格意义上来说，任何学术性研究都是"应时应景"的产物，谁都不能武断地认为现有的结论就是"绝对权威"，谁也不能信心十足地说当下的研究成果能够对所有争议"一锤定音"，谁也不能大言不惭地认为自己就是某一现实问题的"终结者"。

一切研究都在过程之中，都充满着未知与变数，这是没有终点且永远无法期待可以达到终点的浩繁工程。"横看成岭侧成峰，远近高低各不同"，基于不同的视角，我们会有不同的认识与感受。法学研究的学术高峰也正是如此，我们可以去攀登、去摸索、去探寻，但是，我们任何人都无法彻底征服它，无法就一人之力而期望达到所谓的终极站点。这原本就是一种永无止境的追求，是一种价值洗礼与不断追寻的心路历程，是一种学术探索"永远在路上"的不断迈进。当然，这也正是学术研究的无穷魅力所在，"虽不能至，而心向往之"。

自从一九九八年进入西南政法大学求学，我的法学生涯由此算起，至今已经二十余载。在岁月的悄悄流逝中，我们时常怀念往昔，追忆无邪童年。人真的是很复杂的动物，我们在年幼时天天期待快快长大，在长大后又怀念纯真的孩童时光，有时真的不知道人是越成熟越好，还是越青涩、越稚嫩越好。也时常会感慨：

"时间这么短，好像没有做多少事情呢，二十余年的时间就这样过去了，时间都去哪儿了？"无论如何，与学术结缘是一件幸福的事儿，与学生们一起研讨是一件幸福的事儿，进行不断求索的学术攀登也是一件幸福的事儿。正是因为这种难以言尽的"幸福"，所以，可以在工作过程中会享受思考，会忘记烦恼，会自得其乐。从求学之徒到走上三尺讲台，时间过得不知不觉。感慨时间的流逝，实际上也是时刻提醒自我，鞭策自我，不忘初心，奋进前行。

　　时间在变，身份在变，求学的态度与求索的精神未变。下一个十年或者二十年，中国的法治建设必将发生天翻地覆的更大变化。感谢新时代，让我们可以见证法治中国现代化建设带来的新模样；感谢幸福美好的新生活，让我们亲历其中，与这个时代一起成长……

陈　伟

2019 年 4 月初稿

2019 年 10 月修改

2020 年 1 月 10 日再修改